大衆映画の戦後社会史

――あの時代の風景と人びとの気分を観直す

天野恵一［著］

梨の木舎

献辞

二〇二三年十一月十八日に亡くなった
美奈子さんへ
本当に長い間、ありがとう。

大衆映画の戦後社会史＊目次

Ⅰ　邦画はたんに「娯楽の王様」だったわけではなかった――7

〈戦後〉の太陽――「二十三回忌法要」大イベントをめぐって……8
『銀座の恋の物語』（監督・蔵原惟繕）

原爆と戦後――「実在」と「虚妄」をめぐって……16
『その夜は忘れない』（監督・吉村公三郎）

続・原爆と戦後――「体験」と「思想」をめぐって……24
『カールじいさんの空飛ぶ家』（監督・ピート・ドクター）

電力と「破砕帯」（断層）、そして死者について戦後史の中で考える……28
『黒部の太陽』（監督・熊井啓）

〈偽大学生〉に出会うまで……38
『偽大学生』（監督・増村保造）

〈明朗な不良性〉をめぐって……44
『やくざ先生』（監督・松尾昭典）

任侠《ヤクザ》の美学から野良犬《チンピラ》の〈醜学〉へ――文太映画の時代……49
『現代やくざ　人斬り与太』『人斬り与太　狂犬三兄弟』（監督・深作欣二）

敗戦七〇年・「特攻」後七〇年――〈大西瀧治郎〉という問題……57
『あゝ決戦航空隊』（監督・山下耕作）
象徴天皇制国家七〇年――〈天蓋つき戦後民主主義〉という問題……66
『青い山脈』（監督・今井正）
敗戦最大の政治神話――「聖断」神話をめぐって……74
『日本のいちばん長い日』（監督・岡本喜八・原田眞人）
ヒバク七〇年――〈被爆都市長崎〉の「暴力団《ヤクザ》」映画……84
『地獄の掟に明日はない』（監督・降旗康男）
六〇年安保闘争と2015年の闘争――「若者たち」の運動をめぐって……92
『あいつと私』（監督・中平康）
国家的「公」と「私」的利害優先原理の民主主義……102
『あいつと私』（監督・中平康）
戦争は〈人間の顔〉をしていない……110
『軍旗はためく下に』（監督・深作欣二）
〈象徴天皇制〉と「グラマ島」デモクラシー……118
『グラマ島の誘惑』（監督・川島雄三）

惨事便乗型国家〈軍事主義〉の正体 125
『シン・ゴジラ』（監督・庵野秀明）／『ゴジラ』（監督・本多猪四郎）
「無国籍」アクションと「国民」を断念する運動 131
『ギターを持った渡り鳥』『波濤を越える渡り鳥』（監督・斎藤武市）
〈自虐の美学〉――時代劇の変貌の六〇年代が産み出した傑作 138
『関の弥太ッペ』（監督・山下耕作）
「死の商人」という恥辱を生きさせられた〈心優しきテロリスト〉の話 145
『太陽への脱出』（監督・舛田利男）
マジの「無国籍」映画――われは知る、テロリストのかなしき心を 153
『太陽への脱出』（監督・舛田利男）
〈疎外論〉の時代――「君も俺もはじめて人間として生きかえる」 159
『誇り高き挑戦』（監督・深作欣二）
人を騙す〈嘘〉をめぐる物語 165
『ならず者』（監督・石井輝男）
無償性（庶民的アマチュアリズム）の輝き 170
『太平洋ひとりぼっち』（監督・市川崑）
〈青空〉の爽快さ――映画と小説のあいだ 176
『青空娘』（監督・増村保造）

Ⅱ 『陽のあたる坂道』と『緋牡丹博徒』の狭間に観る六〇年代の光と闇 181

戦後［映画＝文学］としての『陽のあたる坂道』 182
任侠《ヤクザ》映画の中の〈女〉、藤純子をめぐって 197
日活アクション映画の興亡——石原裕次郎伝説の時代 207
東映「任侠《ヤクザ》」映画——その始まりと終わり 226

Ⅲ 天野恵一インタヴュー（聞き手・構成 本間健彦） 241

〈映画少年〉時代からの流れを読み解く 242
あとがき 250
初出一覧 253
著者プロフィール 254

I

邦画はたんに「娯楽の王様」だったわけではなかった

〈戦後〉の太陽――「二十三回忌法要」大イベントをめぐって

『銀座の恋の物語』（監督・蔵原惟繕　1962年・日活）

すさまじいマス・メディア・イベントであった。僕はほとんど家から外に出ることができずの闘病生活であったので、このイベントの流れ（テレビニュースや特番、そして特別のテレビでの映画上映）にのみこまれて、時間をすごした。

石原裕次郎の「二十三回忌法要」の大騒ぎである。

「総持寺三松閣の大講堂には、ハガキ３０００枚が入るという箱がピラミッド状に約２５０箱が積み上げられた。総数75万通。推定重量は２トンを超える膨大な量だ。／今回５万人限定で用意された記念品は、石原慎太郎東京都知事（76）が弟に成り代わって込めた言葉が刻まれた宝酒造の芋焼酎『一刻者』原酒と、４２１点の厳選写真が収録された『昭和の太陽　石原裕次郎』のセット。ファン以外にもプレゼント目当てで応募した人もいるにせよ、ケタ外れの応募数だった」。

「渡は、あまりのハガキの量に『節目節目で足跡の偉大さを認識しておりましたが、改めて石原の偉大さを認識しました。23年たってもこれだけ愛されて、ファンの方々にもお礼を申し上げたい』とただ驚くばかり。／国立で法要を行うという仰天企画を発案した石原プロの小林正彦専務（73）も『30万通ぐらいと思っていた。予想をはるかに上回る枚数』とした」（『スポーツ報知』〈二〇〇九年六月十六日〉）。

ここの渡とは、石原プロ二代目社長渡哲也のことであり、「国立」とは国立競技場のことである。「裕次郎さん最後のプレゼント応募75万通」という大見出しの記事の一節である。こうした「法要」本番へ向かうプレ・イベントをマスコミは、こぞって大々的にとりあげたこともあり、本番は盛り上がった。競技場から人々はあふれ12万人が来たと報道されている。

「徹夜組６００人も待ちわびた法要セレモニーは、午前９時15分にスタート。十数億円の予算を投入し、総持寺を模した縦17メートル×横50メートルの〝裕次郎寺〟を国立に建設した前人未踏のイベントに、誰もが感嘆。

生前の本人が映像で『ありがとうございます』とお礼を述べると大歓声がわいた」（『サンケイスポーツ』七月六日）。一面トップの「奇跡!! その瞬間太陽が!! 国立競技場に15時間ファンの列……渡の音頭で3度絶叫12万人が『裕ちゃ〜ん』」の大見出しの記事である。この新聞は、この一面のイベントに関する記事以外でもなんと2ページがこの件でうめられている。

この「裕ちゃ〜ん」のさけびと「ありがとうございます」の映像は、テレビのニュースで何度も何度も流された。

かくのごとく、また「裕次郎伝説」は新たにつくりだされたのである。石原プロモーションというスターの独立プロがつくられたのは六三年。スター独立プロのはしりで、この時代、スターの独立プロは数多くうまれたが、現在も生きのこって、こんなにパワー・フルなマスコミ演出をうみだせる力を持っているのは「石原プロ」だけだろう（すべてかどうかは知らないが、スタープロは、みな短命であった。石原プロは、本人が「電気紙芝居」と小バカにしていたテレビにうまく対応できた、例外的なスタープロだったのである。かつての人気番組「西部警察」がこの間、テレビ朝日で再放送され続けていた。これもプレイベントだったのだろう。この戦争映画ともいうべきハチャメチャなドンパチ劇で、かつてお茶の間の人々のドギモを抜いた番組も僕は、ボンヤリ観つづけた）。

この「昭和」最大のスター（太陽）という場所と時間に裕次郎映画をくくりつける大イベントを視ていて、僕が最も気になったのは、〈浅丘ルリ子〉の不在であった。

現在も愛妻物語の中を生きつづける、妻であり最初の主演映画とされる作品の相手役である、デビューの時代のコンビであった北原三枝、そして公私ともに裕次郎に純情に入れあげた二代目社長の役者渡哲也（渡の素朴ないれあげぶりは『渡哲也 俺』〈柏木純一・毎日新聞社・一九九七年〉によく示されている）、原作者として映画デビューの契機をつくった、芥川賞作家、兄の石原慎太郎、この三人との交渉史を軸に裕次郎伝説が、あらためてマスコミでつくられる必然性はそれなりによくわかる。しかし、裕次郎映画で最多の共演女優浅丘ルリ子の「不在」はかなり不自然ではないか。日活裕次郎映画のヒロインといえば、やはり質量ともに彼女、というのが、あの時代の記憶を持つ多くの人々に共通しているはずである。

「特番」でも彼女はクローズアップされていなかったし、追悼の儀式そのものにも、彼女はまとめて不参加

「不在」だった。彼女は、そのことを意図してではないだろうが「昭和の太陽」伝説づくりに背を向けていた。もっとも、「国立」の本番セレモニーには、兄慎太郎も「追悼のしかたは人それぞれ」とすこぶるあたりまえ発言を残して不参加であった。

さらに、写真を中心につくられた『昭和の太陽』（青志社）には俳優高倉健の親しかった友人としての言葉が収められていることが、マスコミでクローズアップされていたが、結果的に一般書店でも販売されることになったそれを手にしてみると、その文章はなかった。そして、そこには、「本書ではご本人のご意向により割愛させていただきました」という〈おことわり〉があった。ここにも個人的な思いが、追悼大イベントに使われることに対する、静かな抗議の意思が表明されていると読むべきなのかもしれない。

もちろん、〈浅丘ルリ子〉の不在の理由を穿索してみてもはじまらない（もっとも、二〇〇九年八月三日に女優大原麗子がなくなり、青山葬儀所で友人代表として心のこもった追悼の言葉を語った浅丘については、テレビで何度も流されたため、彼女の〈不在〉は、僕にはとても印象的な事柄であったのだが）。

ここでは彼女の〈不在〉が象徴する意味について考えてみたい。今や、戦前をなつかしがるよくいる国家主義者・権力政治家の老人然として久しい、兄慎太郎は『昭和の太陽』に収められた文章で、こう論じている。

「思い返してみれば、私たちの青春時代はこの国が敗戦後の荒廃から立ち直り消費文明の到来の兆しの見えた、いってみれば戦後の日本の青春ともいえたでしょう。／新しい風俗、新しい情操情念、そして新しい価値感がようやく確かなものとなり、戦後の日本にようやく到来したルネサンスともいえました。あの時代に自らの青春を重ねて生きてきた者たちはある意味で歴史に選ばれた者ともいえたでしょう。／人間の懐旧は往々いささかの悔恨を伴うものですが、あの時代に青春を過ごした者たちにはそうした悔恨がほとんどあり得ぬものと思います。／新しい風俗、新しい放埓、新しい自由は古い時代からはうとまれたりいささかの顰蹙《ひんしゅく》を買いもしましたが、時の経過はそうした時代の表面を拭いさり潮の引いた後に浮き上がった川床のように、当節にはむしろ乏しくなった青春のピュリティを描き出してくれています。まさに『我が青春に悔いなし』といえるでしょう。そして弟はそれを表象した者の一人でした」（傍点引用者「あの青春時代の表象」）。

一九六三年から『シナリオ』に連載された文章（「映

画を話のマクラとしての文化と文明についての考察」）の中で、小田実は、このように論じていた。

「むかし、『青春』というものは、どうしようもない一時期であったにちがいない。不完全、ニキビ盛り、何をしでかすか判らない、ありすぎたエネルギー――。『青春』で意味があるとすれば、それは成熟に至る一つの過程としてのみ意味があるか、それとも、それが他の何ものかに結びつけられるとき、たとえば戦争とか、あるいはまた政治運動とかがその背景にあるとき、はじめて意味を持ったのだ。戦前はそうだったし、戦後も、おそらく石原慎太郎の出現まで、社会的風潮はそうだったのだろう。彼の出現はこの風潮を変えた。私は彼の功績は、青春は青春としてそれ自身存在する、といった原理をうちたてたことであると思う。この原理によって、青春は成熟と対等の資格でつき会えるようになり（つまり、子供の意見が大人の意見と並んで通用するようになった）、また、青年は何も他のことに気がねすることなく自分の好きなことをやったらいいという思想をもてるようになった（たとえば、それまでは何かうしろめたさを感じながら遊んでいたのが、もうそんなことは感じなくてもすむようになった）。このことは、それまでの、青春の成熟従属、戦争、政治従属への健康なショック療法として大いに意味があった。私はそれを高く評価したい。しかし、すべてのものは諸刃のやいばだ。はじめ新鮮だった石原氏の青春賛美も、次第に手アカにまみれるとともに、危険なおとし穴にさしかかって来る」（傍点引用者『戦後を拓く思想』〈講談社・一九六五年〉所収）。

その後、「おとし穴」に落ちっぱなしの慎太郎については、ここでは、どうでもいい。

この小田の適切で巧みな評価に便乗して僕が力説したいのは、小田のいう「功績」（戦後における青春の原理の確立）は、かつての慎太郎の文学のみに独占できるものではないということ、かつての日活青春・アクション映画群（その中心に裕次郎映画があり、そのまた中心に〈裕次郎―ルリ子コンビのムード・アクション群〉があった）、これこそが〈戦後青春の原理〉を大衆的に定着させたものであったということである（このことを大量の作品一つ一つにそくして、キチンと論証してみせた労作が、渡辺武信の『日活アクションの華麗な世界』〈未来社・二〇〇四年合本版〉である）。

今回のマスコミじかけの「二十三回忌法要」大イベントからは、この〈戦後〉がまったく排除されていた。その事を象徴しているのが〈ルリ子〉の不在である。僕には、そんなふうに思えた。

さて、ここで〈ムード・アクション〉という言葉について説明しておかなければなるまい。僕は渡辺武信の概念規定に従って、この言葉を使っている。『日活アクションの華麗な世界』で彼は、こう論じている。

「〝ムード・アクション〟とは、もともと裕次郎の主演映画の中でメロドラマ的要素の強い作品に製作者側がつけたキャッチフレーズにすぎない。この呼び名が最初に用いられたのは64年の裕次郎とルリ子の共演作『夕陽の丘』であり、その後、一連の〝裕次郎＋ルリ子〟映画の呼称として定着した。しかし歴史的に回顧してみるとメロドラマとアクションの融合は、裕次郎主演作の一つの流れとして『夕陽の丘』以前から始まっており、〝ムード・アクション〟という呼称はそうした一連の作品も一括して名づけるのにふさわしい。／一方、ムード・アクションの時期は裕次郎とルリ子が連続的に共演した時期でもある。／もともとムード・アクションと裕次郎とルリ子の共演作群映画とは完全に重なりあう群ではない。ムード・アクションと称されても裕次郎の相手役がルリ子でないものもあり（たとえば『黒い海峡』『太陽への脱出』『忘れるものか』など）、一方、裕次郎とルリ子が共演してもムード・アクションとは呼べないものもある（たとえば『青春大統領』）。／しかし、ムード・アクションの佳作の多くは裕次郎とルリ子の共演映画であり、それらは二人のスターの強烈なイメージによって、同じ二人の共演作で作劇上はムード・アクションに属さないものも周辺に引きつけ、ある親近性を持った群をつくりだしている。つまり、ぼくの感覚に素直に従うと、ムード・アクションと裕次郎とルリ子の共演作という二つの群は、少なくともその中心部を共有しているのだ。そしてこの中心部にこそ、日活アクションのプログラムピクチャーとしての量産性が、無意識の内に発酵させ、熟成させた甘美な魅惑があると、ぼくは思う。／右のような考えにしたがい、いわゆるムード・アクションとそれ以外の裕次郎とルリ子の共演映画を一括し、それを広義のムード・アクションと呼ぶことにすれば、その第一作は『銀座の恋の物語』（62・蔵原惟繕）ということになろう。／これは作劇上からすれば、全くのメロドラマで、アクションの要素を含まないが、63年から68年に至る裕次郎とルリ子の連続的共演の第一作にあたる」。

僕は、この六二年に公開された山田信夫と熊井啓が脚本を書いた、『銀座の恋の物語』をＤＶＤを借りて、見なおしてみた。

この交通事故で記憶を失って消えてしまった婚約者ルリ子を探しつづけた裕次郎が、彼女を発見し、彼女の記

『銀座の恋の物語』石原裕次郎／浅丘ルリ子　毎日グラフ別冊『石原裕次郎』（毎日新聞社、1987 年）所収

憶をとりもどさせる様々な努力をし、ついに記憶は回復し、二人の関係が復活するというストーリーが軸の一見単純な純愛ドラマを渡辺は、そこでこう評している。

「つまり、これはルリ子の自己回復の物語であると同時に、その恋に已れを賭けた裕次郎の自己回復の物語である。その自己のアイデンティティへの執着の強固さゆえに、このメロドラマは、日活アクションの主流につらなっていくのだ」。

渡辺は、この映画のラスト・シーンにふれて、このようにも論じている。

「そして、記憶を回復した衝撃にうちふるえているルリ子の耳に、その歌を唄う裕次郎の声が、あたかも幻聴のように聞こえてくる。これは幻聴ではなくて、裕次郎が唄いながら帰ってきたのだ。唄声はしだいに近づき、扉をあけた裕次郎へ走りよるルリ子。そして抱きあった二人のクローズ・アップで、ルリ子の眼から涙がパラパラとこぼれるのを見て、ぼくは封切当時に、一緒に泣いちゃったのだから、このあたりの蔵原惟繕のメロドラマ演出はさえていたと言うべきだろう。／ラストシーンは銀座の街を並んで歩いていく二人の姿に主題歌がかぶさるという、定石的な形式だったが、その俯瞰をまじえたロング・ショットの一つ一つには蔵原惟繕らしい抒情的な映像感覚がにじみ出ていて快く映画をしめくくった」。

このラスト・シーンの評価は、今回、あらためて見なおしてみても確認できる「快い」「抒情的な映像感覚」があった。ただし、封切の時代、田舎の都市の劇場の中

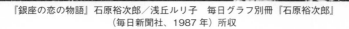

『銀座の恋の物語』ポスター（右）『さよなら石原裕次郎』（「文藝春秋」増刊、1987年8月）スチール（左）
毎日グラフ別冊『石原裕次郎』（毎日新聞社、1987年9月）所収

で、「一緒に泣いちゃった」記憶は僕にはない。しかし、歌で過去の記憶をやっと回復するシーン。それもそのメロディーを小さな卓上ピアノでひいた時、一つだけ音の出ないキイがあり、かつてもそこでヒッかかった記憶をテコに、というトリックは僕の記憶にも強く残っていた。そして、渡辺のような感動は決して特別なファンの特別なものではなかった。この映画についての、別の証言を引こう。

「この映画には鮮烈な思い出がある。内容ではなく、この映画を見た観客にだ。一九六三年三月四日がこの映画の封切日だが、当時は小学生だった僕は、年長の従姉妹のお供で、いつもの東映ではなく、めったに行かない日活の映画館へ行った。／冒頭、車引き姿の裕次郎が写し出されただけで、館内にはグワーンという異様なよめきが起き、主題歌が流れると、観客が裕次郎になりきったように歌い出したのだ。後年のオールナイトや特別上映の『若大将』や『健さん』とは時代が違うのだ。カラオケもない時代である。いい大人は人前でめったに歌わない時代である。ラストもスクリーンと観客が一体となって『銀座の恋の物語』を大合唱して終わった。／悪人や敵を倒すわけでもなく、チャンバラやガンファイトもないのに、観客は、裕次郎に興奮し、主題歌に酔いしれた。従姉妹も放心状態で『銀恋』を口ずさみながら『裕次郎はいい、うん、実にいい』とくり返していた。大ヒットした主題歌と裕次郎というスター、それにツボを押さえた映画づくり、封切時の観客は大満足の作品だったのだ。こうした体験をしてしまった僕にとって、ビデオで見直した『銀座の恋の物語』を批評するなんていうヤボなことはできない」。(『映画芸術』の演出家蔵原惟繕の追悼「60年代日活映画」特集〈二〇〇三年夏〉〈四〇四号〉に収められた落語家夢月亭清麿の文章である。

さて、ここで僕は「見直し」て「批評」するという「ヤボなこと」を、あえてしなくてはならない。この映画の気持のよさは、この『銀座の恋の物語』は銀座のビルの谷間に貧しく生きる庶民の助け合いの物語である点にある。絵かき(画家)をめざす裕次郎が音楽(ピアニスト)をめざす友人〔ジェリー藤尾〕と同居している古ぼけた木造アパートは、学生下宿とでもいった雰囲気で、人力車を引っぱっている下の部屋のおやじとめんどうを見あっている。ルリ子の住むアパートも同じようなもので屋台引きのおばさんと親しく交流している。そして純粋に絵を描き続けたい裕次郎は、企業へ就職して金にしばられる生活を拒否したいと思いつづけている。この二人の恋愛劇は資本(金)を手にすることを至上の価値とする価値観の外で、いや、それと対抗する場で成立している。商業主義は自分の絵をダメにする。そういうヒーローの無邪気なまでに純粋なおもいが、この映画全体を貫いている。「家柄」や金という権力に背をむけて貧しく生きる人々。この純愛劇の〈純〉な内容はそうしたものである。

ルリ子の〈トラウマ〉は空襲で両親が焼け死んでしまったのを目撃した(戦災孤児となった)ことが直接の原因である。そういう点でも明白に戦後という時間が刻印されているこの作品は、今ではすっかり忘れ去られてしまっている価値観を自明の前提として成立しているドラマである。そこが「実にいい」のだ。

この作品が封切られた時代は、こういうヒーローやヒロインたちの世界《ドラマ》が大衆的共感をもって受け入れられていたのだ。僕たちが忘れかかっている〈戦後〉が、まだこの作品の中には息づいている。

「二十三回忌法要」イベントが排除してしまった〈戦後〉とは、このような意味での戦後である。スクリーンの中の裕次郎は〈昭和〉のではなく「〈戦後〉の太陽」であった。

原爆と戦後――「実在」と「虚妄」をめぐって

『その夜は忘れない』

（監督・吉村公三郎　1962年・大映）

「DVDで観たんじゃダメでしょう。やはり映画は劇場で観たもんじゃなくちゃ」。おそろしく的はずれの「批判」の声を、前回の「銀座の恋の物語」評にあびせられて、クサった。

僕は、一九六二年にも生きていた〈戦後精神〉を、その映画で確認しているのだ。だから、封切られた時代と上映された時の劇場のムードが決定的に大切なのは、いうまでもない。そのことをこそ、そこで具体的に論じているのに。しかし、その時僕はまだ少年だった。ガキの時代の記憶にだけたよって論ずるわけにはいくまいと思って、DVDで観直すことをして、書いたにすぎない。そのように書いているではないか（そこには書かなかったが、本当はかなり以前にビデオで、二回ほど観なおしてもいる）。

今回も一九六二年という時代を描いた、六二年の作品をDVD（やっと発見した）で観なおして論ずることにする。タイトルは「その夜《よ》は忘れない」。僕にとっては、いろいろな意味で「忘れ」られない作品であった。

僕は、この映画の演出家は増村保造であるとズーッと思い続けていた。六二年の封切りの時に観た時、激しいショックを受けた。被爆後を生きそして死んでいった女性の、あまりにすさまじい悲劇の物語に。そして、その悲劇を象徴する、美しい顔と和服姿に隠された、胸の方の全体のケロイドが露出されるシーンの印象は、あまりに強烈であったのだ。主演は若尾文子と田宮二郎、白黒映画であった。その映画は、いつも気になっていた。誰の演出だったかなと考えた。観た時代は演出家が誰であるかなど気にして観ることはまだなかった。若尾と田宮主演の大映映画である、そしてあんなテーマである、増村保造以外は考えられない。いつか、そう思いこんだのだろう。それが増村演出であることは、私の中ではいつか確定的な事実となってしまった。そして、この何年もの間、なんとか観なおしてみたいと思い、DVD（ビデオ）屋に行くたびに捜す日々が続いた。そして、それが何年に上映された増村作品であるかを確認するために、増村の作品リストにあたることもした。しかし、そこには僕には忘れがたい『その夜は忘れない』は存在していないのだ。タイトルは忘れがたい作品であり、まちがっているわけはない。だとすると、これは、どういうことなのだろう。僕は、あの人の入りの悪い、寒々とした劇場を思い出しながら、あれこれ考えた。実は、あの時代封切館の前に、もう一度、足をはこんでいた。もう一度観ようと思ったのかもしれない、ただポスターや写真をもう一度見に行っただけだったのかもしれない。しかしその時、映画はすでに別のものが上映されていて、ガッカリしたことだけは、よく覚えている。もしかしたら、上映は途中で打ち切られてしまったのではないか。おそらくそうだ。大島渚の『日本の夜と霧』の例もあるではないか。あのケロイドのシーンが残酷すぎるという「良識」的判断をふりまわして会社側がオクラ入りにしてしまったのだ。それ以後、この映画は、存在しないことにされてしまったのだ。僕は、いつしか、そんなふうに確信してしまったのである。

こうした思いこみで、私はこの作品の探索をあきらめてしまった。ところが、最近、ある読書会の雑談で、この映画の思い出と探索について、話す機会があり、それを聞いていた若い友人が、コンピューターで探してくれたのである。タイトルですぐヒットして、DVDで買う手はずまで、ととのえてくれた。なんと演出家が別人であっただけの事なのである。ひどく便利な時代になっているのだ。僕は驚きあきれて、感謝した（内心、つまらない時代になってしまったものだと、思わないわけでもなかったが）。

吉村公三郎の演出である。一九七四年の田中正造を描いた『襤褸《ぼろ》の旗』が最後作品の、なんと、この高名な（新藤兼人〈脚本〉とのコンビの名作が多い）演出家であった。プリントアウトして手渡された、この映画のストーリー紹介には、こうある。

「舞台は一九六二年の広島市。被爆から十七年の歳月を経て、街は見事に復興を遂げた様に見える。被爆跡で目に付くものといえば、原爆ドームなど一部であり、戦後十七年の原爆記念特集号の取材の為に広島へ出張した週刊誌編集記者・加宮恭介〔田宮二郎〕は少々肩透かしを食らう。そんな中、親友の菊田五郎〔川崎敬三〕に誘われて訪れた店『オータム』で早島秋子〔若尾文子〕に出会う。／美しい着物を華麗に着こなす秋子の魅力に惹かれた加宮だが、彼女はどこか余所余所しい。加宮が東京へ戻る前日、秋子は自らの被爆体験を語る……」。

彼女は、確かに「被爆体験」を語った。和服の下の大きなケロイドをさらして、「あなた、私が抱けますか」と問いかけるように、「八月ジャーナリズム」のマスコミうけする、おあつらえむきの悲劇を探しまわって、「平和」に「復興」した広島では発見できずにガックリしている記者に対して、そういう人たちには見えない、ひっそりと隠されている真実の悲劇を、自分の肉体をさらして語りだしたのである。

ガキだった僕は、この命の夜、二人に性的な交渉はなかったという物語であると、思いこんでいた。DVDで観なおし、そうではないことが、わかった。その死ぬよりつらい、しかし生涯に一度の忘れがたい大切な夜の後、結婚し東京でいっしょに生活しようとせまる一直線な男の気持に彼女は一度は答えようとするが、性生活は、白血球が増大し原爆病を悪化させる可能性が高いという医者の言葉で、それを断念する。ひっそりと、東京からの男の手紙だけをたのしみに残された少しの時間だけ孤独に生きるのだ。

僕の記憶ではバーのママだった若尾の小さなうらぶれた店の奥の部屋のドラマとして「その夜」は展開されたはずだったが、それも違った。彼女の店は繁華街の大きなバーであり、「その夜」の舞台は二人で入った旅館であった。

しかし、「日傘」と「小石」にからむ忘れがたいシーンは基本的に記憶通りであった。この映画の中の若尾は和服の女であると同時にくるくる廻る日傘（パラソル）の女であった。日傘の下でほほえむ彼女の影のある美しさがなにより印象的であったのだ。太陽の明るさをさえぎって影のように生きるしかなかった謎の女という現在を象徴するパラソル。「小石」のエピソードはこうだ。その夜彼女は男を河辺につれて行き、その一見あたりまえの河底の「小石」について話をする。爆心地の小石は、実は、手でにぎりつぶせばこわれてしまう、内部は死んでしまっている石があるのだ、そう説明しながら彼女は男に小石をにぎらせる。男が力を入れると、それはグチャグチャと砕けてしまう。悲劇は水面の底でなにごともないようにこんなふうに生きつづけているのだという事実を、彼女は「小石」によって語らせるのである。広島の石。ラストシーンはこうだ。芸者置屋の経営者である、彼女〔若尾〕が、本当の話ができるたった一人の友人（彼女も重度の被爆者である）から、彼女の孤独なままの、ひっそりとした死をつげられた後、悲嘆に暮れた男〔田宮〕が河辺に来て、靴をはいたまま河に入り、「小石」を力いっぱいにぎりつぶすシーンで終わるのだ。

この大切なシーンに大筋のところ記憶違いはなかったことにはホッとした。ついでに言っておけば広島を案内するテレビ局づとめの大学時代からの友人役が川崎敬三であったことは、まったく忘れていた。この映画の記憶をめぐってはＤＶＤで観なおすことでさらに新しく発見した事実もあった。

　僕は広島に行ったのは、八〇年代に入ってからである。その後、運動の関係でほぼ毎年八月に行くようになってからも、原爆の資料館に足を向けることは、ほとんどなかった。若い時に一回入ってキチンと見てきたことがあるという、根拠のない記憶（思いこみ）が、なぜか強く

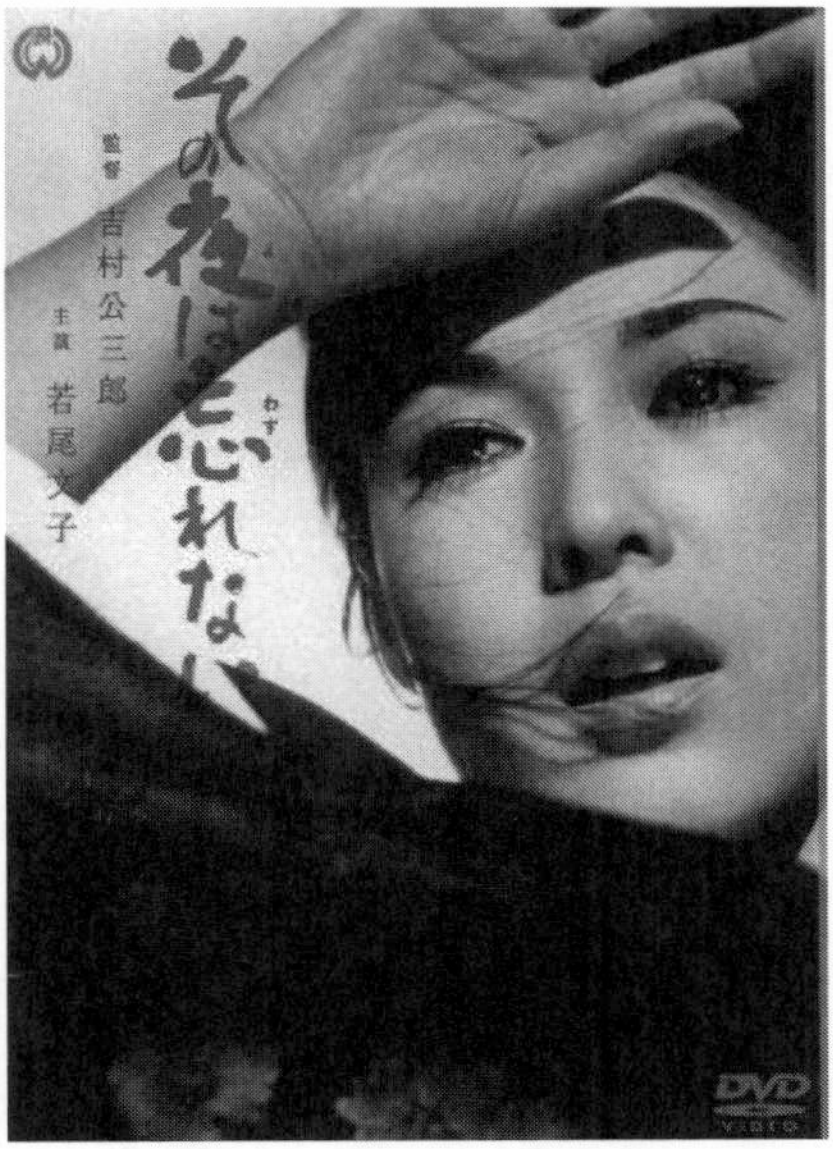

『その夜は忘れない』DVD 角川ヘラルド映画、2007年

あったからだと思う。行ったことのない広島の資料館を観たことがあるわけがないのに。「その夜は忘れない」を観なおして、その理由がわかった。僕の広島や資料館の記憶は、この映画の中で紹介されている事の記憶であったのだ。その事がよくわかった。一瞬にしてとけてしまった人間の影が残された石、……そこで紹介されているいくつかの物が、いやに鮮明に記憶されていたのだ。この映画は、そんなふうに僕にとってはやはり決定的な作品だったのである。

　大熊信行の『日本の虚妄――戦後民主主義批判』が増補版として、論創社から、あらためて刊行された。緻密で、これ以上ないというぐらいの詳細な解題を榊原昭夫が書いている（これだけでも、手にする意味はある本だ）。この本の初版は潮出版で一九七〇年である（一九五八年からの論文が収められている）。解題にはこうある。「この増補版は、初版の序および本文十三章に、新たに補章として一章を加え、さらに解題・人名索引を付したものである」。

　三度目の精読のチャンスと思い、読んでみた。予想した通り、新しい発見があった。まちがいなく、この本は私の「古典」である。かつて読んだ時は、『告白』・『国家悪』という大熊の素晴しい仕事からの転換・後退（民

族の概念の積極的意味づけとナショナリズムの復権）という方向がひたすら気になり、この本がストレートにつたえるテーマを、うまくつかまえそこねていたのだ。この本は原子爆弾がつくられ、戦争で投下されてしまったことの決定的意味とそのことの恐怖、これをふまえない思想は、今や無力で無意味だということが、くりかえし論じられているのだ。原爆投下したアメリカに占領され続けた時間にはぐくまれた戦後民主主義（平和）思想に必然的に宿る〈虚妄〉にめざめよと、彼は呼びかけ続けているのだ。原爆を投下できるという「主権国家」の論理に〈抵抗〉できなくて、戦後思想に未来はないということこそ力説しているのである。

もし、仮に『その夜は忘れない』が占領下につくられたら、占領軍がフィルムをズタズタにしてしまうどころか上映させなかったであろうことはまちがいあるまい。直接に論じてはいないがこうした事の持つ重大さに無自覚な思想に大熊は怒りをぶつけているのである。大熊は、〈戦後〉を拒否したのではなく、まともな〈戦後〉がうまれていない事実をこそ直視せよと、訴え続けているのだ。この本の丁寧な、あらためての解読は、ここでは無理だ。有名な丸山真男の批判という問題のみにそくして、この本の意味を、いそいで論じておきたい。一九六四年に刊行された『増補版　現代政治の思想と行動』の「増補版への後記」で丸山は、こう論じた。

「研究者や批評家には、この書物を『研究』としてよりはむしろ戦後日本の政治学史の、ひろくは戦後思想史の一資料としてあらためて提出したいという意味は、旧版の後記に、『戦後の私の思想なり立場なりの大体の歩みがなるべく文脈的に明らかになるように配慮』するとのべた、本書の編纂意図の一つと関連している。とくに最近の論議で私に気になるのは、意識的歪曲からと無智からとを問わず、戦後歴史過程の複雑な屈折や、個々の人々の多岐な歩み方を、粗雑な段階区分や『動向』の名でぬりつぶすたぐいの『戦後思想』論からして、いつの間にか、戦後についての、十分な吟味を欠いたイメージが沈澱し、新たな『戦後神話』が生れていることである。政界・財界・官界から論壇に至るまで、のどもと過ぎて熱さを忘れた人々、もしくは忘れることに利益をもつ人々によって放送されるこうした神話（たとえば戦後民主主義を『占領民主主義』の名において一括して『虚妄』とする言説）は、戦争と戦争直後の精神的空気を直接に経験しない世代の増加とともに、存外無批判的に受容される可能性がある。こうした過去の忘却の上に生い立つ、戦後思想史の神話化を防ぐ一つの方法は、戦後にさまざまの領域で発言した知識人ができるだけ多く、自らの過去の言説を、資料として社会の眼にさらすことであろう。それは旧版の後記にのべた戦後責任という道義的問題だけでなしに、ヨリ綿密な実証的吟味を経た戦後史を作るという私達の学問的課題のためである。……／もちろん戦後民主主義を『虚妄』と見るかどうかということは、結局のところは、経験的に検証される問題ではなく、論者の価値感にかかわって来る。そうした政治についてのどのような科学的認識も検証不能の『公理』を基底においている限り、そうした『虚妄』観の上にも学問的労作が花咲く可能性があることを私は否定しない。私が神話化というのは、そうした観点からの歴史的抽象が抽象性と一面性の意識なしに、そのまま現実の歴史として通用することをいうのである。私自身の選択についていうならば、大日本帝国の『実在』よりも戦後民主主義の『虚妄』の方に賭ける。本書の諸論文の執筆時期は戦後一六年にわたってちらばっており、その間、概念用具には変化があるが、右の賭けが公理もしくは偏向として基底に流れていることには変りはない。

私はひきつづきこの偏向を大事にして行くだろう。増補版を出すにあたっての私の『意地』といったのはこのことである」。

当時、知的ジャーナリズムのスターだった丸山のストレートで歯切れのいい思想的啖呵である。影響力は巨大であった。丸山は大熊と明示してはいないが、大日本帝国の時代をプラスとし、戦後を「虚妄」とまとめて否定する反動潮流の中心に大熊の思想を置いての批判であることは、事情通なら、誰にでもそう思うしかないように書かれている。この丸山のおそらく意図せざる〈誤読〉は、大熊本人にとってはもちろん〈戦後民主主義思想〉にとって、不幸なことであった。〈誤読〉と断定したが、大熊の論理の方にも、ひたすら〈民族〉を歴史の主体として復活させようという（日本人「単一民族論」！）、誤読を引きよせる要素は、まちがいなくある。しかし、戦争責任を近代の主権国家自身の否認というベクトルで問い続け「戦後民主主義」の内包する「虚妄」を問題にするところまでたどりついた大熊の思想的歩みは、「戦後責任という道義的問題」に例外的にキチンと対応しつづけた〈戦後思想〉として、あらためて位置づけなおされる必要がある。今度通読しなおして、その思いを強めた。

大沼保昭は、その力のこもった大熊論（「国家、戦争、そして人間——戦争責任としての不服従の思想」〈『国家論研究』十五号・一九七八年〉）で、この丸山の批評についてふれ、「この丸山氏らしからぬ肩肘はったマニフェストは、当時喝采をもって迎えられたが、大熊の本来の――単純化されない――主張に関する限り、それが右のようなかたちで一刀両断さるべき性質のものであったかどうか、きわめて問題である。／むろん、丸山氏の主張は、右の『虚妄』観からの歴史的抽象が、抽象性と一面性の意識なしに、そのまま現実の歴史として通用するという「神話化」への批判としてなされたものであり、その限りでは正当なものといえよう。また、「虚妄」の観念が、大熊の、民族＝運命共同体観への回帰のなかで主張されたことも否定できない事実である。しかしながら、『占領政策における制度上の改革が、日本の社会体制を「民主化」した事実は、もちろん認めなければならない。しかし、「政治原理」としての民主主義が、真に民主主義であるために欠くことができないのは、独立の国家主権が人民の手中にある、という一事である。……とすれば、独立の国家主権の存在しない軍事占領下に、民主主義が存在し、そしてその学習と育成も可能である、という対日政策の見解ほど、自他を欺瞞したものもないだろう。というよりも、それを疑わずに受けとめたわれわれ自身の態度こそ問題だ、というよりほかはない。……軍事占領下に政治上の民主主義が存在したという考えかた。これは一言にして虚妄である。にもかかわらず、民主主義が樹立され、そしてそれが育ったかのように見えるとすれば、育ったもの自体が、そのなかに虚妄を宿しているのである』（『日本の虚妄』一六二―一六三頁）という見解は、けっして『戦後民主主義を一括して虚妄とする』ものではない。／のみならず、それは、国際社会における人民の自決とその人民にとっての民主主義の関係の認識、および右の点への意識を欠く『民主主義』思想とそれに立脚する運動の一面性に対する正しい批判を含むものであった」（引用は『東京裁判から戦後責任の思想へ（第4版）』〈東信堂・一九九七年〉）。

バランスの取れた妥当な評価である。もしかすると、大熊の論理は丸山の弱点を直撃したがゆえに、「肩肘はった」啖呵が飛び出したのかもしれない。

僕は、つい最近の読書で、大熊が『日本の虚妄』の中で何度も期待を込めて言及している小田実の、以下のごとき文章を発見した。戦争が突然に終わり一八〇度の価値の転換した戦後が始まった時、その廃墟と混乱のエネルギーに満ちた時間の中で彼は一つの原理を手にしたというのだ。

「次第に、私は一つの原理を育てて行った。それは、『あらゆる人間があらゆる瞬間に偉大でない、正しくない、誠実でない、美しくない。』これは、いわば否定的、負項の民主主義だろう。ただ、これは次のように考えることで、正項、積極的な民主主義となり得ることができた。『どんな人間でも、あるときには、偉大であり得る、正しくあり得る、誠実であり得る、美しくあり得る。』」

この後、小田は、こう書いている。

「私にとって、戦後は『虚妄』ではなかった。はっきりと『実在』した。それは、自分の手で拓いて行くべき対象として『実在』した。「戦後を拓く思想」――私はこの題名をその意味でえらんだ」。

この「一九六五年四月十二日」付の『戦後を拓く思想』(講談社)の「あとがき」の文章は、丸山の大熊批判を十分に意識して書かれたものであることはまちがいあるまい。

大熊にとっても一八〇度の価値転換を強いられる混乱に満ちた〈戦後〉は〈実在〉した。そして『日本の虚妄』までの歩みは彼なりの〈戦後〉と〈民主主義〉を拓いていく思想的に誠実な努力であったのだ。

僕は、こう思う。大熊はもちろん、小田よりかなり後の敗戦後の時間(一九四八年)に生まれた僕にも〈戦後〉は〈実在〉したと。例えば『その夜は忘れない』というもっとも戦後的映画を忘れがたいものとする体験をかかえて生き続けている僕の中に、そんなふうに〈戦後〉はより拓かれ続けるものとして実在し続けていたのだ。

僕にとってスクリーンの中に〈戦後〉は、まちがいなく〈実在〉したのだ。

続・原爆と戦後――「体験」と「思想」をめぐって

『カールじいさんの空飛ぶ家』（監督・ピート・ドクター　2009年・ピクサー／ウォルト・ディズニー）

沢木耕太郎がアニメーション映画『カールじいさんの空飛ぶ家』について、こんなふうに書いていた。

「しかし、この映画を見た大人に強く記憶に残るのは、家が浮く前に描かれるカールじいさんの人生であるような気がする。／気の弱い少年が気の強い少女と知り合い、長い付き合いの中で互いの愛の存在に気がつき結婚する。楽しい日々を送るうちに子供をもうけるが生れる前に失ってしまう。それでも互いを慈しみ合い、少しずつ老いていき、やがて妻を見送らなければならないときを迎え、カールじいさんはついにひとり残されることになる。……。／これをほとんど台詞なしに、わずか十分間で描き切ってしまうのだ。この十分間は、最近のアメリカのCGアニメの中でも比類なく美しい。もしかしたら、その十分間によって、この作品のそれ以降の一時間余が支えられているのだ、と言ってもいいかもしれない」（『朝日新聞』二〇〇九年十二月八日）。

僕は、この最初の「十分間」を観てみようと思いたち、闘病で、ほぼ一年間、出かけることができなかった映画館に、恐る恐る入ってみた。もちろん、村上春樹の『ダンス・ダンス・ダンス』の主人公の「僕」のディズニーランドについての言葉をかりれば「ああいうソフトでやわでわざとらしくて子供向きで商業主義的でミッキーマウス的なところ」に、なんでいまさらという気分をかかえながら。

しかし、このディズニー・アニメは、僕をすこぶるハッピーな気分にさせる作品であったのだ。もちろん、最初の「十分間」も素敵であった。あらためてCGアニメの動きの自然さ、その技術的力量のスゴさに舌をまいた。そしてめずらしくも、ガンコ老人が主人公のアニメドラマという点こそがこの作品のユニークさを支えていることに気づかざるをえなかった。

妻との思い出がつまった家の中にこもっていた老人が、家を出ざるをえないところに追いつめられて、家ごと、風船の浮力で空に脱出し、亡き妻と果そうとして果せなかった冒険に向かう。

この冒険に偶然空飛ぶ家にいたため同行する冒険好きの少年とともに、「夢の場所」についた老人と少年をまちうけていたものは……。老人は、妻との思い出のつまっている、もろもろの家具を投げ捨て、ついに家も手放してしまう。今の「冒険」を生きるために。

老人に、そう決意させるのは、妻の残したスクラップブックでもあるアルバムだ。それは少女時代のものであり、二人が結婚した後の時間は、「これからの冒険」と書かれたところから白紙になっていたのだが、空を飛びながらも、家（そこにつまっている思い出の家具）に執着しつづけているカールじいさんが、そのアルバムを手にして、いつものようにパラパラとめくっていると、白紙だったはずのところに、写真が貼られている。その写真は、最初の「十分間」の再現なのである。そしてラストのページには、この楽しかった時間への感謝と、新しい冒険（いま・ここ）をこそ生きよという妻のメッセージがあるのだ。老人は、少年たちとはぐくまれた時間（今）をこそ生き抜くため決然と家具を放り出しだすのである。「最初の十分」は、このアルバムで再現されることで、そしてそれが妻のラスト・メッセージと連動することで、実はこの作品全体の核となっているのだ。


満員の元旦の劇場を出る時、子供づれの主婦たちが、「なんだか大人も楽しめるものだったわね……」などと話している声が聞こえた。「まったくだ」。めずらしく、そう想いながら僕も劇場を後にした。今を生きつづけている、八十七歳の老人鶴見俊輔は、年末に『言い残しておくこと』（作品社・２００９年）を刊行し、元気に発言し続けている。

ここで、鶴見の新しいインタビューにいろいろな人物あるいはテーマに関するいくつものかつての発言を「メモラビリア」というかたちで拾い集めて収めているユニークな本を紹介する理由は三つ。基本的には同じことのくりかえしである「メモラビリア」の部分が、発言した時と、力点の置きかたの違いで、同じ話が微妙にズレている点が読んでいて楽しいこの本は、全体として彼が「思い出」をのみ生きているわけではないことを実感させる迫力があること。これが第一。第二は、見返しに大きく刷りこまれた著者の顔写真を見なおして気づいたのだが、この鼻のでかいメガネじいさんは「カールじいさん」にそっくりである。この本でもくりかえされている「不良少年」だった自慢、「東大出、東大教授はみんなダメ、バカばかり」発言。あたりまえの人間がこう発言するのは、ちっとも不思議ではないが、ハーヴァード大卒のエリート貴族ともいうべき鶴見一族の彼がそう発言しつづけるのは、特権にねそべった偉そうな嫌味としか受けとれないだろう。本人が、それに気づかないわけないだろうに、と僕はいつも不思議な気持で、そのくりかえされる嫌味発言を聞いていたが、「カールじいさん」の顔を重ねて、ハッと気づいたことがある。このすこぶる柔軟なプラグマティストである彼は、本当のとこ、マジに〈鈍感〉なのである。偏狭《ガンコ》なこだわり。この〈鈍感〉さが彼の柔軟な方法を支えてきたのだ。こういう言葉（それにこめられた体験）にこだわり続ける〈鈍感〉さこそが彼の倫理をかたちづくっているようなのだ。このことに、僕は、はじめて気づかされた。だとすれば、いちいち、ムッとなる必要はないのだ。この事を書いておきたかったことが第二（もちろん、国家に思想的に同調することをしか意味しない、「家系と育ち」がいわせる〈アキヒト天皇は平和主義者で偉い〉、というような彼の、「不良少年」を裏切るような発言まで、僕は認めようとは思わないが）。

第三は、「丸山真男の被爆体験」という問題が、この本で論じられているからである。

「丸山さんにとっては、自分の被爆体験の思想的意味づけができなかったということは、ものすごく重い問題なんですよ。私は丸山さんの経歴に即して類推するんだけれども、丸山さんはヨーロッパについて、ひじょうにきちんと勉強した人ですね。丸山さんは治安維持法で捕って牢屋に入り、一時は学者としての道を阻ざれかけたんだけれど、偶然の幸運があって、懸賞論文で南原繁に認められ、南原研究室に入った。当時の南原研究室というのは、そこにドアを入った途端に、別世界というか、さかしまな世界に踏み込んだような感じだったんですね。つまり、戦時中にもかかわらず、表の世界とは敵味方が入れ替わるんです。研究室のなかでいう『敵』というのは『ナチス』なんだ。そういうところで丸山さんは、安心して研究することができた。そこで、ヨーロッパ思想のひじょうに公平な部分というのが丸山さんの教養の中に深く入っていったんだな。／そのために、丸山さんは戦中でさえも、つねにナチスを向こう側の敵として考えていた。そうしたヨーロッパ思想の重みがあるから、まさか二次にわたる世界大戦が日本人に対する原爆投下で終わるとは想像できなかった。この人類に対する反逆ともいうべき原爆と、思想史的な仕方できちんと向き合う、ヨーロッパ思想の帰結としてこの問題と向き合うところまで、実は出てこれなかった。それが逆に丸山さん自身の思想と教養の欠落を示すものだった、というのが私の想定です。私はそう思うね。私は丸山さんはひじょうに好きだし、偉い人だと思うけど、だからこそ余計にそう思う。／丸山さん自身、自分が被爆者であることは公にはほとんど語らなかったんですよ。『語りつぐ戦後史』の対談のときに、原爆の話が出てきたというのは私も意外だった。私を信用してくれていたんでしょうし、おそらく、丸山さん自身に当時うごめくものがあったんだろうと思う。ヨーロッパ思想の果てが、そこに行きついてしまったことに対して。／これは大変難しい問題だね」。

ここでふれられている鶴見と丸山のやりとりは、丸山の被爆体験を語ったくだりを含めて、よく覚えていた（そこの丸山は歯に衣をきせぬ鶴見批判を展開していた）。しかし、この鶴見発言に出っくわして、前回ここで大熊信行と丸山のやりとりを論じた時、ふれられなかった重大な問題に気づかされた。

大熊の戦後民主主義批判は占領民主主義批判でありなによりも〈原爆民主主義〉批判であったはずだ。

丸山は、一九六七年の鶴見とのやりとりで、こう論じていた。「いま顧みて、いちばん足りなかったと思うのは、原爆体験の思想化ですね。私自身がスレスレの限界にいた原爆経験者であるにもかかわらずね」。

自分の思想の、そして戦後思想の全体の欠落として丸山は「原爆体験の思想化」（鶴見俊輔編・解説『語りつぐ戦後史I』所収〈思想の科学社・一九六九年〉）があることに十分に自覚的であったのだ。そして、丸山のこの発言は、大熊の「原爆＝占領民主主義の虚妄」批判をバッサリと切りすてた後に、なされているのだ。大熊の主張に、丸山の身に「うごめくもの」は、この時もなかったのだろうか。鶴見の主張は、僕の、こうした問いかけに重なる。

電力と「破砕帯」（断層）、そして死者について戦後史の中で考える

『黒部の太陽』

（監督・熊井啓　１９６８年・三船プロ・石原プロ共同製作）

七月のある日、偶然『黒部の太陽』がテレビで流されることを知った。この再上映もＤＶＤ化されることもなかった（映画は劇場で、という石原プロ側の意思もあって）「幻の超大作」。このかつての空前の大ヒット映画は〈神話的〉なムードにつつまれて存在していた時期は長かったはずである。映画が上映されたのは、なんと一九六八年であった（僕の記憶では、もう少し前の時代であったように思いこんでいたのだが）。

当時、観た時の印象は、悪かった。四季の激しく美しい変化の様を巧みに描きこんだだけの大企業の「偉業」をたたえるつまらない作品というものにすぎなかった。だから、よく憶えていたシーンは、映画の見せ場であった大事故のシーン。「４２０トンの水を一〇秒間で流すシーンで、アクシデントがおこり、それが一秒間で流れてしまった。コンクリートが破れ、濁流にまきこまれ、組まれた九〇本の丸太、四〇本の岩石の間で、裕ちゃんは全身打撲で入院」（演出家・熊井啓の証言）という、事故シーン。大事故が起きたがカメラは廻っており、主演の石原裕次郎が死にぞこなった結果、クソリアルなシーンとなったことが大きな話題となった、そのシーンぐらいなもの。もう一つキチンと記憶に残っていたのは、裕次郎の相手役が、当時、テレビの『おはなはん』で人気の舞台女優（民藝）樫山文枝だったことぐらいである（彼女が三船敏郎の娘役であったことも忘れており、もう一人の主演者・三船の印象は、まったく薄く、ストーリーの基本構造もすべて忘却していた）。

もちろん、この映画は三船敏郎と石原裕次郎という戦後映画界を代表するビッグスターの二人が、独立プロをつくり、映画企業（資本）の独占的システムに抗い、その企業利害ガードのための「五社協定」の抑圧をはねのけ、かいくぐり、共演映画をなんとか完成させた、というスクリーンの外のカッコイイ実際の物語抜きで記憶されていたわけではない。しかし、大企業（中心はなんと関西電力そしてゼネコン）の勇気をたたえるドラマが、

そのカッコイイ闘いを通してつくりだされるといった皮肉な構造に、当時、僕はかなりウンザリしていたんだろうと思う。

だから、なんの期待もなく、僕はボンヤリとこのドラマを観なおした（なんと四六年ぶり！）。ところが、ドラマの始まりの部分で、かなり驚かされたのである。全産業の血液といわれるエネルギー（電力）の政策、「国策民営」システムの歴史の中の劇的なドラマ（黒四ダムづくり）。今日の原発システムにつながるそれを、単純に肯定的に、かつドラマチックに描き出しただけのものであるはずのドラマのスタートは、僕の予想（と記憶）を超えた展開であった。

このドラマは、岩岡親子〔辰巳柳太郎〈源三〉と石原裕次郎〕の決定的な対立を一つの軸としてつくられていた。熊谷組の源三〔辰巳〕は、戦中の黒三発電所づくり、高熱のトンネル工事、朝鮮人を含む三百人近い労務者が死んだ、その現場で、情け容赦なく労務者を暴力的に酷使し続けた男である。少年だった源三の長男も、ハッパの爆発に逃げきれず死んでいる。源三の妻は二男をもつ現場に引っぱり出そうという源三におびえ二男をつれて逃亡。母と生きた岩岡〔石原裕次郎〕は、当然にもその後父と交流なく、生き続けてきている。その親子が黒四ダムのためのトンネルづくりの現場を、ともに担いだす。激しく憎み合いながら。これが、このドラマの一方の軸である（辰巳と裕次郎の罵り合いが、このドラマの展開のテコとなっている）。

もう一方のこのドラマの軸は、現場全体の責任者である関西電力黒四建設事務所次長北川〔三船敏郎〕の家族をめぐる物語である。長女由起〔樫山文枝〕は岩岡〔裕次郎〕と出会い、不治の病であった白血病であることが判明した次女牧子〔日色ともゑ〕の命のあるうちに（姉の花嫁姿を見たいというのが彼女の希望である）と、結婚をいそぐ。牧子が亡くなるのは、おびただしい困難（破砕帯）を突破して、トンネルが開通する、その日である。愛する家族を犠牲にしながら、ひたすら黙々とダムづくりに邁進する北川〔三船〕のファミリーをめぐる物語の方には、家族をかえりみない夫（父）への不満はあっても、鋭い対立や葛藤はない。

僕を少し驚かした、ステキな対立と批判は、北川の家で、妻（母）の死亡の時以来五年ぶりに顔を合わせた岩岡親子（字の読めない無学な土方の親方である辰巳と、大学出のインテリで建築事務で図面を引いている裕次郎）が顔を合わせた時から始まる。

裕次郎が北アルプスの黒四に、ダムづくりのための交通路として全長一四〇〇メートルのトンネルを掘るという話を、そこで聞く。割り箸を半分にへし折りそれを指さしながら日本列島は折れ曲がって出来ていると地球科学的説明を前提にフォッサ・マグナ、大きな断層帯（糸魚川―静岡構造線）にそった、そこには断層や破砕帯が、まちがいなく存在している、そんなところの工事は危険で無謀すぎる、ヤメロと、父（源三）に、さらに北川に抗議する。

　この時の、源三〔辰巳〕の反撃の言葉をシナリオから引こう（熊井啓『黒部の太陽　ミフネと裕次郎』〈新潮社・二〇〇五年〉に収められている、井手雅人と熊井の二人のものと示されているが、熊井のその本によると井手が主役で書いたもののようだ）。

「『……北川さん、わしはな、ガキの時分から土方だった男です。モグラみてえに、穴掘るために生まれてきたような男だ……　削岩機の鑿《のみ》先が、トンネルをぶっ通す。そのときだけが生きがいみてえに生きてきた男なんだ』『……ところが今度の仕事だ、わしは一生に一度、おそらく最初で最後の仕事でしょう。北川さん、この仕事はあんたの会社だって、博奕《ばくち》のはずだ。社長の太田垣先生だって張ってなさるんだ！　気持ちは、わしらだって一緒なんだ！』『この一番！　こいつを逃がしたら、わしは今日まで、何のために生きてきたか分からなくなるんだ。北川さん、わしゃな、黒部のどてッ腹《ぱら》ん中で、ダイナマイトにぶっ飛ばされて死んで、男になりてえんだ！』」

　源三〔辰巳〕は、こういう男である。

　裕次郎の子供のころからの友人で、間組工事課長としてこの工事にいさんで参加しようとしている男との対話のシーンが、これに続く。そこでの岩岡〔裕次郎〕の抗議のセリフを引こう。

「（蔑《さげす》むように）そんなものに力を貸すのか、……お前もおやじと五十歩百歩だな……　お前も俺も、懲りてるはずだぞ……　戦争にな、ズルズル、ズルズル引きずりこまれて……気がついたら仲間が大勢死んでいた……」（傍点引用者）。

　戦中（軍命令の国策労働〔黒三〕）と黒四ダムづくりの労働の連続への抗議の意思は、黒部の建設現場の源三の部屋での辰巳と裕次郎の、そして北川〔三船〕と裕次郎の激烈な対決のシーンに、よりクッキリと示される。ここも引こう。

　そこで、ついに裕次郎は父〔辰巳〕に最後の非難の言葉ともいうべきセリフをぶつける。

「あんたはね、人間じゃないんだ、あんたの中には、人間の血なんか流れちゃいない…… あんたにあるのは、金の欲と、名誉欲と、それからメカケだ」。

「欲のためだったら、どんなことだってするんだ。誰でも彼でも、犠牲にするんだ」。

「（低く）人殺しだ……」「人殺しで悪かったら、子供殺しだ」。

この後、源三の命令でダイナマイトをうめこむ作業に向かった長男が、爆死する回想シーンが入り。裕次郎と辰巳の以下のような罵り合いが続く。

「なぜ自分で発破を仕掛けなかったんだ…… どうして兄貴にやらせたんだ…… それだけじゃない、兄貴の次に俺を現場に出そうとした…… だから、おふくろは、俺を連れて京都へ逃げたんだ…… それから東京へは一度も帰らなかった。あんたの顔なんか見たくなかったからな。あんたが今、そうやって、大きなこと言っていられるのは、あんたが殺した大勢の犠牲者の…… 兄貴の血のお陰なんだ」。

源三は、こうやりかえす。

『あのときは、みんな狂ってたんだ！ 誰があんな工事、好きでやるもんかい』。

『うそをつけ！ 人間だったら誰もやりたがらねえ工事だったから、あんたはやってたんだ』

『戦争に勝つためだよ！』

『うそだ！』

『お国のためだい！死ぬのは当たり前じゃねえか』

『（ニヤリとする）……言ったね、とうとう…… 死ぬのが当たり前だって…… やっと本音をしゃべったね』

そう言うと、涙が噴き出る。」（傍点引用者）

北川（三船）は、この対立にわって入り、裕次郎の説得につとめる。そこの三船と裕次郎のやりとりは以下の通りだ。

「『……岩岡さん。……黒三はね、あんなもんは土木工事ではなかった。軍の命令と監視の下での玉砕戦でした。今度の黒四とは本質的に違うんだ。今度の工事はね、日本の本当の土木工事なんだ。現在、僕たちは、すでに始まっているその建設の真っただ中にいる。今日、あんたがここへ来て言っていることは、全く個人的な感情だ。それにもう、過去のことで、全く別なことじゃありませんか』

『個人的？…… そうじゃない。絶対に別なことじゃありませんよ。過去に犯した責任は、今どうでもいいんですか』

『この工事には、四百億の金と、延べ一千万人の生命がかかっているんです』」

この後北川は、破砕帯にぶつかり死者が出たら、嘆くのはその死者の家族で、そしてトンネルが抜けず工事がダメになったら、倒産する会社が出て、社員たちが路頭にまようという、お定まりの企業（資本）共同体、企業家族主義のイデオロギーをふりかざし、裕次郎を説得し続ける。しかし裕次郎は屈しない。

「『（激情を押し殺して）破砕帯に必ずぶつかる……そうおっしゃいましたね。黒部が恐ろしいところだって、北川さんは百も承知だ……　だから工事には安全第一を心がけるって……　それは裏を返してみれば、事故が起こって、犠牲者が出るのを覚悟しろってことと同じじゃないですか』

『破砕帯は覚悟しています……　しかし、犠牲者は一人も出しません』

『（追及する）黒三は戦争のためだった、東洋平和のためだった、そう言って、労務者に銃剣を突きつけた……今度はいったい何のためですか？（背を向ける）電力のためですか？　日本の繁栄のためにと言って、おやじは労務者を……　青竹でぶっ叩いて殺すより、もっと悪質だ』

『岩岡さん、はっきり言って、もう、おやじさんの時代ではない……　おやじさんを責めるのは易しい。しかし、これから次の時代を切り開いていかなければならないんだ。そのほうが大事なことなんだ……　そうでなかったら、今まで地獄の中で死んでいった人たちは浮かばれませんよ』

『北川さん、それは、あなたの本心ですか？……　本気でそう思っていらっしゃるんですか？』

『……本気です』

『……』

『（激しく）本気ですよ！』

岩岡、なお通じ合えぬ虚しさを残して黙して去る。」

（傍点引用者）

この、国家が戦争に狩り出した人々の死者を、国が勝手に意味づけ、その〈死者の思い〉のためにさらに闘う、あるいは現在の「平和」があるという、倒錯的ロジック。これと、まったく重なる、工場現場で死んだ労務者たちの思いなるものをふりかざし、企業（あるいは国家）の加害責任を、まったく棚上げにして、新しい時代の要請のために、さらに「悪質」な労働を強制することを正当化する論理。岩岡〔裕次郎〕は、源三（父）という「易しい」、見えやすい敵と対峙することを通して、本当に対峙すべき敵（「国策」業）の論理を、ここでキチンとみすえている。

この岩岡〔裕次郎〕と北川〔三船〕の激突シーン（セリフ）は、今度はまちがいなく強く印象に残った。ここまでの裕次郎は、あの〈日活アクション映画〉群の中の孤独な反逆のヒーローたちのイメージの連続性の上の存在であったのだ。それは、戦後の成長（発展）のゴールとしての〈3・11〉原発震災をふまえた視点から見れば、よりハッキリ見えるといえよう。

　さて、裕次郎が工事そのものに反対する根拠としてまず示した日本列島が断層帯であり、破砕帯がいくらでもひそんでいるという「地球科学」的知見。これに関して、最近、実に有用な本を僕は、読んだばかりである。

　それは、今、すべてが止まっている日本列島の原発のなかでトップに再稼働する準備が、安倍政権・九州電力・原子力規制委員会によって着々と進められている川内原発（鹿児島）。〈再稼働NO！〉のそこでの現地行動に参加した時に手に入れた、火山物理学者須藤靖明の『地球科学からの警告　原発と火山』（櫂歌書房・二〇一四年四月。発売・星雲社。Tel092-511-8111Fax092-511-6641http://www.touka.com/）がそれである。

　そこには、「黒部の太陽」の中の関西電力をも含む電力資本が原子力発電所を国のエネルギー政策の基礎とすべく、着々と建設していった、一九六〇年代にこそ、「地球表面には複数のプレートがあり、それらが互いに移動と衝突と沈み込みがあるというプレートテクトニクス」の概念や論理が提唱された時代であったと語られている。

「プレート運動とは、地球表面の厚み60〜２００㎞の岩石圏（リゾスフェア lithosphere）が、その下部にある岩流圏（アセノスフェア athenosphere）の上を移動することである。／プレートは中央海嶺で誕生し、海洋底を水平方向に移動し、別のプレートと交わるところでは、そのプレートの下に沈み込んだりして海溝を作り、あるいは衝突して高い山脈を作り出す。／日本はこのようなプレートが複数交わる地域で、地球の中でも最もプレート運動が活発なところと考えられている。／しかし、地球の歴史概念を革命的に進歩させ、地球科学の歴史の中でも一大転機を与えたプレートテクトニクス理論が広く日本に定着したのは、世界の地球科学の歴史から様々な歴史的な研究過程から一〇年遅れたのである。／その間に、原子力発電所は国のエネルギー政策の基礎部分となって着々と建設されていった。／海洋底拡大説…一九六一年〜一九六二年　海は変化する　プレートテクトニクス…一九六七〜六八年　海洋底拡大説を裏付ける」（傍点引用者）。

プレート運動（火山・地震）列島に原発をつくるなどというのは歴史的な愚行であった、それは、明らかな事実であると、著者（須藤）は、そこでくりかえしている。福島原発震災は、あまりにも遅すぎた、しかし決定的な日本列島住民に対する〈最後の警告〉なのだ。そのことが本書で、よくわかる。ゆえに止まっている原発の再稼働など、まったく論外の決して許されぬ愚行のうわぬりなのである。登場したプレートテクトニクス学が定着したのが一九六八年とされている。この年、映画「黒部の太陽」は上映されたのであった。

さて、映画の方へ、もどらなければなるまい。

その後、裕次郎は、どういうわけか、北川〔三船〕（電力資本）の内側に、スンナリとくくりこまれてしまう。青竹で労務者をぶっ叩いて殺すことより、「もっと悪質だ」と自分が断罪した論理の土俵にころがり落ちてしまうのだ。「自分たちの仕事に誇りをもって」危険をひきうけている下請けの現場労働者への深い共感から父（源三）との関係で無事でいられるかが心配、ゆえに、自分もその現場を共有したい、という心情がそこで語られ、熊谷組岩岡班のメンバーとして（すなわち父が親方の現場）自発的に働き出すという展開だ。そこから、裕次郎は、この困難きわまりなく、命のかかった現場で、体の動かなくなった父に変わって、三船とともに、すべてをなげ捨てて、働きだす。

この二人をプロモーターとして破砕帯をも、突破してトンネルは貫通し、ダムはできる。この裕次郎の現場の下請け労働者の命をおもんぱかっての劇的な「転向」後、ドラマはハイスピードの経済成長のベースである産業の血液ともいうべきエネルギーをうみだすために、とんでもない困難をのりこえた、社長から現場の下請け労働者を含めた企業人の勇気をたたえるドラマとなりはてる。「黒三」の悲劇の「黒四」への連続という視点からの物語が、「転向」後、この映画からまったく消滅してしまうわけではない。「黒三」の地獄の労働現場にいた人物は「黒四」の現場にも登場する（宇野重吉が演じている）。彼は、「黒四」の工事で息子（宇野の実の子供である寺尾聰が演じている）が命を落とすという展開である、宇野重吉親子を通じて悲劇（地獄の労働現場）の連続性は、それなりにおりこまれ続けてはいる。そして、三船と裕次郎の現場で最初の事故死者が出た後、怒った労働者たちが大量に仕事を放棄しだした時、それをなんとか止めたいと説得する裕次郎に、労働者のリーダーが投げつける言葉。

「俺たちに穴掘らして、儲けているのは手前たち親子だ。破砕帯が抜けようが抜けまいが、金は熊谷組からいくらだって出るんだろうが、ええ、死ぬのはごめんだ」。「科学的だか、シャケの頭だか知んねえけどよ。お前のやり方がおやじと正反対だからよ、俺たちゃ仕事がやりにくかったよ」。「どっちにしたってお前たちは、同じトンネルのムジナってとこよ」。

この労働者の怒りの言葉は、実は「転向」前の裕次郎の「黒三」より「もっと悪質」だという非難の言葉に、そのまま重なるものである。

しかし、こうしたエピソードは、金を出しおしみせず、最先端の科学的土木技術、工法を投入する社長の意欲に支えられて、三船たちが一丸となって掘り進める勇気のドラマという主軸の展開に少し、ふくらみをもたせるためのエピソードとして処理されているにすぎない。三船（企業の成長の論理と倫理）と対決する裕次郎の論理は、二度とドラマの中心には浮上せず（岩岡親子についても源三の死の直前でのある和解までおりこんで）、露骨に労務者の命は使い捨ての源三（辰巳）の時代は終わり、それなりに人命をムダにしないようにつとめる科学的工法の時代にみあった労働の時代になっていることを印象づけて、このドラマは終わる。

僕は、すぐ原作（『黒部の太陽』）を読んでみた（木本正次が一九六四年に一一六回にわたって毎日新聞に連載したもので単行本化は一九五六年、文庫になっている〈信濃毎日新聞社〉）。このドキュメンタリーノベルを一読し、北川（三船）一家のストーリーは、実在の人物にそくしたほぼ実話であるようだが、岩岡親子（辰巳・裕次郎）のストーリーは、基本的には映画（シナリオ）がつくりだした人物の物語であること（原作には不在）が確認できた（映画は当時の関西電力の社長のもっぱら個人的なエピソードや労働組合をあげて、「黒部」づくりに協力する体制が支えたというようなグロテスクなエピソードは、切り捨てて、岩岡親子を軸にすえたのである）。

この映画を演出した熊井啓は先にふれた『黒部の太陽』で、こう書いている。

「関電が前売り券百万枚の販売に協力する、という約束である。百万枚というのは日本映画界では常識はずれの数字である。一枚三百五十円として百万枚はなんと二億五千万円である。ちなみに、関電および黒四建設五社（間組、鹿島建設、熊谷組、佐藤工業、大成建設）、その系列会社は大小あわせて千数百社、従業員は百万人を超える。それに東京電力、中部電力などの電力会社の協力も期待できる。そういえば東北電力の平井寛一郎は、黒四建設の事務所長をなさった方である」。

　これでは、社会派監督熊井と井手雅人シナリオライターのコンビでも、企業（開発・成長）讃美の大作をつくる以外のことはできなかった。金の圧力に屈した結果が三船と裕次郎の正面からの対決の持続という、ありうべきドラマを不可能にしたのか。いや、そうではあるまい。それは、この「五社協定」をはねのけ、この作品を完成させたプロセスの、後からの具体的な記録となっているこの本で、熊井はなんの躊躇もなく「黒部の太陽」を、自分たちがうみだした大傑作と評価する前提で、書き続けている点に、よく示されている。この大作映画で読めることは、戦後革新勢力の経済成長・科学・技術観が大企業（資本）と同じベースで成立していたものにすぎなかった、という事実であろう。映画の中での裕次郎の「転向」は、演出家・シナリオライターにとっては、それとして自覚されていないのだ。原子力の「平和利用」というイデオロギーの下での電力資本による原発づくり、断層（火山・地震）の巣であるこの日本列島での破滅的な原発づくりに戦後左翼自体が加担していく必然性が、この映画によく読めるのだ。

　この映画のラストに黒部につくられたブロンズ像がクローズアップされるシーンがあった。シナリオから示そう。

「ハンマーを振っている労務者。削岩している労務者。それらを見守っている労務者。スコップを抱きしめ、考

『黒部の太陽』石原裕次郎／三船敏郎『石原裕次郎…そしてその仲間』（芳賀書店、1983年）所収

熊井啓『黒部の太陽　ミフネと裕次郎』新潮社・2005年

え込んでいる労務者。／立って頭《こうべ》を垂れている労務者。鶴嘴《つるはし》を担ぎ、うつむいて立っている労務者。／――尊きみはしらに捧ぐ／と、下に横書きで刻まれてある。殉職者百七十一柱の氏名」

それは成長（発展）のための「尊い犠牲者」と勝手にそこで位置づけられている。それは今、原発再稼働へ向かう、関西電力をはじめとする電力資本（企業）のイデオロギーである。私たちは、そこの百七十一人の死者たちを、今日の終わりなき福島原発事故の被害者たちへ連続する存在と考えるべきである。

それはかつての「東洋平和のため」（黒三）の被害者に連続する「平和的繁栄」のための被害者（殺された人）でもある。かつてより「悪質だ」という岩岡〔裕次郎〕の怒りの叫びこそが、真実をいいあて続けていることは、〈3・11〉という破局的局面をくぐって生きている私たちには、実に明白ではないか。

須藤靖明著『地球科学からの警告
原発と火山』櫂歌書房、2014年

（原稿を書きあげた直後、以下のニュースが飛びこんできた。七月二十六日の『朝日新聞』の一面トップ記事。戦後復興のシンボルである栄光の「黒部ダム」づくりを通して、関西電力が原発資本として、どういう成長をとげていったかがよく読める記事である。

「関西電力で政界工作を長年担った内藤千百里《ちもり》・元副社長〈91〉が朝日新聞の取材に応じ、少なくとも1972年から18年間、在任中の歴代首相7人に『盆暮れに1千万円ずつ献金してきた』と証言した。政界全体に配った資金は年間数億円に上ったという。原発政策の推進や電力会社の発展が目的で、『原資はすべて電気料金だった』と語った。多額の電力マネーを政権中枢に流しこんできた歴史を当事者が実名で明らかにした」。

ついでに、関電の原発は美浜〈1～3号〉、高浜〈1～4号〉、そして、福井地裁で3・4号機が運転差し止めの判決をうけた大飯〈1～4号〉である。）

〈偽大学生〉に出会うまで

『偽大学生』

（監督・増村保造　1960年・大映）

二〇一四年八月三十一日、僕は、一九六〇年に上映された増村保造演出の『偽大学生』をやっと観ることができた。場所は京橋の（国立）近代美術館フィルムセンターである。

この映画にたどりつくまでには、忘れられないいろんな個人的なエピソードが、僕にはあった。まず最初は、この映画の原作「偽証の時」という大江健三郎の書いた小説を、かなり若い時に読んでおり、それが記憶に残る作品であったという事実から始まる（新潮社版「全作品」第1巻所収）。この件にふれた吉川勇一の証言に関して、僕は、すでに一度書いている。まず、その文章を引こう。

――『市民運動の宿題――ベトナム反戦から未来へ』（一九九一年）で、吉川は、この件についての話を、私との偶然のやりとりについてふれることから書き出している。

「大江健三郎氏の初期の小説、学生時代の作品に『偽証の時』という短編がある。たしか『偽大学生』という題名で映画化もされたはずだ。／その発表から四〇年近くもたって、つい最近、私はこれを読んだ。前から知ってはいたのだが、当時それを読んだ友人たちが『全学連を敵視した反動的な小説だ』と口をきわめて批判していたのを聞いて、読まずに打ちすぎていたのだ。／ずっと気にかかっていたところへ、最近、天野恵一氏との酒飲み話の中で、氏が以前にこれを読んだとき、すぐれた作品の一つだと思ったということを聞いて、読んでみる気になった。人の話だけで読むまいと思ったり、読もうと思ったりしたというわけではない。読まなかったのには、事情があった。／この小説は、一九五〇年代の初期、学生運動の中に入り込んできたスパイと思われた学生を、左翼学生グループが摘発し、監禁、査問するという事件を、それにかかわった学生サークルの女子学生の目を通して描いた作品である」。

私は力作ぞろいの大江の初期短編小説のなかでも、戦後の左翼運動に内在する病理を鋭く抉った「偽証の時」（『文學界』一九七五年十月号）は、妙に心に残っている作品であったから、正直に自分の感想を吉川にぶつけた」「運動〈経験〉の『相互理解』（交流）という方法」〈『季刊運動〈経験〉』No.27号〉——

この時、僕はこのフィクションにはストレートにモデルとされる事件があったことも、その事件の当事者（加害者側の一人）が吉川であることなど、まったく知らなかった。だから、この中で引いた吉川の文章の後に、このように書かれているのには、正直、ひどく驚かされた。

「『偽証の時』は小説だから、実際とは経過も結末もかなり違ったものになっているが、小説の背景には、モデルといってもいい似たような実際の事件があった。大江氏が、その事件をどれほど詳しく知っていたのか、調べたのか、それは知らないが、しかし、作家としての大江氏の眼は、当時の学生運動のおかれていた状況と、その中の人間像をかなりリアルに描き出し、そして、それが抱えていた問題点、いまだに反権力の運動が解決し切っていない問題点を鋭く摘出していた。／私が知る限り、実際にあった事件の概要は、こうであった。一九五二年の末ごろから五三年にかけて、東大内の全学連書記局に入って活動していた自称、東京外語大学生、Yなる人物がいた。ところが、しばらくするうち、東京外語大学にはそのような学生が在籍していないことがわかり、警察のスパイの偽学生だという疑いがかけられた。／そして、共産党の『中核自衛隊』がこの偽学生を摘発し、共産党の影響が強かった都内の学生寮などに転々と監禁し、査問を続け、スパイだと自白を迫った。だが、たまたまある学生寮で監視の学生が居眠りをしている隙に、Yはそこから逃げ出し、近くの交番に駆け込んだことから事件は警察の知るところとなり、五四年三月一四日、何人かの容疑者が逮捕され、『逮捕監禁罪』の裁判は五年近く続いた。スパイだとされたY自身もたびたび検察側証人として証言台に立ったのだが、しかし裁判ではその証言の信憑性に疑問がもたれ、結局、被告四人は証拠不十分で無罪になった。当時のマスコミはこれを『全学連スパイ監禁事件』などと呼び、学生側は逮捕の日付から『三・十四事件』と呼んだ。歴史に残る『三・一五事件』になぞらえたいという気張りもあったのだろう。／今では、この事件そのものを知っている人も少なく、まして、私自身が、その当の被告の一人だったということはほとんどは知られていない。大江氏の『偽証の時』を読もうとしなかったのには、そうした私自身の個人的な事情もあった」（傍点引用者）

増村保造監督『偽大学生』1960年。白坂依志夫『不眠の森を駆け抜けて』ラピュタ発行、ふゅーじょんぷろだくと発売、2013年、p.242-243より。

無知ほど怖いものはない。僕は、まったくそうとは知らずに、立腹したら、理論的反撃にかけてはとどまるところを知らないあの吉川の「古傷」を、大江の小説をほめることを通して、本人を眼の前にして、つつきまくっていたのだ。しかし、これに続く吉川の文章も、歴史的反省の自己意識に支えられた、すこぶる率直なものであり、自己弁明のトーンがほとんどない事実にそくして「公平」な評価を求める、筋の通ったものであった。

「正直言って、この実際の事件の全貌は、かかわったとされた私も知らないのだ。逮捕されたとき、私はもう学生運動から平和運動の側に活動の場を移していて、日本平和委員会の常任事務局員として、機関紙の編集を担当していた。Yの逮捕、監禁は、私が学生運動の場を去って以後のことであり、またすでにのべたように、その行動は学生細胞とは別個の指揮命令系統の下にあった中核自衛隊グループが主導して行なったものだった。／今の共産党がこの事件にどう結論を出しているのかは知らないが、私は、おそらく、このスパイ容疑者Yは、性格的に極めて弱いものをもっていたものの、おそらくスパイではなかったのではないかと思っている。査問の中で、Yの話はたびたび矛盾したり、明白な事実と違ったりして、査問者側の疑惑を強めることになったが、しかしYはついにスパイであることを認めなかった。拷問というほどのことは行なわれなかったと思うが、査問のなかで殴ることぐらいはあったはずだ。もしYが逃げ出さなかったら、最終的にはどう決着がつけられたのだろうか。／Yがスパイ行為を認めても、おそらく殺しはしなかったろうと思うが、しかし、最後まで潔白を主張して頑張ったら、党としてはずいぶん処置に困ったことだろう。不健康極まる監禁生活の中では、やがて健康や精神を害することになるのは必至で、あるいは病死させてしまったかも知れない。とにかく、このような事件を処理するルールや手続きなどは何もなく、監禁、査問に責任をもっていた中核自衛隊のグループも、次第にYを持て余し出したようだ。／それまで、Yが全学連書記局内で直接日常的に接し、顔も名前も知っている全学連、都学連の指導的活動家は、安全のために、監禁、査問の場には顔を出さないように配慮されていた。だが、先の見通しが怪しくなってくると、ついに、私たち、Yに顔を知られている者までが、いわば半ば証人としてYと対決する形で、査問の場に同席、協力するよう求められることになった。すでにのべたとおり、私はもう学生運動の場にはいなかったから、別の分野の運動から応援を求められた形だった」。

　非合法「中核自衛隊」グループの「配慮」の時間も終り、査問の場に引きずり出された吉川たちは、それなりの覚悟をもってその場にのぞんだようだ。その時の心理を吉川はこの後にこう説明している。

「要請を受けたとき、私は、それが相当に危険をともなうことだと予感した。とにかく私は全学連時代、Yに顔をよく知られていた。だが、経過の説明があった会議の雰囲気から、実際にそれまでYの逮捕、監禁を主導してきたグループが、Yの頑固さにてこずり、すでに無責任な逃げ腰になっているという感じを受けた。時期が長引くにつれ、監禁の場所も、監視を引き受ける人間も次第に見つけにくくなっており、かなりの党員がこの事件から引きたがっているという印象をもった。それ故に私は、監禁・査問の同席に、むしろ積極的に応じてしまった。自虐というのではなく、そういうかつての仲間への抗議の気持ちに近かったように思うが、そんな私の感情が、中核自衛隊の同志たちに通じたかどうかはまったく疑わしい。／とにかく、Yはその後、監禁の場から逃げ、交番へ駆け込んでしまった。そしてその結果、警察に逮捕され、裁判になったのは、この事件に責任をもつ当事者ではなく、いわば、助っ人として途中から一度だけ駆り出された、私など、顔と名前を知られていた大衆運動舞台の活動家だった」。

　こういう問題の発生した背景には、当時の共産党の「武装闘争の意義」を強調する軍事路線と党員相互の間で「堕落」や「スパイ」・権力の手先と糾弾し自己批判を求める「総点検運動」の方針があり、無責任な指導ややたらと他者攻撃的であることが正しい党派性とされる文化があった。こうした腐敗の実態を大江の眼は「鋭く見破っていた」と吉川は論じつつ、こう結論的に述べている。

「私たち被告になった四人は、四年も裁判を続けたし、また私は、小菅の拘禁中にすっかり髪の毛が薄くなってしまい、そんな意味では、方針の誤りと腐敗の被害を受けたことになるわけだが、しかし、おそらく警察のスパイではなかったろうと思われるYの側にしてみれば、私は明らかに、完全な加害者側の一人、しかも、名も顔も知っている加害者であった」（傍点引用者）。

　私は、吉川が発表から四〇年近くたった後に読み、

「閉鎖的な革命志向集団」の病理に、メスを入れている小説と「偽証の時」を評価しなおしている文章を前にして、逆に、この小説は軍事路線や「総点検運動」の背景をトータルに視野に入れきれておらず、どうやら問題を小さく切りとって提出したレベルのものだったのではと思いなおし、読みなおしてみた。

やはり、それは、吉川が自分の体験的回想として具体的に示してくれた重くて暗い時代状況総体に十分に対峙しきれていないという印象を持った（もちろん、それは貴重な力作短編という評価〈以前の判断〉を前提にした上での話である）。

さて、映画『偽大学生』である。僕は吉川に大江の小説が『偽大学生』のタイトルで映画化されているという事実を知らされた時、それをどうしても観てみようとは考えなかった。

昨年、小野沢稔彦が『大島渚の時代』（毎日新聞社・二〇一三年）という、大島という一人の作家（映画監督）を自分の「同時代」の課題を正面から担い続けた「思想」として力づよく対象化してみせた大島渚論をまとめた。それの刊行を祝う友人たちの集まりで、どういうわけか、僕と小野沢の討論〈トーク〉の時間がつくられた。その時、当然にも映画『日本の夜と霧』も話題となった。実は五〇年世代と六〇年安保世代の激しい対立を含む継承構造が、むきだしの政治討論というスタイルでシャープに描きだされたすこぶる演劇的なその映画の中でも、その「全学連スパイ監禁事件」が、かなり大きなエピソード（五〇年世代のかかえる問題）として、おりこまれていた。そのため、そこでも、その件が話題となり、必然的に僕は吉川発言（証言）についてふれた。その時、僕は、『偽大学生』は増村保造演出の映画であることを、その映画を観ていた小野沢に知らされた。それは「ジェリー藤尾」が偽学生の主役で、彼の存在がステキな力作だという評価とともに。

正直少し動揺した。増村ファンの映画少年であった僕は六〇、七〇年代の作品なら、ほぼ封切の時点で「大映」の上映されている劇場で観ており、『くちづけ』、『青空娘』から始まるそれ以前の作品もほぼＤＶＤで観ていた。『偽大学生』という作品は、ＤＶＤ屋の増村コーナーには存在していなかったのである。あれば気づいていたはずだ。ＤＶＤ化は原作者（大江）によって拒否されている、いわくつきの作品であること、それもその時、小野沢によって知らされたのだ。

『偽大学生』は、かくして、どうしても僕にとっては観なければならない映画ということに、あいなっていたのである。

映画は、予想通り原作を超えていた。しかしそれは、吉川が具体的に提示してくれた「武装闘争路線＝総点検運動」の病理をトータルに抉る方向に、ではなかった。映画にも、そうした背景は、小説同様示されていなかった。では、どういう方向に？。

小説は進歩派文化人（主に大学教授）と左翼学生の「偽証共同体」の非人間的抑圧を、事実を知っている（加害当事者の）女子学生の成功しない必死の個人的な抵抗を通して描いてみせていた。四年浪人し、五回目もダメで、入学したというおいこまれた嘘をついた男。その「偽大学生」というやたら肉体的には健康な存在の方に映画のベクトルはおかれており、文字通りアクティブに全学連活動にコミットしきった結果嘘がバレ、監禁（リンチ）の果てに発狂（嘘を自分で信じこむ人格となりはてる）という悲しいプロセスが主に描かれている。確かに、それほどオーバーアクションではないジェリー藤尾の演技（肉体）がいい。精神病棟の中で「反政府」をわめき、元気に一人デモするラストがすごい。「偽大学生」の狂気が撃ち抜くのは「全学連・教授・医者・判事」といった知的エリート共同体（権力）総体である。映画の中の女子学生は若尾文子だ。この増村映画のヒロインは、そこでも、共同体の常識（ここでは対権力のためにの大義による抑圧の正当化）に単独で抗う、孤独でステキな〈個人〉をストレートに演じていた。

なんと劇場で、また観に来ていた小野沢とでくわした。帰りに両人のつれ二人をくわえ、四人で食堂へ。「六〇年に、すでにあそこまで描いたのはスゴい。〈六八年〉以降なら、ある常識だけどネ」。「やはり、ジェリー藤尾はハマリ役だったね」「エリート学生運動の〈コップの中の嵐〉を描いた『日本の夜と霧』と同時に上映されたけど、あちらのみ上映打切りもあって、大きく話題にされ続けたけど、エリートというコップをまるごと問いなおしている、こっちの方がスゲーのに。時代を超えすぎていたから、さして話題にされなかったんだろうな」。「大江が原作者のクレジットを消せというのは、クダラないけど、ワカるね、シナリオライター白坂依志夫と増村のコンビは小説をはるかに超えてるもんね」。「増村も東大だってのが皮肉だね……」。

主に、小野沢と、こんな具合にワイワイもりあがった。その時、僕は心の中で、こう思い続けた。

〈この映画は今入院中らしい吉川と観たかったたナー、彼の感想をこそ、聞いてみたいものだ〉。

〈明朗な不良性〉をめぐって

『やくざ先生』

（監督・松尾昭典　1960年・日活）

遠くから、大きな河に沿った道を、背広をひっかけて、無造作にワイシャツの胸ポケットにネクタイを捩じ込んだ大男が、両手をポケットに入れたまま肩をゆすりながらゆっくり歩いてくる。堅気の世界の人間ではありえない、見るからに〝ヤクザ〟なウォーキングである。この主役石原裕次郎の登場のトップシーンはよく記憶されていたようだ。あれ、『やくざ先生』がテレビ放映されている。慌てて僕は出かけるのをやめ、テレビにかじりついた。去年の年末の事である。ドラマを追いだして、すぐ気付いた。「この作品だ」。

昨年、九月二七日から一〇月二四日の二八日間、神田の「神保町シアター」で「生誕一〇〇年記念　宇野重吉と民藝の名優たち」と銘打った催しがあった。僕は、そこに何度か足をはこんだ。病身でなければ、もっとこまめに通ったであろうこの催しの上映プログラムでもある宣伝チラシを手にし、まず、新藤兼人の、自身のシナリオによる監督第一作「愛情物語」だけは観ておきたい、そして吉村公三郎演出の「夜明け前」も、と思った。この時、僕は無理をして、懐かしさに惹かれて一九六二年の裕次郎映画「青年の椅子」（西河克己監督）をも観に行ったのだ。その宣伝チラシには映画プロデューサー岡田裕の「民藝と日活」という短文が収められている。まるごと紹介しよう。

「今から半世紀ほど前、私が日活撮影所に入って最初に付いた仕事が石原裕次郎の『青年の椅子』という映画だった。源氏鶏太原作の熱血サラリーマン物なのだが、なんとその映画に宇野重吉、滝沢修、芦田伸介という民藝の錚々たる名優が脇役として出演していた。／裕次郎映画に限らず、当時の日活映画には多勢の民藝の俳優たちが出演している。松竹や東宝に比べ、日活は後発で脇役俳優が育っていなかった。その一方で、民藝の俳優達は、芝居は上手いけれども生活は楽ではなかった。そういう双方の利害が一致して、一種の業務提携をしていたのである。出演だけでなく、日活の若手俳優の演技訓練も民藝の演技研究所が請け負っており、後の大スター渡哲也も半年間民藝に通った後、期待の大型新人としてデビューしたのだ」。

日活が後発で不足していたのは「脇役」だけではなかった。だからズブの素人裕次郎のアッという間の主役などという現実のドラマが実現したのだろう。

「宇野と民藝」という枠組の企画に、裕次郎映画を一本ということであれば「青年の椅子」に落ち着くのはおかしくない。それに、このチラシの作品紹介には、こうあった。

「生涯固い信頼で結ばれた宇野と裕次郎の関係を彷彿とさせる、上司と部下の絆に心なごむ」。

僕は、この映画を観た後、それでも、「宇野と民藝」という枠で、裕次郎映画を一本ということで選択するとすれば、そう僕が選択すれば、別の作品である。決定的なものが一本ある。そういう思いにとりつかれた。しかし、それが何であるのか、ハッキリ思い出せない。そして、その思いを抱えたまま時間が流れ、この日、テレビ放映の「やくざ先生」に出っくわしたのだ。「これだ」そう思った。では何故、「やくざ先生」でなければならないのか。それは全体のトーンが左翼社会派としての民藝のトーンの映画に、まったくミスマッチで裕次郎が主役で登場しているからである。「ミスマッチ」が独特のマッチした魅力をうみだしているからだ。この戦災孤児の収容施設の学園に、学園出身で、元暴力団員という過去を持つ裕次郎が補導員としてやって来て、そこのひねくれた非行少年然とした少年たちとの、すこぶる荒っぽい交流を通して、なんとか心を通わせるようになるというこのヒューマニズムドラマ。渡辺武信は、僕とは反対に、こう批評している。

「……裕次郎は表面は教師でもその下には非行少年のイメージがすけて見えるのだが、それが同時に初期の荒っぽい裕次郎と青春明朗ドラマで飼い慣らされた裕次郎の二重像を思わせるのはおもしろい。しかしヒーロー自身がこの自分の二重性を意識する瞬間はついに訪れないので、作品全体は健康なヒューマニズム映画に終る。つまり山田信夫の脚色（原作は西村滋）は、役柄の二重性と俳優のイメージの歴史的二重性の一致を生かしきれなかったのである」（『日活アクションの華麗な世界』未来社・二〇〇四年合本版）。

僕は裕次郎という俳優の歴史的二重性がうみだした一つのイメージ。〈明朗な不良性〉というイメージが、暗い暗い社会派（告発）映画になるはずのものを、別の性格のものに救い出しているというように観えた（それは今回キチンと観なおすことで、はじめて実感できたことであった)。一九六〇年九月に封切られた(演出・松尾昭典)のこの映画を僕が最初に観たのは、それよりかなり後の時間であったのは間違いない。この時代だったら、あってあたりまえの裕次郎の歌う主題歌すら流れない、このキマジメ社会派映画。自衛隊の基地の拡張のあおりをくって、学園は取り壊しの動きが始まる。少年たちを少年刑務所に送らせまいとなんとか存在させようと行政に抵抗し続けた、宇野重吉演ずる人情家の園長は、失意の中で事故死。学園はブルドーザーで破壊され、軍用地へ。そういうラストである。学園にまわす金があったら再軍備の強化に金を使うという国家の前に、教師たちの希望も少年たちの夢も、コナゴナに打ち砕かれる。空を飛ぶジェット機の〝ゴー〟という不気味な音が、そうした状況をシンボリックに表現しつづけている。

学園に金がなく、満足な治療費がなかったために病死してしまった少年の入った棺桶をリヤカーに乗せて、裕次郎が、ゆっくりゆっくり引いていく。交通渋滞に怒った車両の列。クラクションの音など、まったく無視して怒りの裕次郎はさらにゆっくり歩き続ける。この印象的なシーン。最初観た時は僕は米軍車両の列だとばかり思っていた。しかし、それは自衛隊車両であった。この、〈安保闘争〉の年の映画でクローズアップされているのは、日本の再軍備と軍拡であったのだ。この暗い社会派映画の定型の中に、楽しく明るいトーンを吹き込み続けているのは裕次郎のオッチョコチョイなまでの〈明朗な不良〉のイメージである。特に、学園の賄い婦である老女を演じる民藝の北林谷栄の、裕次郎へのポンポンと飛び出す罵り言葉。信頼を前提にした二人のやりとり(別れのラストまで続くそれ)が「暗さ」を振り払い続けているのだ。この点でもう一人の重要な脇役は殿山泰司である(彼も民藝の役者さんたち同様日活映画には欠かせない脇役であった)。殿山は、孤児に対する差別と偏見のかたまりの地域住民を代表する(いつものように)嫌味なハゲオヤジである。彼は少年たちに、反対にあれこれとっちめられ、慌てふためくという、笑いを誘う役回りである。殿山も北林同様、裕次郎の〈明朗な不良〉ぶりを引き立たせる脇役として存在している(民藝の芦田伸介も裕次郎を気遣う人情デカ役で出ている)。

二〇一二年に満一〇〇歳で亡くなった新藤兼人に『仕事師列伝』(岩波同時代ライブラリー・一九九一年)という素敵な本がある。その「あとがき」にこうある。

——「集団でものをつくるということは、あるとき突然未知の顔がつどい、一本の道をまっしぐらに進んでいく。がたびしとそれぞれの個性がせめぎあい、反撥、融和、ののしりあい、相克、そして、あっ、という終りの瞬間がきて別れる。二度と逢うことのない場合もある、ながく狭い穴をともにくぐりぬけていく関係になることもある。しかし逢ったものは必ず別れるのだ。それは辛い。多くの仕事師たちと逢って別れた。そのときどきに求められて書いたものを……」。

新藤が出会った人々を「仕事師」と呼ぶときイメージしているのは具体的には何か。わかりやすい例は、彼の師であった溝口健二にまつわるエピソードである。「名医の愛用品」は〈し瓶〉であった、「朝ステージに入ると、夕方の作業しまいまで出てこない。食事は監督椅子にかけたままするし、小用はしびんである」。「ステージというものは、溝口健二にとっては神聖な道場であった。外の空気は外界である。それによって集中されるものが、中断されはしないかと、怖れたのである」。

映画づくりという集団作業の中で、自己に集中しきる作業の、すさまじいまでの努力の持続。そこにうみだされるのが「仕事師」である。この新藤と交流した仕事師の一人として、ここに、自称三文役者殿山も登場している。新藤たちが独立プロを起こしたとき、たった一人参加した俳優について、新藤はこう書いている。

「彼は俳優である、と特にことわりたい気もちは、まことに彼は俳優らしからぬ俳優なのである。芝居というものをぜんぜんやろうとしない。生地をそのままだしているだけである。演技をやろうとしないのか、やりたくないのか、生地そのままというのが彼の俳優論なのか」。

面白いことに、芝居をしない「生地そのまま」役者と評されて、それでヨシと高名なのは裕次郎である。

さて、映画のラストである。ちりぢりになる少年たちや、北林ばあさんたちを（ヒロイン北原三枝〈学園の手伝い〉も含め）呼び戻すため、新しい学園づくりを目指して、裕次郎はフロシキをかかえ堅気のウォーキングでトボトボと歩きだす。この大甘のラスト。「健康なヒューマニズム」映画という渡辺武信の断罪と、同じ実感を、かつて僕も持った。しかし、この〈明朗な不良〉のオッチョコチョイなまでに子供じみた、夢。（現実は裕次郎は解雇された元ヤクザの失業者であるにすぎない）。社会福祉の全面切り捨て、軍拡（軍事費の増大）の長い長いプロセスのゴール。安倍政権下で「戦争をする国家」日本になりつつある敗戦七〇年に向かう今から振り返れば、裕次郎の、本人にはとてつもなく切実であった堅気への道の夢は、国家と資本のブルドーザーによって、コナゴナに打ち砕かれるしかなかったはずだ。とすれば、

『やくざ先生』スチール:『裕次郎よ！永遠に——追悼写真集』（近代映画社、1987年）所収

この映画から左翼道徳主義の悪臭を吹き飛ばし続けた〈明朗なる不良性〉は、後の時間のなかで、どういう方向をたどったのか？　左翼の公式どおりの政治的抵抗の強い意思を示すのではなく、子供じみた夢を対置してみせる。こんなラストもまるきり捨てたもんじゃない。今度は、そう思った。

任侠《ヤクザ》の美学から野良犬《チンピラ》の〈醜学〉へ——文太映画の時代

『現代やくざ　人斬り与太』『人斬り与太　狂犬三兄弟』

（監督・深作欣二　1972年・東映）

二〇一四年一一月一〇日に亡くなった高倉健の後を追うようにして、一一月二八日菅原文太が亡くなった。六〇年代後半、主に任侠《ヤクザ》映画のヒーローとして、ビッグスターとなった高倉と、七〇年代「実録ヤクザ」のヒーローとして、時代の顔ともいえるスターに登りつめた文太の二人。この東映ヤクザ映画の二人のヒーローの、連続的訃報は、あらためてヤクザ映画への関心を掻き立て、茶の間（テレビ）の世界にまで、その話題は、大量に持ち込まれた。

僕は、この風景を観ていて、かなりウンザリした。そもそもヤクザ映画という「反社会的集団」とされているものをロマン化した作品は、かつて非難されることはあっても、まともに映画評として取り上げられることなど、殆どない、茶の間のメディアではタブーとなっていたものである（そうだからこそ、僕はその毒を求めて、劇場に足繁く通ったのだが）。

テレビでは、その毒をきれいに流して、二人の作品が紹介され続けている。とくに、文太映画の表面的「反社会性」は突出し続けていたので、文太をスターに押し上げた「仁義なき戦い」シリーズを褒めたたえるテレビの話題は、白々しさを超えた、イヤーな気分を僕にもたらした。こうしたマスコミの支配的傾向の向こう側に、主に活字メディアを中心に、山梨県北杜市に農業生産法人「竜土自然農園おひさまの里」を設立し、俳優業からの引退を表明（二〇一二年一一月）して以降の、なま身の菅原の政治的な社会運動（反原発・沖縄基地撤去・反改憲など）への、日本のスターとしては、まったく例外的と言える積極的な参加ぶりが、こと細かく紹介された。こちらの菅原については、僕は噂話風に運動の中でチョビッと耳にしたことがあった程度の知識であったので、大いに驚かされないわけでなかった。しかし、このことを前提にして（「仁義ある闘い」を挑む「仁義なき戦い」の反骨のスター、というムードで）論じられるスクリーンの中の文太（ヤクザ映画）のイメージも、本当のところ、ひどく歪んだものにしか、僕には思えなかった。

具体的に論じよう。晩年のなま身（スクリーンの外）の菅原の生真面目な活動（生きざま）を、最も、詳しくレポートしている『週刊朝日』の三山喬の「反骨の人 菅原文太『いのちの闘い』をたどって」の第二回（二月二七日号〈全体は五回の短期集中連載〉）には、こういうくだりがある。

「作品上のイメージはあくまで、与えられた役柄によるものだが、その点においても『菅原文太像』は一貫していた、と指摘する人もいる。映画評論家の町山智浩だ。／代表作『仁義なき戦い』は、日本の敗戦と安保闘争での挫折という二重の意味合いから、国家あるいは左翼組織を信じ裏切られた人々の無念さを、ヤクザの世界に投影した作品だという。菅原の演じる主人公・広能昌三は、私欲に走る親分と捨て駒となった末端組員との板挟みとなり、苦悩する立場だ。／『喜劇と思われている「トラック野郎」もそう。検察であったり、日本医師会であったり、主人公は「大きな敵」に立ち向かいます。当時、日本医師会は患者のたらい回し問題で社会的批判を浴びていたのです』／巨大な力に抗い、不正義と闘う人それこそが俳優としての役柄から、晩年の実生活に至るまで、菅原が演じきった人格であった」。

まったくオイオイである。「正義の文太」ネェー、これじゃ、あんまり「スクリーンイメージの中の文太」が、かわいそうすぎないか。ソープランド通いの「寅さん」とでもいったイメージの「トラック野郎」のような、僕にとっては、まったく笑えない喜劇に過ぎず、まともに観ていない「トラック野郎」シリーズは、問題外であるが、「実録ヤクザ」の文太もそんな風にヒネれば「正義派」になってしまう程度のものだったのかね。

ハリウッドのスターシステムの成立を素材に、スターという現象を分析してみせた、フランスの社会学者エドガール・モランのすこぶるユニークな作品『スター』（日本での翻訳出版は一九七六年〈法政大学出版局〉）で、モランは、スターを多くの観客の「想像上の同一化としての投射」をうみだすものとして論じている。僕（たち）は、七〇年代前半の文太という時代のヒーローに、あたりまえのスター同様、想像上の同一化＝一体化して、いれあげていたのであろうか。かつて僕は、このように論じたことがある。

——東映任侠映画路線は、ゼニとイロと力への欲望むきだしの暴力団の「実録路線」に一九七三年の「仁義なき戦い」のヒット以降、はっきりと転換していく。／人殺しになれることを「共産主義化」の前進として仲間殺しをくりひろげた「連合赤軍」の後、新左翼党派はいろいろな大衆運動を破壊する本格的な「内ゲバ戦争」の時代（対立セクトのメンバーの殺傷を肯定し積極的に意味づける時代）に突入する。そして新左翼運動は爆弾闘争をうみだすにいたる。東映「実録路線」はその時代を併走するのだ（「任侠《ヤクザ》映画の中の〈女〉——藤純子をめぐって」（本書所収）。

これを書いた時、僕は、時代の決定的転換点〈七二年〉を強く意識していたことをよく覚えている。もちろん、それは「連合赤軍」のリンチに次ぐリンチの仲間殺しが発覚した年である（三月）。この年の前年末の革マル派の襲撃に対し中核派は「K＝K連合（警察・革マル連合）せん滅」という方針を公然化し、「反革命」の肉体的「せん滅」に突入していく。ここから両派の悲劇的な「せん滅」戦争は解放派の対革マル戦闘参加を伴いつつ相互殺傷を全面化していくのである。「東アジア反日武装戦線」の六人の死者と百十九人の重軽傷者をうみだした、三菱重工爆破のための意図せざる「無差別爆弾闘争」があったのは七三年（八月）であるが、この「狼」の前身部隊がそこにいたる爆弾闘争を開始しだすのも七一年、七二年であった。

〈七二年〉とは、そういう年であった。世は経済大成長（ビッグビジネスの支配）の時代であり、際限のない消費へ向かうゼニへの欲望が社会を全面的に支配する時代のスタートの時点であり、私たちの同世代の、かつての学生「革命戦士」たちが大量に「企業［資本］戦士」に乗り換える大量転向の進行する時代でもあった（この「転向」はかつてのような倫理的いたみを、あらかた伴わない「力と頭」のある奴は、そうするのがあたりまえといったムードが突出した、信じがたいほどグロテスクなものであったのだが）。

この〈七二年〉に菅原文太は、自分の新しいスクリーンイメージをハッキリと確定する映画に登場しているのだ。それは、もちろん『現代やくざ　人斬り与太』であり『人斬り与太　狂犬三兄弟』の二本である。演出は両方とも深作欣二。僕は、この「文太追悼」騒ぎの渦中で、ひろい読みですませていた、二冊の本をキチンと読んだ。二冊とも、これ以上はないと思われるぐらい、こまかく作品を観つづけ、その上、あれこれ調べ続けてきている山根貞男のインタビュー本である。一冊はプロデューサーとして東映「任侠映画」づくりの中心に居つづけた俊藤浩滋の『任侠映画伝』（講談社・一九九九年）であり、もう一冊は『映画監督　深作欣二』（ワイズ出版・二〇〇三年）である。時代の中であらゆる作品を抜かりのない緻密さで観、さらに調べなおしている、つぼを押さえたインタビュアーの巧みな誘導によって、俊藤も深作も実に貴重な証言を残している。まず俊藤の文太浮上の時代の証言を引こう。

「文太最初の主演は東京撮影所で撮った『現代やくざ　与太者の掟』で。着流しものではない。シリーズになって、その点で降旗康男や深作欣二ら監督とうまく合った。一方京都で別の主演もの『関東テキヤ一家』を鈴木則文監督で撮る。私としては、そういう二面作戦を取りつつ、文太を鶴田、高倉、純子、若山のシャシンに出して、うまく売り出していった」。中島貞夫監督の「木枯らし紋次郎」にふれつつ、さらにこう語っている。

「深作欣二の『人斬り与太』二本と同じ昭和四七年（一九七二年）であのあたりに菅原文太のキャラクターのある一面がよく出ている／あとで考えたら、文太はタイミングが良かった。主役をやれるやつは誰かいないか、誰かいないかと思うてるときに、彼がうまくぐぐっと出てきたから。もしそうじゃなかったら、文太の位置に待田京介をもってきたやろう。／さっきの『木枯らし紋次郎』『人斬り与太』の翌年、『仁義なき戦い』があって、菅原文太は第一線に躍り出た」。

「要するに任侠映画は美学で成り立っている。ところが『仁義なき戦い』はいうなれば〝悪学〟で、正反対やから、それが新鮮な面白さとしてお客さんに受けた」。この〈悪学〉というか〈醜学〉のヒーローとして、醜態まるだしの時代の象徴として文太はスクリーンの中を疾走し続けたのである。その〈醜学〉の原点に『人斬り与太』の二作が存在しているのだ。俊藤はそこで、「……このシャシンになんぼのカネを掛けて、どれだけのお客さんが喜んで見に来てくれるか。オレはそこを考えて企画を立ててるわけで、テーマとか思想とかは関係ない。そんなことは監督かホン屋に聞いてくれ」といっている。そこで、〈醜〈悪〉学〉の代表的演出家深作に「思想」とかテーマについて聞いてみよう。まず、文太との関係の始まりはこうだ。

「僕は文ちゃんと初めて会ったのは『日本暴力団　組長』で一九六九年でしょう。チョイ役だったんですよね。その少し前に降旗君がやっている。僕はそのあと『血染めの代紋』を梅宮君と文ちゃんの二人の主演という形でやった。『日本暴力団　組長』の場合は鶴さんが主役だし『血染めの代紋』のときは何となく東映そのものに慣れない風情がまだありましたね、文ちゃんに。それで私のほうも降旗君の『現代やくざ　与太者の掟』などは見ていたと思うんだけど、実際やってみると、文ちゃんに共感を感じるところが多かったわけです」。

この後「任侠映画は俺の仕事じゃない」という気分、戦後民主主義的気分で横を向いていた深作が、結局『組長』や『血染めの代紋』を撮りながら、「どんどんチンピラの部分のほうに傾斜していっちゃった」と語りつつ、こう結論づけている。『軍旗はためく下に』という問題作を、東映の外でこの年（七二年）に撮った深作は「そのうち、もういっぺん東映に帰ってみよう。帰ってチンピラ映画をやりたい、と思いだしたんです。で、どうせやるなら、知らない仁義に振り回されるんじゃなくて、本当にチンピラがチンピラとして暴れ回って死んでいくさまをやりたいと思ったのが『現代やくざ　人斬り与太』だったんです」。

「任侠《ヤクザ》映画」へのアンチの感覚と論理が、この作品を産みだしたのである。

山根の「脚本の石松愛弘は初めてですね」の質問には、深作はこう答えている。すこぶる重要な証言である。

「ええ、プロデューサーの吉田達が推薦してきたんです。……読んだらチンピラもので、菅原文太主演だという。その二つで心が動いたんですよね。チンピラ、文太、やりたいな。ただ、おとなしいんですよ。石松さんの準備稿もどっかいままでの任侠映画を引きずっていて、主人公はやくざのくせにワルじゃなくて、いちばんのワルはほかにいて、その悪いやつをぶった斬る話になっている。結局、主人公はいいことをしているわけですよ。それがどうも気にいらないと思っていたんですが、どういうふうに直していいか手が付けられなくて、とにかく一週間ぐらい預からしてくれと言って、宿屋に籠ったんです。／新宿の風林会館の裏あたりに連れ込み宿みたいなのがあったんです。そこへ行った、周りがわんわん賑やかなところで仕事をやっていると、何んとなくカーッとなって欲求不満がたぎってくるけど、かえってそれが刺激になるし、ぶらぶら歩いていて面白かった。そうやっていたら、連合赤軍事件のテレビ中継が始まったわけですよ、あさま山荘事件。ホン直しをしなきゃならないんだけど、ホンどころじゃなくて釘付けになって。／それを見ていて、このタッチというか緊迫感だけは持っていないと、約束に振り回されているやくざ映画じゃどうしようもないなと思いだしたんです。あれは全部終るまで三日か四日、一週間ぐらいかかったのかな。最初は仕事しなきゃと思うんだけれど、どんどん時間が、どんづまってくると、もう放たらかし（笑）。この結末を見ないと書けないとか思いながら見てて、そのうちに、じゃこのタッチやって、事件には入っていけないわけだから、とにかく見た妙味だけでもと、思って書きだしたら、わりとスッといっちゃったんです。／だから、東映という会社が任侠映画を通過してきてもう何年も経っていたのに、どうも何かそこに入っていきづらかった。ある種の抵抗感覚っていうのは、……かなり戦後民主主義に毒されてましたな」（傍点引用者）

　これに山根は、こう問い続ける。「最初からいわゆる任侠ドラマとはまったく違うものを、というのははっきりしていたわけですね。菅原文太が出所してきて、小池朝雄を軍師に愚連隊を結成して暴れ回るうちに、東西二つの大組織の狭間で潰されるという話の構造は『日本暴力団　組長』などを引き継いでるんだけど、菅原文太の暴れようはそのドラマの枠をぶっ壊すぐらいに凄まじい、キャメラワークも、ドキュメンタリータッチというか、もっと荒々しい。そういう点では『仁義なき戦い』にまっすぐつながっています」。

　深作はこう答えている。「そうですね。思いきった映画、つまりいちばん悪いやつが主人公で何が悪いんだ。と、僕の感じでは、主人公がいいやつじゃあ、ヤクザ映画のドラマの構造をむしろ混乱させちゃうんであって。いちばん悪いやつだとすれば、やくざ映画にぴったりかなった主人公ができるはずだということです。文ちゃんなら、それぐらいのことをやらしたほうが面白いんじゃないか。だから、これには昔気質の任侠者は登場しない。安藤昇が懐柔しようとするのはもちろん政治的意図ですからね。主人公と仲間の関係もベタベタしないようにした」（傍点引用者）。

　戦後民主主義的感性の任侠《ヤクザ》映画への反撥が反転し、暴力の時代の中で、逆に突き抜けて、とてつもないアナーキーな暴力映画をうみだしたプロセスが、ここに正直に語られている。

　さらに「渚まゆみのキャスティングは」の質問への回答は、こうだ。「良かったですね。僕は初めてで、大映育ちかな、彼女は東映カラーとはちょっと違ってね」。これを山根はこう受けている。「ラスト、渚まゆみが殺され、スーパーのビニール袋の中身がパーッと散らかる場面は鮮烈であるが、その姿を見て、いったん敗北を受け入れた菅原文太がカーッとなって暴れて殺されるというのも当時のやくざ映画の流れでは衝撃的でした」。

　このシーンは僕にとっても衝撃的であった。散乱した食料品（ネギなど）にまじって「赤飯」がころがったシーンが忘れがたい。田舎から出てきた娘〔渚〕が文太たちに強姦される時、口につっこまれるのが、娘のために母親が持たせてくれた「赤飯」であった。渚は「パンスケ」稼業へ売りとばされた後、出所してきた文太と、性を買う男と売る女として再会するのである。ゆえに、彼女は常に「くだものナイフ」を身におびて自分の喉を刺しかねない姿勢で文太と交流する、文太が連れ歩いている若き美女の顔を切りつけるのも、そのナイフであり、ラストで主観的には文太を助けるために、振るわれるのもそのナイフである。そして、文太を殺されるしかない最後の闘いに向かわせるのも、この彼女の手から落ちた果物ナイフであり、絶命する直前に発した、とてつもなく気丈な彼女の、「アンター痛いよう!」の叫び声と彼女のかたわらにころがった「赤飯」の存在であった。

渚まゆみの存在感はすごかった。とにかく、スッポンポンで走りまわる彼女の脱ぎっぷりのよさと、強烈な意思の強さを示す気のいい女っぷりは見事というしかなかった。彼女は二本目の『狂犬三兄弟』でも、文太に強姦されて客を取ることを強制されるが、それを拒否し続ける田舎から出てきた娘役である。

僕は、この時期二本だけ、深作演出の文太映画をDVDで観なおして、この原稿に向かっている。(『血染めの代紋』と『人斬り与太』二本である。) 封切り時の記憶では、逃げ出させないように丸裸で部屋に閉じ込められていた渚が、スッポンポンのまま裏路地へ飛び出し、路上を走りまわるショッキングなシーンは、一本目にあったシーンと思い込んでいたが、それは『狂犬三兄弟』のほうであったことに気づかされた。二本とも文太のハレンチな暴力によってねじくれかえった渚との関係の中でのみ、文太らしからぬ温かい人間味がチョッピリ示されるのである。

「与太」二本の、スカートをめくりあげ、パンティをひんむき、「ヤラセロー」などと叫びながら馬乗りになる、出刃庖丁で銭湯へ殴り込み、湯船の中へ乱入して刺し殺すという具合に、ひたすらメチャクチャに暴力的なダーティー文太のイメージに、いくらなんでも「想像的共感=一体化」することなど、僕にはやはりまったくできなかった。文太は、その意味ではスターの条件を決定的に欠いた大スターだったのである。ヤクザ映画の肉体という点で、その刺青姿を考えてもそうだ。なんとも艶のある鶴田浩二や、筋骨隆隆とした高倉健の肉体には、それはよく映るが、骨と皮の細身の文太のそれは、汚いものとのイメージが拭えなかった。しかし、ダーティーヒーロー文太には、実はそれこそがお似合いだったのではないか。

七五年の深作演出で笠原和夫脚本、文太主演のおそらく最後の作品であり、最後の快作ともいうべき『県警対組織暴力』まで僕は文太映画を観つづけた（こまめな劇場通いはこのへんで終った）。それは、文太が自分の貧弱な肉体をさらしながら激しく演じ続けることで示した、時代の腐った腸わた。銭と力と色ぐるいの国家社会の実態の象徴としての暴力団《ヤクザ》世界を、全共闘運動の時代を生きた、商業メディア（雑誌）を手伝いだし、どう運動的に生きのびるか迷い続けていた僕がひたすら正面からかなりゲンナリする気分を持ちながらも、その世界を直視し続ける作業がやめられなかったからだと、今、思う。

もちろん〈野良犬《チンピラ》の醜学〉にはそれだけが持つ独自の奇妙な魅力がまったく無かったわけではないが。

最後に、もう一度深作の言葉で確認しておこう。

「『現代やくざ　人斬り与太』の場合は、理屈の〝り〟の字も出てこない方がいいんだとはっきり思い定めたところがあります。やくざ映画だから理屈がなくてもいい。ギャングと違って、やくざは日本固有のものですから、やっぱり義理人情の衣を着けたくなるんだけど、けっしてインテリの理屈ではない。それと、学生運動がどんどん突き進んで、ゲバ棒を持ち出しますよね。そのことが羨しいということがあったけれど、先がどうなるかわからなくて、地獄の釜の蓋が開いたら、芋虫ごろごろでしょう。『エエ！これか！』と思って、総括とか何とかいうのは理屈に属するわけだけれど、これは理屈を超えているな、ということを感じないではいられない。そういうことがシナリオを書いているときドーンと来ちゃったということです。／いちばん悪いやつが主人公で何が悪いんだというのは居直りなわけですけれど、それで目から鱗がおちた。アクションものではなく、しかも正義派を云々するんでなくて、悪なら悪のまま、自分の欲望に正直に突っ走る、そういう映画も作りたくなった時期が七〇年代初めという時代と重なったんですね」。

もちろん、深作が心情的に加担した新左翼運動は、欲望の暴走、企業戦士への大量転向の七〇年代、自滅的転向しか残さなかったわけでは決してない。少なからぬ人々の運動は多様な個別テーマを深化させる方向で、全国各地に転進しながら、七〇年代をはるかに超えて粘り強く持続された。この持続の流れにこそ、スクリーンの中の文太ではない、晩年のなま身の菅原文太の、反骨精神に富んだ政治的社会運動が合流したのだといえるだろう。

敗戦七〇年・「特攻」後七〇年――〈大西瀧治郎〉という問題

『あゝ決戦航空隊』

（監督・山下耕作　1974年・東映）

今年（二〇一五年）は、敗戦後七〇年の節目の年である。昨年あたりからボチボチ始まっていた、マスコミのキャンペーンは、八月に向かって、既にいろいろ繰りひろげられだしている。そこでは、大キャンペーンの年であった1995年の敗戦五〇年の時間同様の、あるいは、それ以上の戦後論議が積み上げられることはまちがいないようだ。五〇年は、社会党（自民党と連立）政権下「村山談話」の年である。この日本の侵略戦争と植民地支配をとりあえず「謝罪」してみせた初めての公的「談話」。しかし、この〈歴史認識〉をめぐる争いは、自民党議員の多数派による激しいまきかえしの運動をうみだした。この時点でグロテスクに公然化した「右翼天皇主義」イデオロギーが、今日政府のイデオロギーである。この二〇年間の、そうした動きの中心にいた人物、安倍晋三が首相におさまっているのだから。

その安倍首相のスローガンは「戦後レジームからの脱却」である。具体的には「平和憲法」を全面破壊し、「戦争する」国に日本をつくりかえること。これに向かって、反対・抵抗の運動を暴力的に押さえ込む政治的暴走が、現在繰りひろげられ続けている。この首相は、「村山談話」の修正を目指し、八月には「安倍談話」を準備しているのだという。こうした政治動向もあり、今年は最後の戦後大論議となるかもしれないという予感を多くの人が共有しているため、戦後キャンペーンは過熱している。

こうした動きが必然化したのだろうが、ケーブルテレビの「日本映画専門チャンネル」で、次々と五〇年代、六〇年代の「戦争映画」の放映がすでに始まっている。そこで、今回は、あらためて観た『あゝ決戦航空隊』をとりあげたい。封切りは、1974年（9月）で、監督・山下耕作、脚本は笠原和夫、野上龍雄。この数々の東映ヤクザ映画の力作をつくりだした山下・笠原コンビのこの作品を、僕は封切りの時点では観ていない。邦画各社の、基本的に一週間二本立て上映というスケジュールで回転するというプログラム・ピクチャー（映画量産）のシステムは、映画産業の斜陽化とともに、とっくに解体に向かっていた。そしてこの時点では、二本立てシステムの先駆であった東映を含めてそのシステムは、全面崩壊していたと思う。プログラム・ピクチャー育ちで、ガキの頃から学校とは違って、夢を持ちながら通い続けた映画館への僕の通館人生は、このころ（二十代前半）で終わっていたのだ。それと、そもそも僕は「戦争映画」というジャンルは、一貫して好きではなかった（僕も、その程度には戦後民主主義育ちでもあった）。もちろん、ヤクザ映画を観つづけてきた僕は、この時代の東映「戦争映画」を好戦映画とイデオロギー的に決めつけ、ヤクザ映画同様、非難するか無視するかしかない「世評」に、素直に同意していたわけではなかったのだが。とにかく劇場に足を向けなかったのである。

僕が、ゆうに二本立ての分量のあるこの大作をビデオで手に入れ、観たのは十年ぐらい前のことであったと思う。この時代はビデオ映画からＤＶＤへの大転換が進んでいる時代で、ビデオ映画が安価で店頭に山積みされ始めている時代であった。「映画は劇場で観るべし」の信念の保持者である僕は、レンタルビデオ映画を借りることもしないで来たが、この時代から安価なビデオ映画で（決して安くないものもあったが）、ガキのころ観た作品を中心に、観る、観なおすという楽しい作業を少しだけ日常化しだしていた。

この作品をはじめて観て、僕は、〝封切りの時点で観ておくべきだったナー〟という強い後悔の気持ちにおそわれたことを、よく覚えている。

主演の鶴田浩二は「神風特攻」の生みの親と言われている大西瀧治郎という海軍のリーダー役。映画は、この実在した大西の敗戦の年八月十六日の切腹で終る軍人としての軌跡をたどったものである。鶴田は、まさに、はまり役の熱演であった。この時私はすぐ、原作とされている草柳大蔵の『特攻の思想　大西瀧治郎伝』（文芸春秋社・１９７２年）も、読んでみた。その「まえがき」には以下のように記されている。

「大西中将を〝暴将〟とする意見がある。ある高官は、声をひそめて、『君特攻は大西君の〝猿マス〟だったんだよ』とさえ言った。猿に自慰を覚えさせると、精力を使い果たすまで続ける、それと似たようなものだというのである。／このように決めつけてしまうことが、じつは『特攻』の創始者を一般に理解させるうえで、最も手っ取り早い方法であろう。『特攻』は戦争末期、気違いじみた一提督によって断行されたのだ、『帝国海軍』

とは縁もゆかりもない、ヒステリー現象である――そういうことになる」。

「しかし、気違いじみた一提督の発案と判断によって、二千五百三十人（海軍関係二千六十五名）の若者が『死』を客観に委ね得たのであろうか。昭和19年10月25日から敗戦の日まで、二千三百六十機もの飛行機が持続的に出撃し得たのであろうか。／私は、そこからさらに大西中将を『特攻の創始者』とする判断にも疑問を持った。世界戦史上、類を見ない自殺戦術が、たった一人の人間の論理や心情から産み出されるであろうか」。

さらに草柳は「一言も弁解もせずに死んでいった」大西の「名誉回復」をしようとするのではなく、「特攻決定」の立場に立った（立たされた）人物の「思想過程」を具体的に「回復」してみせたいと、ここでは語っている。

この関係者「聞き取り」を積み上げた労作は、「特攻」は軍司令部全体の作戦であった事実。それと、「終戦」内閣である鈴木貫太郎内閣の時の「和平」派として高名な海軍大臣米内光政に、政治のコマとして使い捨てられた人物こそが大西であったという歴史（人物）理解を、この本で示していた。

空軍の時代に入っているのに（第一次世界戦争）「大艦巨砲」による戦闘スタイルに固執し続ける主流に反抗し、軍事力からして勝てっこないアメリカとの戦争には賛成できなかった、海軍内合理派（現実派）の大西。彼は逆転して神がかりの「特攻」戦術にのめっていき、自分が生みだした大量の自爆者（青年）たちへの罪の意識にさいなまれつつ、一千万人総特攻の「狂気」の「本土決戦」主義者になっていく。そういうプロセスをたどっている大西。「和平派」の米内が「抗戦派」のその大西を引き立てたのは、「抗戦派」の動きを抑えるために、あえてそうする政治であったと、著者は言うのだ。

「米内は『緩衝装置』としての大西を見出すことに成功した。それが『政治』というものであろう。この『緩衝装置』は、徹底抗戦だの本土決戦だのと、勇ましいことを言ってくれればくれるほど、米内にとっては好ましいのである」というわけだ。

もちろん大西の方にも、それなりの主体的政治判断があった。それを草柳は、こう結論づけている。

「米内は鈴木内閣の〝列内〟に入っている。主として外交手段によって戦争終結を図ろうとしている。大西は、主戦論者として、内閣の思想からは〝列外〟にある。本土決戦を挑み、アメリカ軍に大出血を強要して、その流血の上に戦争終結の機をつかもうと考えている。／特攻を繰り出した思想が『敵空母の甲板を叩く』から『若者に死地を与える』にかわり、さらに『勝たないまでも負けない』に発展したことはまえにのべた。敗戦の様相が明らかになり、ポツダム宣言受諾へのテンポが早まるにつれ、大西は『日本国民が、なお二千万人ほど戦死するほどの一戦を試みよう』という言葉を口にしている。いわば、日本列島そのものを〝特攻〟にしようというわけだ。このような発言に対して、和平派はもちろん、軍部でも『常軌を逸した変態的頭脳』という評価が立っている。無理からぬことである。／しかし大西は正気であった。正気で〝狂気〟をいい続けていた。なぜなら、和平派が腐心したのは『国体の護持』であったが、大西の思想には『国家と民族』があったからだと思う。／これは大西が天皇を蔑《ないがし》ろにしたということではない。が、かれにあっては、『国体』よりも『国家』の方が明瞭な概念になっていたと思われる。このように推論するのは、大西は特別攻撃隊を繰り出すことによって、彼自身の中に『国家』の概念を鮮明にしたと考えられるからだ。かれにとっての『国家』は『零戦』や『月光』に乗って発進していった若いパイロットたちの、血と死によって支えられている。『国家』は法律上の、あるいは政治哲学上の概念ではなく、特別攻撃隊という具体的事実を触媒剤として成立する、具体的な概念なのである」（傍点引用者）。

映画の方は、この「国体」（天皇）より「国家」という点をよりクローズアップし、「国家と民族」の立場から、ハッキリとヒロヒト天皇批判の言葉を、主役たちに吐かせている。ここに、この作品の独自の魅力がつくり出されているのだ。

この点については、シナリオライター笠原の、以下のような証言もある。

「僕には天皇の戦争責任というものを、それまでの認識を一掃して表出させてみたいという欲求があったもんですから、そういう形で裏返して書いてだしたんです」。荒井晴彦・絓秀実の笠原インタビュー本。『映画脚本家・笠原和夫』（太田出版・2002年）での、この映画についての発言である（裏とは左翼の批評の裏、すなわち右翼国家主義の方から、の意味）。

学徒世代（笠原）の天皇ヒロヒトへの呪詛の心情を表出している言葉というわけだ。草柳の本は、映画で、そんなふうにふくらまされている。この東映オールスター映画の、もう一人の主役といえる軍人は、小園安名大佐。厚木基地の司令であり、特攻作戦には反対していたが大西とともに「本土決戦」派であり、大西の切腹（敗戦）

後も飛行機による戦闘を続行しようとした「狂気」の男である。役者は菅原文太。映画は、藤沢の海軍病院に隔離収容された小園〔菅原〕に、病院の屋上で、以下のような言葉を叫ばせている。

「降伏は、命の惜しくなった重臣閣僚の腰抜けどもが、天皇陛下を騙して手を挙げただけのことであるッ……」

「諸君ッ、今こそ国家革新の時である！降伏は天佑でもある、今こそ総決起して、腐敗堕落の政治家どもを粛清し、国民的戦争を起こさなければならぬ、……」。

「天皇陛下、お聞きくださいッ、あなたはあやまちを冒されましたぞ！あなたのお言葉でお始めになったのに、何ゆえ降伏なさるのでありますかッ……」。

「天皇陛下、あなたはお可哀そうなお方でございますッ……御自身らのあやまちにお気づきにならない、お可哀そうなお方でございますッ……」

軍医たちに小石を投げつけられながら、小園は、涙をうかべつつ、そうわめき続ける。この後、時間的には、それ以前にあった大西の血ぞめの切腹シーンがくりひろげられ、映画は終っていく。

この小園〔菅原〕の涙の訴えのセリフ（シーン）だけでは、三島由起夫の小説「英霊の声」での二・二六事件のリーダーの、「現人神天皇」から「人間天皇」への転向に対する呪詛の言葉を知っている、私たちには、さして新鮮なシーンとは言えまい。しかし、米内光政〔池部良〕と大西〔鶴田〕との宮中地下壕内廊下でのやりとりにおける、大西の「狂気」の言葉にはらまれた思想にはハッとさせられるものがあった。

米内〔池部〕「大西君、はっきり云っておくが、和平というのは陛下の御聖慮より出たものである。君の意見は意見として判らぬではないが、政策に口出しすることは許さん！」

大西〔鶴田〕「よく承知しております……しかし大臣、戦場に散った無慮何万という英霊に報いる為にも、せめて勝利の中での和睦を……」

米内〔池部〕「英霊に報いる為に特攻を出す、その霊に報いる為にまた特攻を使う、果しのない滅亡の道ではないか」

大西〔鶴田〕「それでもやらなければならんのです！何人死ぬかということではありません。私が申し上げているのは精神です。ここまで血を流してきた日本民族の精神は最後まで守り通さなければならんのです！」

米内〔池部〕「戦争は現実だ。国際政治も……精神論は通用せん……即に一部の地方では飢餓地獄の兆候も見えているというのに、どうやって戦えるんだ。君は海軍きっての合理主義者だと見込んで軍命部に入って貰ったんだが、私の眼が間違っていたようだな」

大西〔鶴田〕「（また激情的に）この戦争が無理な戦争だということは開戦前から判っていたことではありませんか！　鉄鋼も石油もアメリカとは比較にならぬということは……非合理を前提で始めた戦争を、今になって合理で解決しようというのは、国民に対する背信ではありませんか！　それに明治大帝がお定になった我が国の憲法にも、軍人勅諭にも、降伏という文字はどこにも書かれてありません。前線の将兵はそれを信じて玉砕し、捕虜となるのを恥じて自決の道を選んできたのです。今聖上が和平をお選びになるとしたら、戦没将兵の魂に対して裏切りをなさることになるのです。あなた方は陛下にあやまった道をおすすめしようとしているのです！」

米内〔池部〕「貴様は、一億国民の滅亡を望んでいるのか！」

大西〔鶴田〕「私は国家の責任ということを申し上げているのです！生きている者も大切でしょうが、死んだ者の魂も考えてやらねば、国家の責任は果されません！大臣は特攻隊の霊に対して、済まぬとは思われんのですか」

米内〔池部〕「無礼なことを云うなッ、国政に参与する海軍大臣に個人の感情はない!!」

（傍点引用者。引用は『笠原和夫　人とシナリオ』〈シナリオ作家協会発行・２００３年〉より）。

両者の激突は、これだけで、プッンと終わる。この両者力演のハイライトシーンは、大西〔鶴田〕の「非合理」の狂気の中を貫徹する、ある合理の筋が浮き上がってくる。（「和平」派のインチキぶりも）。もし「特攻」・「本土決戦」がまったくの狂気（非合理）だとすれば〈それはその通りなのだが〉、それは天皇の戦争それ自身が、そして降伏も捕虜も許されないはずの天皇の軍隊そのものが、とてつもない狂気（非合理）の産物であるというしかない。その点が、大西〔鶴田〕の激情の主張によって浮き彫りにされているのだ。

世界に例のない残忍な「特攻」（自爆攻撃）も総特攻としての「本土決戦」も天皇の軍隊（戦争）の論理の必然的＝「合理的」帰結なのである。

ここに読める批判の論理は、ヒロヒト個人をつき抜けて、天皇制（天皇の軍隊）の本質的欺瞞を撃ち抜いている。僕は、そこにハッとするものを感じさせられたのだ。今回も、その事をあらためて確認できた。この問題にそくせば、もう一つ忘れがたいすてきなシーン（セリフ）がある。

首相官邸会議室内での、迫水久常〔江原慎二郎〕と大西〔鶴田〕とのやりとりである。同じシナリオ集から引こう。

大西〔鶴田〕「書記官長……なにかいい知恵はないのでしょうかねえ……戦いに勝つ……なにかないかなア……」

迫水〔江原〕「閣下……もはや万事休すです……いま閣下がおやりになるべきことは、一刻も早く海軍の内部を収拾させることではありませんか」

大西〔鶴田〕「そうですか……あなたもそう思いますか……だけど、どうやったら収拾出来るんですか……国民も……死んだ者も……みんあ納得できる負け方というのは……！」

充血した眼に涙が一杯うるんでいる。我を忘れたように、一言々々を迫水に叩きつけるように、

大西〔鶴田〕「迫水さん‼ この戦争はね、国民が好きで始めた戦争じゃないんです。国家の戦争なんですよ……国と国との闘いということは、国家の元首の闘いということなんですよ。……日本はそこまで死力を尽くして闘ってきたんですか……負けるということはですよ、天皇陛下自ら戦場にお立ちになって、首相も閣僚も、全員米軍に体当たりして斃れてこそ、はじめて負けたと云えるんじゃありませんか、和平か否かは残った国民が決めることです……私はそうなることを信じて特攻隊を飛ばしたんです、特攻の若い諸君もそれを信じたからこそ喜んで死んでくれたんです。……迫水さん、何人の者が特攻で死んだと思いますか、二千六百人ですよ、二千六百人ですよ……こいつ等に……こいつ等に、誰が負けたと報告に行けますか……‼」

両手の拳で自分の膝を叩きつけ、手放しのままボロボロと泣いている大西。／迫水も投げかける言葉もなく、何度も頷きながら大西の手を握りしめて頬を濡らしている。／遠く近く、高射砲弾の炸裂音が響いている（傍点引用者）。

大西の主張は、国民総特攻というより、天皇をトップとする国のリーダー全員の「特攻」（玉体の玉砕）で責任を取れという倫理である。これも天皇制国家の論理と倫理の構造的欺瞞を内側から射ち抜いている。そう読めるはずである。

僕は、ビデオで、この映画を観ることを契機に、「特

『あゝ決戦航空隊』スチール：特攻隊員を送迎する大西瀧治郎第一航空隊指令長官（鶴田浩二）『笠原和夫　人とシナリオ』（シナリオ作家協会、2003年）所収

攻」の歴史について、少々調べる作業をしだした。しかし、忙しさにかまけて、それはすぐ中断されたままであった。今度あらためて見る機会を持ち、その作業を再スタートさせた。手始めに、僕は、以前に買いこんでいた本の中から、『特攻の真意――大西瀧治郎和平へのメッセージ』（神立尚紀・文芸春秋社）を引っ張り出し読んでみた。十年前に刊行されたこの六三年生まれのノンフィクションライターの大西評伝は、関係者インタビューの積み上げ、文献を丁寧にあたり、よく調べたものではある。しかし、大西の「特攻」ははじめから敵を脅かし勝機をつかみ、天皇に「終戦の決断」を迫るという「和平」の政治手段としての「特攻」で一貫してあり続けたという仮説を、強引に論証してみせているものであった。「あとがき」には、こうある。

「……私が本書を書くに至ったのは、本書の二人の主人公　元第一航空艦隊副官・門司親徳氏、元零戦特攻隊員・角田和男氏という、『特攻』を語る上で欠かせない人たちと、誰よりも身近に接した取材者として、二人が語る大西瀧治郎中将の『特攻の真意』すなわち、『特攻は聯合軍に日本本土上陸を思いとどまらせ、和平を促すメッセージ』であったということを、きちんとした形で検証し、書いておく責任があると考えたからである」。

それは「平和のための尊い犠牲だった」という戦後象徴天皇制国家のイデオロギーの枠の内側へ、大西の思想や「特攻」の真実なるものを、あらためてくりこんでみせる手品のような作業にしか、僕には思えなかった（安倍首相の積極的戦争政策を「積極的平和主義」とネーミングして煙に巻く政治的手品ほどあくどい手口ではないにしても）。

少なくとも草柳の『特攻の思想』の方には映画がみごとにふくらませてみせた、思想的な毒の素地は示されていたが、こちらは、それは皆無である。その「あとがき」に以下のような言葉もある。

「『命を賭けてやる』と国民に約束したからには、約束が果たせなかったときは死ぬのでなければ筋が通らない。……日本の政治家をはじめ、リーダーたる人は大西瀧治郎の『責任のとり方』を学んでほしい。ほんとうに『命を賭ける』というのは大西や特攻隊員ほどの覚悟があってはじめて、口にできる言葉だと思う」。

こうした共感できないスゴみ方を前に僕は考えた。

大西は確かに「特攻」を送り出した時から、自らの死は本当に覚悟しているような人物であったというまわりの人々の証言は、僕にも信じられる。映画でも覚悟の切腹は、ラストに正面から描かれた。笠原は先にふれた本で、このシーンについてこう言っている。

「……作法どおりの切腹をしているわけですよ。腹を横に切って、今度は下から突きあげて十文字みたいに切るでしょう。それで今度は喉をつくんだよな。そうなると、もう回りは血だらけになっちゃうんだよ。それを山下は赤とか血が好きなもんだから、喜んでホイホイ撮ったもんだからね(笑)。血で真っ赤になっちゃって、書いた僕のほうが目をそむけたくなるみたいなことになってね。ただ、じっさいにはそうなるらしいんですよ、本当の割腹自殺というものは。凄惨になっちゃうらしいんだね」。

草柳大蔵著『特攻の思想大西瀧治郎伝』
文藝春秋社、1972年 文春文庫、1983年

誰の手も貸さない切腹は、苦しんで苦しみ抜いて死にいたる。大西は、あえてその方法を選択した。その覚悟はスゴい。

ただ僕は、ラストの血の海に、あえぐように沈んでいく、リアルな切腹シーンを目をそむけるように観ながら、こういうとてつもない覚悟が、彼の「特攻」送り出しという、とんでもなく非人間的作業の持続を支えた〈倫理〉の根っこにあるものなら、死の覚悟のスゴさに恐れいっているだけではマズいな、と強く思った。後から行くと送り出したリーダーたちが、戦後に平然と延命している事実に感ずる「無責任」とは別の「死を覚悟」した人間だから、実行し続けた「無責任」（それは一人の自殺であがなえる悲劇などではない）というもう一つの問題もあるはずだ。死ぬことは責任を取ることには、本当はやはりつながらないのではないか。

敗戦七〇年それは「特攻」後七〇年である（それは八月十五日・「終戦の詔勅」が出された直後まで続いたのだ）。

今回はあらためて、そうした問題をこそ調べながら考え続けてみよう。そう思い続けている。

象徴天皇制国家七〇年――〈天蓋つき戦後民主主義〉という問題

『青い山脈』（監督・今井正　1949年・東宝）

「戦後の天蓋なき民主主義」、これは2015年7月号の『世界』に収められている花崎皋平の論文のタイトルだ。それは、自分の戦後七〇年の時間の中で、もっともよかった時代と思えるのは「敗戦の1945年から1950年春までである」という言葉から始まる文章である。その根拠は、日本の政体が「もっとも共和制に接近していたと思える時代だったからである」、戦犯天皇の退位の可能性が報じられ「天皇制打倒」の声が響いていた時代だったからである、と語り、総括的に彼はこう主張している。

「私のいまに残るイメージでは、青空をおおっていた天皇制の厚い蓋に亀裂が入り、隙間から青空がはっきり見えた」。

〈解放と自由〉の戦後の強烈なイメージである。もちろん、花崎も、すぐこう論じて、それが、とても手ばなしに賛美できるものではなかったという点についてもふれている。

「もちろんこの時代はアメリカを中心とする連合国が、日本国を支配管理する鉄の首輪をがっちりとはめていたので、けっして手放しに自由が謳歌されていたわけではない。東西の冷戦が始まり、いったん解放された政治的社会運動も、占領軍司令で、社会主義、共産主義から防衛する鉄柵でかこわれた。／敗戦により国土は焦土と化し、食料は不足し、生活も窮乏のなかにあった」。

しかし、と彼は、こう強調する。

「1945年秋から、治安維持法廃止、政治犯3000名釈放、特高警察罷免、そして男女同権、労働者の団結権、教育の自由化、専制の廃止、経済民主化の五大改革が進められた。財閥解体も行われた。1946年1月には、天皇の人間宣言が、行われ、公娼制度が廃止され、11月には憲法が公布された。1947年には、教育基本法が公布され、労働基準法、独占禁止法が制定された。／いま安倍内閣が圧殺しようとしている国政の基本構造は、この時代に作られたものである。占領下にあって占領軍の命令によったものであるから廃止しようという議論は、改革の中身を無視し、戦前の全体主義構造へと逆戻りを図る暴論である」。（傍点引用者）

花崎の〈戦後民主主義〉者としてのスタンスは明快である。僕は、こうした主張（戦後史認識の枠組）を、どのように組みかえるのか、という点にこだわって、戦後（史）を考え続けてきた。戦後の米占領軍のヘゲモニーの下の「民主化」を全否定するつもりはないが、それは同時に敗戦をくぐって、まったく責任を取らずに延命した天皇・政治家・官僚・財界などの日本のリーダーが、アメリカのリーダーにすがって、ともに新たな戦後国家（支配秩序）を再建するプロセスであったはずだ。その「象徴天皇制国家」づくりの不可欠のプロセスに「天皇の人間宣言」があり「憲法一章」づくりがあったことは、いうまでもあるまい。占領軍がもたらした大切な民主主義の破壊と、花崎が現在の安倍政治を批判することは、一面の真実をついている。しかし、米国のリーダーのいいなりで、アメリカ帝国軍に積極的に「自衛隊」を従属させて軍事「強国」へ、という安倍政治は「逆もどり」というより、占領下にアメリカヘゲモニーの下、米日共同でつくりだした政治（国家）システムの必然的延長線上に生まれている（自民党政治の延長線）、というもう一つの面も無視するわけにはいくまい。

とにかく、敗戦・占領は天皇制という蓋に亀裂を入れたことは、まちがいあるまい。しかし、天蓋はすぐ新しいものにつくりかえられた（現人「神」から「人間＝象徴天皇」へ）だけだったのだ。天蓋は一度もはずされたことはないのである。〈天蓋つき戦後（占領）デモクラシー〉の中を、七〇年の時間が流れたのだ。この後、花崎は、こう続けている。

「文化面では、映画の果した役割が大きかった。今井正監督が作った『青い山脈』（１９４９年）、『また逢う日まで』（１９５０年）の二作品は、当時、18歳から19歳であった私にとって、自己形成の柱ともなったともいえるほどの影響をもたらした。『また逢う日まで』は、二度と戦争をしてはならないという意志を植えつけ、戦争で恋人を失った娘の気持ちへの強い共感をもたらした」。

僕が、ここで論じたいのは、映画『青い山脈』の方である。おそらく、この映画は、僕が人生で初めて観た映画だと思う（もちろん正確な記憶ではない）。三歳の時に観たものだ。何故そのように記憶されているのかには、ハッキリとした理由がある。弟が産まれる直前、母に邪魔にされた僕は、母の実家（静岡県大仁）に預けられた。

そこで僕は、初めて自分の家以外での長期的な生活を体験したのである。祖父母と、母の弟たち、姉たちのいる大家族であった。そこは駅前の、当時としては大きな二階建ての時計屋さんであり、職人であった祖父は、店主の娘のところへの入り婿であったようだ。また、そこには母の姉が戦争で夫を失い、二人の子供とともに身を寄せてもいた。この、ひどく孤独ではあったが、未体験のワイワイした楽しさに満ちた時間の中で、忘れられないのは、セーラー服の従兄妹の少女に手を引かれ、近くの映画館に連れて行かれたことであった（そのことはキチンと記憶している）。それがどうも『青い山脈』であったようなのだ。後の時間でいろいろ入ってきた情報が、そう記憶させているに過ぎないのかもしれないが、誤字だらけのラブレター、「恋」が「変」と書かれているそれが「ヘンしいヘンしい新子さま」と読みあげられるシーンの記憶（何故そうなのかは理解できなかったが場内が大爆笑に包まれた事）だけは、当時のナマの記憶であると、僕は今日まで思い続けている。

僕が生まれたのは1948年（1月）であり、弟は僕より三歳年下である。花崎は、これを1950年の作品としているが、僕が持っているDVDには「49年」とある。「キネマ旬報増刊」の「日本映画作品全集」にあたってみると、やはり「東宝」で49年の前後編の作とある。

「東宝」で1957年に正続の二本が、日活で1963年に、あらためて作られている。後の「東宝」の方も観たような気がする（役者の雪村いずみと宝田明が記憶に強くある）。そして、演出西川克己で吉永小百合・浜田光夫コンビの日活は、まちがいなく封切り時に観ている（自転車でなく、オートバイにヘルメットで吉永が登場するスタイルはよく憶えている——そのように時代の変化が示されていた）。とすれば、三歳の僕が観たのは最初の「東宝」（今井正演出）であり、花崎のいう、それであろう（ただし、封切りではなくその後の旧作再上映で）。

実は、この気になっていた『青い山脈』のDVDを手に入れて観たのは、5年ほど前である。その時、今井演出のこの映画は、大ヒットした「さわやかな青春映画」という一般的世評を超えた、ストレートな政治性、すこぶる明快な、「戦後民主主義」（個人主義）をつくり出す闘いのメッセージを巧みにストーリーに埋め込んだ力作である点に気付かされた。

石坂洋次郎の小説（大人気の『朝日新聞』の連載小説）を読んだのは、中学一年（13歳）の時である。これも何故か、よく記憶している。それはクラスが同じだった、早熟な文学少年として有名だった友人に、交換で貰った本だったからだ。もっぱら外で真っ黒になって遊び呆けていたワルガキに過ぎなかった僕は、その時、見栄を張って、読んだばかりのヘミングウェイの『老人と海』をプレゼントした（箱入り上製の本だった）ことは、よく憶えているから（こんなことは最初で最後の経験である）。小説は、このとき以降、石坂洋次郎の一連の青春小説を、とりまとめて、読み続けたのだから、なにやら胸にストンと落ちるものがあったのだろう。（もちろん、それはもっぱら映画の原作への関心という角度からのものであったが。〈石坂作品は、よく映画化されていた〉）。

佐藤忠男は『日本映画史②』（岩波書店・1995年）で血のつながりの感情にしばられた日本的家族主義から遠い石坂文学について、こう評している。

「石坂洋次郎は戦後、人間は理性的であろうとつとめさえすれば、次元の低い多くの悲しみ、つまり感傷から脱却できるということを主題にした面白くてタメになる啓蒙小説をたくさん書いて片っ端から映画化され、ヒットし、それらは戦後日本の青春映画の主流を形成した。感傷は理性を曇らせ、非合理な争いに人間を巻き込むことになりやすいと日本人に警告したのである。『青い山脈』『乳母車』『陽のあたる坂道』などがそれで、…」。

僕は、佐藤のいう「戦後民主主義的啓蒙映画としておそらくもっとも成功した作品」という言葉の意味などよく理解できないガキの時代に小説を読んだ、しかし5年前、映画を観なおし、そうした「啓蒙映画」の代表的力作であるという評価は、よく理解できた（この時、にせラブレターを読み上げる俳優は、なぜか後の知識で左卜全であると思い込んでいたが、藤原釜足であったことも確認できたのだ）。

僕は花崎の論文をきっかけに、DVDで映画をあらためて観なおしてみようと思いたち、今度は小説の方もキチンと読みなおしてから、そうした。

小説と映画を重ねて、ともにそれは「戦後民主主義啓蒙」を代表する作品といえることはまちがいないと実感した。佐藤は『日本映画史④』（岩波書店・1995年）では、このようにも論じている。

「第二次大戦の敗戦後の民主主義啓蒙の気運の中で親や先輩の意見に従って結婚相手を選ぶ見合い結婚は封建的だと言われ、民主主義的な社会を築くためには結婚は恋愛でなければならないと、恋愛がおおいに奨励された。石坂洋次郎原作、今井正監督の『青い山脈』（1949

年）は、こうした気運の中で作られて大ヒットした恋愛奨励映画の代表的な作品である」。

ナルホドという的確な評価である。佐藤の、演出家今井正についての論評の方も見ておこう。

「今井正監督は、東宝争議では共産主義者として組合側にいたが、とくに活動家ではなく、争議の終結時にも退社はしなかった。その後に作った『青い山脈』や『また逢う日まで』のヒットによって、彼はひきつづき、東宝に残ることを要求された。しかし彼は自発的にフリーになって他社の仕事を求めた。しかしこのあと、レッドパージを受けると情勢は大きく変化した。大手の会社からはしめだされ、彼は、屑の仕切り場の仕事を始めてそれで生活することにした。しかし、ある時、自分が屑拾いたちから集めた屑金属が朝鮮戦争の武器の材料に使われているかもしれないと知ると、この商売を止めた」（『日本映画史②』）。

今井は〈戦後民主主義＝平和主義〉の精神を身をもって生きた人間であったようだ。小川徹は１９５５年の『作家と女優』（現代社新書）で、人気監督今井について論じ、その文章を以下のように結んでいる。

「彼はコミュニストといわれる。これは『コミュニストらしくない』といういみと、『コミュニストだから』という二種類のニュアンスをもち、二種類のファンをもつ。そのゆえに人気はいや上るのである」。

さて、これまた空前のヒット曲となった『青い山脈』の主題歌についても（小説・映画の内容は知らなくても、あの「若く明るい歌声に～」で始まる歌を耳にしたことはある人間は少なくないだろう）。さらに佐藤の批評の手をかりよう。

「１９４９年に今井正監督の『青い山脈』が作られたとき、プロデューサーの藤本真澄はこれに主題歌を入れるべきだと主張し、今井正はシャンソンのような上品な曲なら入れてもいいと応じた。この映画は封建思想に反対して恋愛の自由を主張する民主主義啓蒙的明るい喜劇であり、服部良一が作曲した主題歌は途方もなく明朗なものであった。今井正は録音の作業を拒否したが、藤本真澄はプロデューサーの権限をふるって強引に録音をやった。それを入れたのは、学校と町のボスたちに恋愛の自由を認めさせることに成功した男女の若者たちみんなで自転車を連ねてピクニックに行くという一種の集団的な道行きの場面であった。感傷的メロドラマにおける主題歌の使い方を、それとは別の楽天的な喜劇に応用して大衆の共感をいやがうえにも増幅したのだった」（『日本映画史②』岩波書店・１９９５年）

内容とすばらしくマッチしていると思えた主題歌も、実はこんなふうに、映画の中にやっともちこまれたのである（社会派映画に「主題歌ナシ」は、それまでの伝統であったようだ）。

小説の基本骨格に変更はなく、こまかいセリフも小説のままという原作にかなり忠実な、この映画。ただ、この集団サイクリングシーンは小説の方にはなかったと思う。

映画の方が省略しているが、小説には書きこまれている重要な言葉がある。その問題にいく前に、少し回り道をする。この物語の主役は、女性たちである。小説から引く。

「いいですか。日本人のこれまでの暮し方の中で、一番間違っていたことは、全体のために個人の自由な意志や人格を犠牲にしておったということです。学校のためにという名目で、下級生や同級生に対して不当な圧迫干渉を加える。家のためという考え方で、家族個々の人格を束縛する。国家のためという名目で、国民をむりやりに一つの型にはめこもうとする」。

こう国・家・学校という共同体の圧力で個々の人間の自由な意志を押さえ込むあり方に、公然と反抗する原節子演ずる女教師。若い男の学生と連れだって歩いたというだけで、学校の名誉を汚したと、ニセラブレターまで送りつけられ級友たちから嫌がらせを受けるが、屈せず自分の自由意志を貫き続ける、杉葉子演ずる女生徒。この卑しい「岡っ引き根性」に抗い続ける彼女らを強力にバックアップする、小暮実千代が演ずるすこぶる陽気な田舎町の芸者。小説の中でもスクリーンの中でも、彼女たちはハツラツとし続けている。彼女らに絡まる男たちは、この彼女たちの町を学校を「民主化」しようという闘いの、よき理解者であり協力者として、さらには結果的には恋人というふうに落ち着いていく。主役のラブレター事件の被害者女子学生の名は「新子」。この新子の恋人ということになる浪人中の高校生が六助である。ともに動く彼の親友がかなりインテリの富永なる人物。「民主化」を闘う思想をスッキリと明示している彼の主張を、小説の方から引く。

「先輩の残した光輝ある伝統——そういう感傷的で大ざっぱな表現を用いるなら、男尊女卑も、家長中心の家族主義も、地主と小作人の関係も、天皇神権説も、ことごとくが、光輝ある伝統でないものはない。じっさいまた、そういう感情は、国民の間にまだ相当強く潜在しているのだ。／それでだね、具体的にいえば、ぼくは、ぼくらの三、四期あとの後輩は、髪をきれいになでつけ、背広をリュウと着こんでいる——そういう風俗に変って来て欲しいんだよ。／もっと、素直で、自然な生活をするようであって欲しいのだ。いいかね、ぼくがそれにしつこいほどこだわるのは、人間性をゆがめたり、否定したりした生活の地盤には、どんな人道主義的な思想を移植しても、ほんとうに根を生やし、育っていくことができないからなんだ。／ぼくたちの先輩はずいぶん勉強した。日本の知識階級は世界の文化人と同一の呼吸をしているかに見えた。それが戦争の期間中に、あのように惨めな無力さを暴露したというのも、首のしたからの肉体は、君がいう『光輝ある伝統』——つまり、古い、誤りに満ちた生活環境に満足して浸っておりながら、頭の中だけに、ヒューマニスティックな思想をつめこんでおった。そこに原因があるのだと思う。思想が一つも血肉に溶けこんでおらなかったのだ。／それでぼくは、これからの知識階級というのは、従来のように不消化な思想の蓄積で、青白かったり深刻だったりする代りに、知ることはわずかでも、それが直ちに生活に溶けこんで、積極的な活動力となって作用する——そういう型であって欲しいと思うのだ。当分の間はね……。／結論として、現在の場合、自ら知識人をもって任ずる人たちが、一番自戒しなければならないことは、自分たちは昔から物事を民主主義的に考えて暮していたと、ボンヤリ信じこんでしまうことだ。これが一番すべりやすい穴なんだよ」。

この、それなりにまっとうな主張をしていたと思える、富永安吉は、小説のラストへ向かうくだりで「六助」あての手紙で、以下のように主張を展開してみせる（これが僕が問題にしたかった言葉だ）。

「さきごろ、天皇陛下の巡幸があった際、一部の急進分子は陛下に面会を強要し、ご滞在中の献立の公表を迫ったり、外食券の有無を問いただしたりという、例によって例のごときイヤがらせだが、かつて右翼の運動により顕著だった、こういう偏狭で、平板で、排他的な民族性は、小さな島国で、長い間、鎖国封建の政策でしばりつけられている間に培われたもので、今日も、政治に、職場に、研究室に、都市に、農村にしつこく根を張って、国家の再建の進行を妨げている、悲しむべき現象だ。／ところで、献立公表や外食券の問題だが、これは天皇でなく、提唱者の所属する、わが党の幹部諸君の所へもって行っても、相当具合の悪い問題になるのではないかと思う。またかりに、天皇や総理大臣の食卓の公表を迫ることが、政治的な一つのゼスチュアであるとしても、そういう偏狭な政策によっては、豊かな、大きな政治が育っていくものではないと信ずる」。

私も、公然と声をあげた唯一の政治グループである当時の日本共産党メンバーを軸とする人たちの天皇非難（天皇制批判）が、運動的な有効性という点で、まるごと積極的に評価されるべきだとは考えない。

しかし、富永のような、それへの批判を支える感性と論理には、「人間宣言」を通して戦後デモクラシーの政治的シンボルへと変身をとげ、新たに「地方巡幸」などへと動きだした象徴天皇の、無責任な欺瞞を撃つ視点（思想的感性）がまったく欠落している。いいかえれば戦勝国アメリカと敗戦国日本の支配者たちが共同でつくりだした戦後民主主義のニューモードの「天蓋」に抗うものが、まったくない。いやその〈占領＝象徴天皇制デモクラシー〉にすっぽり呑み込まれてしまっているのだ。『青い山脈』の「封建制」と闘う「民主化」運動にとっては、延命した天皇（制）批判へのこだわりは、「人間天皇」へのイヤがらせという「封建的」偏狭さの産物として切って捨てさるべきものであるようだ（繰り返すが、こうした主張の具体的部分は、映画の方では省略されている）。

僕は、このくだりを読みながら、共産党の内側から、まちがいなくその天皇制批判の方法への自己批判の意図をもって書かれた、中野重治「五勺の酒」（１９４７年）を思い出した。人間天皇の天皇制からの人間的解放というテーゼが「善人天皇」への深い同情をテコに語られる、この未完の小説を、僕はかつて強い違和感をもって読んだ。

花崎の論文に戻ろう。そこで彼は発表直後に「五勺の酒」を「天皇制廃止」を求める強いメッセージを発している小説と受けとめたと語り、今日の自分を形づくったものとして高く評価している。

僕は、ここにも花崎の象徴天皇制の政治支配への批判的視点の弱さ、という問題を感ずる。

〈天蓋つき戦後民主主義〉七〇年の歴史を、キチンと批判的にくぐりぬけるためには、『青い山脈』の〈民主化テーゼ〉が、日米両国の支配者たちが占領の時間に植民地支配・侵略戦争の責任を見えなくすることを通して象徴天皇制国家をつくりだしたという重大問題に正面から対峙できていないという事実に、まず、こだわり抜いて考えてみる必要がある。

今回のこの小説と映画との再会は、そういう思いを強くさせた。

敗戦後最大の政治神話――「聖断」神話をめぐって

『日本のいちばん長い日』

（監督・岡本喜八　1967年・東宝／原田眞人　2015年・松竹）

2015年5月28日に亡くなった、元「べ平連」事務局長であり、84歳で亡くなるまで、その病身をかかえて市民運動のリーダーとして走り続けた人。「吉川勇一さん　市民葬・お別れ会」は9月6日に持たれた。この会の準備のお手伝いをしていた僕は、350人近くの人々が広く集まったこの会の、二次会までつきあった。神田のある店で持たれたその集まりは、当然のこととして「べ平連」同窓会のごとき性格のものとなっていた。吉川個人とは、八〇年代以降、親しく交流させていただいたが、「べ平連」とは無関係であった私には（酒を口にできない体になっているということもあって）、さして居心地のいい集まりではなかった。そこで吉川の高校時代の友人であり、出席（発言）予定者であった、戦記記者としてスタートし、元『文藝春秋』編集長でもあった、半藤一利が病気で来られなかったことが話題となり、敗戦七〇年の今年を記念する、彼の原作の「日本のいちばん長い日」が、あらためて映画化されヒットしていた、ということもてつだって、その映画の方へも話題が転じた。「旧作よりいいできの観がいのある映画でしたね」という声が発され、この大好評の「世評」をなぞった言葉に、僕は腹が立ち「そういう評価をするオツム、どこかおかしいんじゃないの」、と見ず知らずの人物へのまったく場違いな怒りの発言をしてしまったのだ。

この映画について、ここでは自分の〝怒り〟の意味を、できるだけ正確に書いておきたい。

旧作がつくられたのは、1967年8月であった。演出は岡本喜八・脚本は橋本忍、この両者の作にしては体制イデオロギーをうまくなぞっただけの、ひねりも毒もない、贅沢に役者と金を使った、力のこもった大作であるだけに、その「平凡」なつまらなさが、際立つ作品であった。実は、そう強く思ったのは、この夏に向けて、かつての戦争映画のテレビ放映が連続する中で、それを観た時であり、封切られた時代では（後の再上映の時間で観た）、天皇ヒロヒトがいつも背後から映されるだけで、まともに顔が出されない「尊い神」のごとき存在という映像処理にウンザリした以外の具体的記憶はなかった。最初に観た頃は、天皇制への問題意識が浅かったため気付かなかったが、考えてみれば、実は、この映画は、戦後日本の支配者たちがつくった政治神話＝「聖断」神話をかたちづくるのに、かなり力となったものだったのだ。〈ヒロヒト天皇の「終戦」への「聖断」によって日本人は命拾いした〉〝恩人天皇〟という戦後の時間を支配し続けている強力な神話である。あの大量殺傷戦争の最高責任者には責任がないどころか、彼こそが最大の〝恩人〟であるというデマゴギーだ。

この大作映画のヒットが、以後「東宝」は〝8・15〟シリーズとして毎年戦争映画を作り続けるようになったという事実、そして、当時、その動きを中国側は日本軍国主義復活の兆しと警告したことなどに触れながら、佐藤忠男は、こう論じている。

「これらの作品は日本の戦争行動をとくに正当化しているわけではないし、その結果が日本人にとって悲惨なものであったことを隠しているわけでもない。その意味では好戦的な映画ではない。ただ、これらの戦争映画では、侵略された被害の大きさからいって明らかに15年戦争の主戦場であった中国大陸やアジア諸国が描かれたことは殆どなく、日本軍の悲愴な勇戦を描くのに都合のいい日露戦争における日本海海戦や、太平洋戦争におけるアメリカ軍との海戦と航空戦がもっぱら描かれている。つまり敗れた場合でも格好の良かった部分ばかりがとりあげられて、日本軍の勇者たちのための鎮魂がおこなわれており、無抵抗の人民をひたすら殺しまくり犯しまくった中国戦線のことなどは殆ど忘れられたかのようである。中国が日本人の戦争の反省の仕方に疑問を持つのは相当の理由があると言わざるを得ない」（『日本映画史③』〈岩波書店・1995年〉。

この間、テレビで放映され続けている、かつての戦争映画の傑作を、観なおしたり、観たりの機会を持って、僕は、日本の戦争映画の傑作群は、間違いなくその被害者としての悲しさをのみ、描き続けてきたことを、あらためて確認せざるを得なかった。今日に至るまで「殺しまくり犯しまくった」侵略戦争の加害者であったという忘れようもない事実に正面から立ち向かった作品は、殆ど存在していないのである。

敗戦の受け入れの決定をめぐる、「国体護持」のために降伏（ポツダム宣言受諾）へ向かう天皇・首相・官僚らのグループと、「国体護持」のための「本土決戦」を叫ぶ陸軍の青年将校らを中心とする徹底抗戦派のグループとの、クーデター〈内戦〉含みの対立のプロセスをリアルに描いた「日本のいちばん長い日」も、いわゆるむき出しの好戦映画などではない。むしろ、戦後の平和復興のための、血の滲む政治的努力と内部対立をドキュメンタリータッチで描いたという売りだしの作品である。そこでクローズアップされているのは「終戦と和平」である。

佐藤忠男は、先にふれた文章で、この作品は岡本喜八にとっては「会社の割り当て仕事」であったと論じているが、そうだとしても、もう少し撮りようはあったのではないか。8月14日から15日の正午へと向かう政治プロセスを、こんなに雄々しき男たちの物語として、「大日本帝国の美しき葬式」として描くことしか、何故できなかったのか。

白黒のこの映画は、内閣の方針で大量な書類を焼却しつくすシーンが印象的に表現されている。市ヶ谷台上の焚書の黒煙が立ちのぼり続ける時間こそが、この「いちばん長い日」の時間なのである。

吉田裕は、この戦争犯罪データの焼却とそれに続く隠匿について、こう書いている。

「侵略戦争の最大の推進力であった陸軍の場合、状況は次のようなものであった。／この閣議決定［ポツダム宣言の受諾］が行なわれた頃、陸軍中央官衛の位置する市ヶ谷台上においては秘密書類の焼却が開始されていた。終戦の聖断直後、参謀本部総務課長及び陸軍省高級副官から全陸軍部隊に対し、機密書類焼却の依命通牒が発せられ、市ヶ谷台上における焚書の黒煙は8月14日午後から16日まで続いた。／ちなみに、陸軍の中央官庁における秘密書類焼却の徹底さについては、小林友一（当時、陸軍省人事局補人課課員）、藤原利昭（当時、憲兵司令部警務防衛主任）の生々しい証言がある。／また、この焼却命令の対象は、市町村レベルの兵事文書にまで及んだ。たとえば、1945年8月18日、武蔵野警察署長は、東京連隊区司令官よりの通牒に基づき、管下の各町村長に、『召集、徴兵、点呼関係書類ハ一切速ニ焼却ス』ることを文書をもって指示している。／さらに陸軍の場合、管轄外の官庁や民間機関にまで文書焼却の圧力をかけているのが注目される。衆議院の場合、直ちにこれを拒否したとはいえ、8月17日に陸軍省軍務局からすべての秘密会の速記録を焼却するよう要請があったし、新聞社の場合でも『軍部から戦争に関する記録写真をすべて焼却すべしという圧力が新聞社に加えられた。連合軍捕虜が連行されていたり、B29が高射砲弾を受けて墜落していたりする写真が主として処分対象となったが、軍部としては何かの写真によって軍の幹部に禍いが及ぶのを恐れたのだろう』と指摘されている」。(『公文書の焼却と隠蔽』〈『季刊　戦争責任研究』14号1996年〉・『現代歴史学と戦争責任』〈青木書店・1997年〉所収)。(この「閣議決定」から「16日まで続いた」までの引用文は服部卓四郎の「大東亜戦争全史」からのもの)

ここで、吉田は焼却せず隠匿した重要公文書が『旧陸海軍将校の手で独占され』ている事実についてもふれている。それは敗戦後公的な戦史解釈の、旧幕僚将校の歴史観や価値観をベースにしたものへの私的独占への道をつくり出したのである。

この映画も、そうしたものからひねり出された大作であるにすぎない。その点は、「自決」を叫ぶ、あるいは「本土決戦」を主張して譲らない将校らの前で、この責任隠蔽のための焼却は、なんら恥ずかしげもなく、ごくあたりまえの事のように、淡々と為され続け、黒煙は静かに流れ続けているだけである。この行為への冷笑のまなざしすらこのドラマに織り込まれていない。この点に、この映画の、どうにもならない質が象徴されている、と言えよう。もちろん映画の質は原作によって決定されている。

原作『日本のいちばん長い日』は「運命の8月15日」のサブタイトルで、編者は大宅壮一の名で、敗戦二〇年目の1965年の夏に文藝春秋社から単行本で出版されたもの。1973年の角川文庫版の「あとがき」に半藤一利がこう書いている。

「昭和20年8月15日の正午、ラジオは、日本帝国が連合国に降伏したことを国民に知らせる詔書を、天皇ご自身の朗読によって、全国に放送した。これが太平洋戦争の終末だった、この本は、その前日正午の降伏決定の御前会議から天皇放送までの長い一日を、一時間ごとに区切ってまとめたドキュメントである。／株式会社・文藝春秋に勤務する編集者によって作られた小グループ「太平洋戦争を研究する会」(略称戦史研究会)が直接関係者にあたって取材し、広く材料を集め、この本をノン・フィクションとしてまとめたのは1965年春のことであった。その年の夏、文藝春秋社から出版され、翌年に東宝が映画化、より多くの人に知られることになった。

そして、この本は、その後に英独仏の三か国で訳され、それぞれの国々でさらにたくさんの人に読まれているが、こんど角川文庫として再び日本で出版されることになったのは望外の幸せである。」

そこには直接関係者の聞き取り中心の取材と調査に基づき、実際に書いたのはプロローグは安藤満で、本文はすべて半藤だと書かれている（大宅は名前だけ貸したのだ）。

この支配者たちこぞっての公文書隠蔽・焼却・隠匿という敗戦後国家へのスタートの時点での「無責任」ぶりへの批判すら、スッポリ欠落した「文春史観」。これこそが、天皇の「聖断」による救国という、隠されていた支配者たちの苦労話の具体的エピソードを、実証的に拾い集めてつくり出した歴史物語＝〈政治神話〉をつくり、定着させていったのである。この1967年版は、戦争方針を決定する会議で、本土決戦（戦争継続）を、天皇・鈴木貫太郎首相・米内光政海軍大臣らの「終戦」方針に抗って強引に主張し続けた陸軍のトップ（大臣）阿南惟幾、「終戦」決定の後は、天皇の「聖断」に従い混乱なき終戦へ向けて切腹した三船敏郎演ずるこの男と、終戦阻止（玉音盤奪取をめざし）に暴走する彼のかわいがっていた陸軍少佐畑中健二（黒沢年男）らの、もう一つの「二・二六」ともいうべきクーデター的決起の行き違い（陸軍のタテマエを貫こうとする青年将校と、それを止めきれなくて板挟みになり苦悶する阿南（自決も諦めさせる手段といえないこともない）、こうした軍人たちを中心とする男の物語である。（もちろん表面的には対立し続けた笠智衆演ずる鈴木首相と阿南も、国を想う心は一つであったという友情物語のつくりだ（その上、決起した「狂気」のごとき軍人たちも、その敗れての自決に示されるように、その心は、実は同じであった）という、軍事対立はあっても、実は天皇を思う「愛国」の一致団結であったというふうに国家主義的にハッピーな男たちの物語である（この映画、殆ど女性は登場していない。鈴木の妻役で新珠美千代がチョット顔を出している以外、女優はいない）。

会議での決定が下された夜、阿南は鈴木に謝罪を兼ねて会いに行く、その時鈴木〔笠〕がポツリと洩らす「阿南君はいとまごいに来てくれたんだネェー」の言葉のシーンが、それを象徴している。

原作にある、このシーンは、2015年版の新作方でもキチンと描かれている。新作映画の原作は、半藤一利著の『決定版　日本のいちばん長い日』である（1995年文藝春秋社から単行本、2006年文春文庫）。内容は大宅編のものと、基本的に同じもの。「あとがき」には、こうある。

「当時はいろんな事情から、大宅壮一編と当代一のジャーナリストの名を冠して刊行された。そのお陰もあり、翌年に東宝の映画化もあり、多くの人によく読まれた。こんど決定版として再刊行するにさいし、社を退いても書きとして一本立ちした記念にと、亡き大宅先生の夫人大宅昌さんのお許しに甘えて、わたしの名義に戻させていただいた。長いこと別かれていた子供に『俺が親父なんだ』と名乗ったような酸っぱい気分を味わっている」。

事情はわかるが、今や「昭和史」のベストセラー書き当代一のジャーナリスト半藤の奇妙な説明である（自分の名義で本が刊行されたことはなかったのだから「戻させていただいた」のではなく、ただ変更した、だけだろうに）。

新作の脚本も書いた監督である原田眞人は、映画のパンフレットに収められたインタビューで、「いつかは昭和天皇を中心とした『日本のいちばん長い日』を映画化したい」と思っていたと語りつつ、以下のように述べている。

「終戦に至る4カ月の話にしたかったので、半藤先生の『日本のいちばん長い日決定版』と『聖断　昭和天皇と鈴木貫太郎』の2冊を中心に脚本を構築していきました、そうなると、やはり昭和天皇が全面に出てこないと作品が成立しません。そのなかで昭和天皇と阿南惟幾陸相と鈴木貫太郎首相の3人を中心とする〝家族〟のドラマを狙いとしていきました」。

映画は演出家の意図通りに、できあがっていた。旧作と違って海軍の軍令部長というトップにまで登った後、侍従長となり宮中で天皇と親しく交流して、天皇の強い希望で「終戦」へ向けて最後の総理大臣となったと語られている鈴木貫太郎（山崎努）。正面から若々しい活力に満ちた青年（ナマの人間）として描かれている天皇ヒロヒト（本木雅弘）。そして、侍従武官のキャリアもあり、天皇とも鈴木とも親しく交流していたために、鈴木内閣で陸軍大臣を命ぜられた阿南惟幾（役所広司）。この三者のファミリーのごとき温かい人間的交流を通して、「終戦」が政治的に実現していくプロセスが、山崎・本木・役所という三人の役者の熱演に支えられて、そこにドラマチックに展開されている。演出家は敗戦四〇年の1985年の8月に出版された半藤の『聖断　天皇と鈴木貫太郎』（文藝春秋社）の方もネタ本としてプラスして活用したと語っているが、鈴木家と天皇との関係を肉付けるために、それはフル活用されていることは間違いない。天皇と鈴木の関係だけでなく、旧作と違って鈴木ファミリーの物語が肉付けされている。ファミリーの物語といえば、阿南の方もファミリーの物語がクローズアップされて織り込まれている。1980年に、こちらは角田房子の緻密に調べ上げた『一死、大罪を謝す　陸軍大臣阿南惟幾』が刊行されていた事が大きいと思う。家庭をひたすら大切にした阿南というイメージのスクリーンでの突出は、おそらく角田の評伝にバックアップされているはずである。

二つのファミリーのスクリーンへの露出という演出は、この作品を、旧作のような男たちだけのドラマに閉じ込めなかった。妻たち娘たちの協力も、卒なく織り込まれており、前作よりは人間ドラマとしての厚みをグーンと増している。

そのインタビューで、原田はこのようにも述べている。

「宮城事件を起こす陸軍青年将校たちに関して、僕は決して彼等を狂気の存在にしたくなかった。特に畑中健二少佐は純真に国を思うが故に、ああいった行動に出てしまった訳で、またそうでなければ仲間もついてこなかったでしょう。だからこその松坂桃李くんです」。

確かに畑中役の松坂桃李は、その甘いフェイスの効果で、旧作の黒沢年男のような青筋立てまくりの「狂走」のイメージは、かなりダウンしている。しかし、すでにふれたように、旧作の畑中たちのイメージと新作のイメージは、基本的に同じ、ひどく同情的なまなざしである。

ストレートな狂気のイメージの方は、もっぱら、さらなる大量「特攻」での反撃（本土決戦）を繰り返しわめき続ける大西瀧治郎（海軍中将）に担わせている（この点も、旧作と同一である）。この点では、新作の方では、「決戦派」のドンとしてイバリまくる東条英機を登場させ、阿南陸相の人情家ぶりを際立たせるという細工がプラスされている。ついでに、新作の方は、内閣の書記官長迫水久常（堤真一）の存在が遥かに大きく扱われている。これは鈴木首相の動きの比重が前作より大きいことの必然的な帰結でもあったろう（前作は、役者は加藤武であったか、印象は薄い）。迫水は鈴木ファミリーの一員であり、天皇・阿南・鈴木の「聖断」を実現したとされている政治ファミリーの重要な一員なのである。

原田は、阿南については、こう述べている。

「現在、阿南陸相に対する評価は『気の迷い』『腹芸』と大きく二分しているのですが、ぼくはどちらにも与しません。彼はアンビバレントな心の葛藤を抱えながら、究極の形で決死の綱渡りをやってのけた。そこは強調しておきたかった」。

この点は実は旧作、三船の阿南も、今回の役所の阿南も基本的イメージは変わっていない。

自分自身がそれとして書き残したものは何もない阿南のギリギリの心境（本音）について角田は『一死、大罪を謝す』で、諸説を大別して四つの説に整理してみせている。

一番目は「一撃説」。彼の大臣としての公的発言として一貫していたものだが、「本土決戦」で敵に強力な一撃を与え、日本の発言力を強化した上で、「国体護持」を認めさせようというもの、「一撃終戦」論である。第二は「腹芸説」。「本土決戦」は避けなければが本心だが、陸軍の青年将校らの暴走を、味方の顔して押さえ込んだ、ジェスチャーとしての「本土決戦」派であったとする説。第三が「気迷い説」。ポツダム宣言受諾か「本土決戦」か、決めかねて迷い続けただけという説。最後が「徹底抗戦説」。――「総特攻」派で最後まで、大西瀧治郎に近い線の人物だったという説。「石頭で狂信的な男であった」とする説である。

角田は、「狂気」にも「腹芸」にも同意しないが、どの説が正しいとは書いていない。そして、どの説にもそれなりの根拠はあるが納得できないという立場である。そして、角田がトータルに示す阿南像の中心にあるのは、「人間であり〝神〟である天皇を次第に深く知り、彼らしく限りない尊崇の念と、45歳の彼より13歳下の瑞々《みずみず》しい若い天皇への親愛の情を増していったのであろうと思われる」、といったものだ。天皇の判断＝「聖断」は絶対、これに「反逆」することなど思いもつかない、これがベースだというものである。

演出家原田のいう「アンビバレンスな心の葛藤を抱えながら、究極の形で決死の綱渡りをやってのけた」というイメージ。その「決死の綱」こそ「親愛」する「絶対不可侵」の天皇の意思であるという「物語」は、角田房子が、描きだした阿南像そのものであり、原田の映像は、それのコピーであるにすぎないのだ。この天皇・阿南・鈴木ファミリーを核にした、「国民の命を助けた」美談は本当にウンザリである。いったい、どれだけの人が、あの植民地支配の延長線上の侵略戦争で死傷したと思っているのだ。その被侵略地の人々を「殺しまくり犯しまくる」戦争へ民衆を強制的に動員し、巻き込み、人々自身が大量に殺傷される事態をつくりだした主体の最高責任者は、批判することは許されない絶対神聖の天皇ヒロヒトである。そして阿南だろうが鈴木だろうが、この天皇の取りまき連中こそが、この戦争を強制した側の人物たちではないか。

そして東京だけでなく日本の地方都市全体に及ぶ無差別大空襲の被害、全住民をまきこんだ沖縄戦、広島・長崎の原爆による大量無差別殺傷。これらは天皇を中心とする政治システムである「国体」だけは守る約束を敵

（アメリカ中心の連合軍）と取りつける、駆け引きにひたすら時間を費やした、天皇ら支配者の戦争引きのばしの結果、生まれた恐るべき被害である。このことは、今日では明々白々の歴史的事実である。

広島の被爆者のレポートを一つ引こう。

「広島のすべての中学校及び女学校の一、二年生は、当日、市の中央部で建物疎開作業をやることになっていた。仕事にかかった直後、彼等の頭上で原爆が炸裂した。一瞬にして着物はおろか、皮膚まで焼かれ、幽霊のような姿に変りはててしまった。それでも、教師を中心に、燃えさかる大火をくぐりぬけ、母校や安全地帯を求めて逃れ出ようとした。互いに励ましあって、手をひっぱったり、重傷者を背負ったりしたのだが、触れた皮膚がズルズルとむけてしまうので、どうにもならない。それでも一目でも父母に会いたいと最後まで生きのびる努力を重ねた。大火が終ったあとで、作業場にいってみると、教師と推定できる大きな骸骨を真中に、何十という骸骨が、互にかばい合って斃れているのが発見された。いまわのきわに、家族や友人の名を呼びながら死んでいく者が多かったが、立つことが出来ない身体を起こし、『天皇陛下万才』を唱えながら、その途中で力つきた者もあった。川岸に逃れたものは、満潮と共に水かさが増してきてどうすることもできず、相ついで水に呑まれていった。広島を流れる七つの川は、こうした死体でいっぱいになった」（今堀誠二『原水爆時代――現代史の証言』〈上〉三一新書・1959年〈傍点引用者〉）。

人々をかくのごとき〈地獄〉に突き落とした戦争の最高責任者〈天皇〉に向かって、無理して立ちあがって「万才」して死んでいく、なんとも悲しい倒錯した心理であろう。戦争責任を隠蔽しこの倒錯を敗戦後まで持続させるために、うみだされた政治神話が〈聖断神話〉である。

この神話と対応するアメリカ国家の神話が、〈原爆投下〉こそが戦争を終わらせ米兵を中心とする多くの人々の命を救ったという〈原爆神話〉である。

敗戦七〇年の今、このキノコ雲の下の「地獄」のごとき実態をそれなりにアメリカの人々も認識しだした。その結果、〈原爆投下は正義〉という神話は、若い世代に向かって、政治神話の呪縛が少しずつとけだしている、という世論調査のデータが示されていた。

なのに、日本の〈聖断神話〉は、この映画の巧みな演出による完成とヒットに象徴されるように、その呪縛力は、強化されることはあっても、ダウンしていない。

今年の八月十五日の「全国戦没者追悼式」。戦争責任

を制度として継承した象徴天皇二代目であるアキヒト天皇の「さきの大戦に対する深い反省」なる「お言葉」。天皇（制）自身の責任など、まったくなかったような他人事の「反省」なるオコトバに、全マスコミが飛びついて、「平和天皇」キャンペーンを繰り広げている。多くの「国民」なる人々は、それがおかしいとは思っていないようだ。ここに、敗戦七〇年の今、あの責任の隠蔽と、「倒錯」が生き続けている。

本当にウンザリする政治的風景であり、そしてウンザリする映画だ。

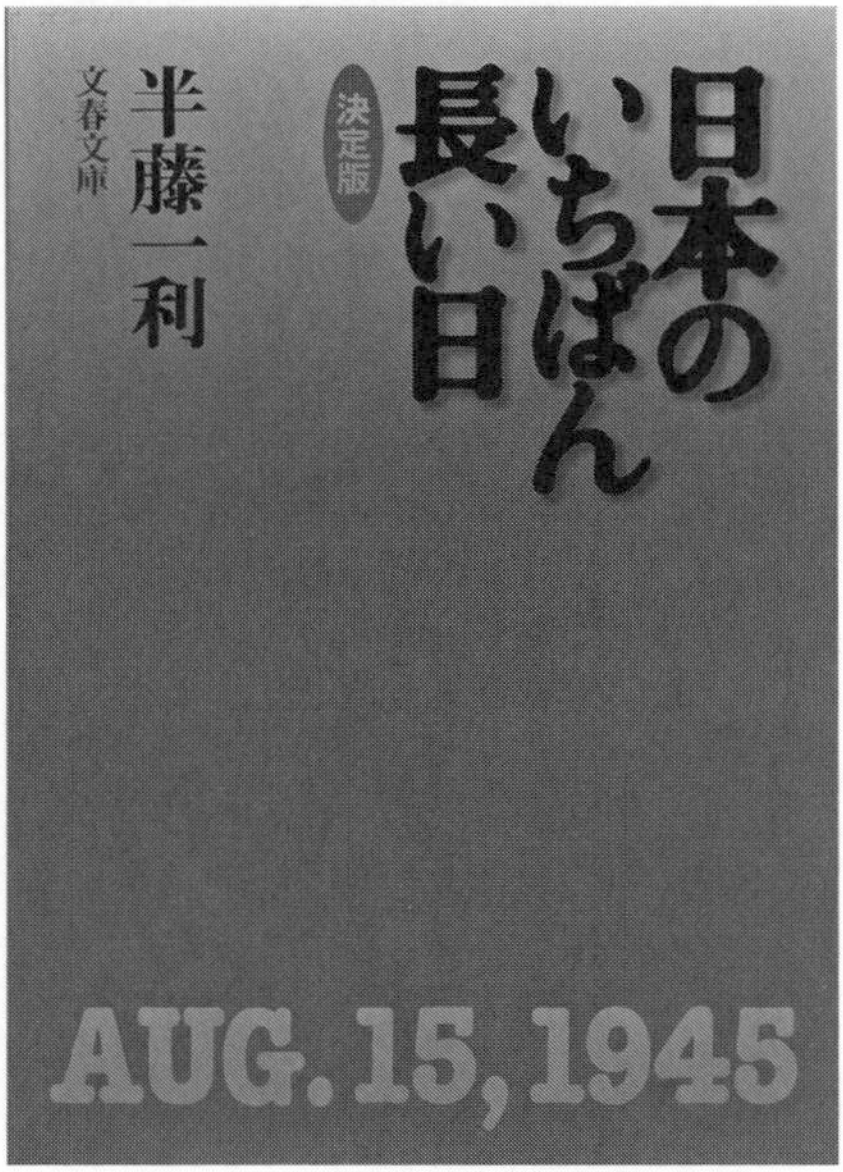

『日本のいちばん長い日』サントラ盤ポスター、SHOCHIKU RECORDS（上） 半藤一利著『日本のいちばん長い日』（下）文春文庫、2006年

ヒバク七〇年――〈被爆都市長崎〉の「暴力団《ヤクザ》」映画

『地獄の掟に明日はない』

〈監督・降旗康男　1966年・東映〉

早いもので、高倉健が亡くなって、一年が経つ。テレビで高倉健作品の連続上映が、あらためて始まった。何本かをボンヤリ観なおしながら、やはり東映時代の作品は、以前ほどではないにしても少ないな、と感じた。

亡くなる一年ほど前、高倉は、スクリーンの中での役柄からすれば、まったくふさわしくない文化勲章なるものを受けている。

その受賞に触れて、確か『東京新聞』あたりのコラムであったと思う。日本ファシズム史の研究からスタートした社会学者である筒井清忠が、高倉の出演作リスト、マスコミの紹介するそれが東映作品を意識的に外していないか、という不満を書いていた。彼は高倉のいい作品は、東映の「日本侠客伝」シリーズだと強調していたと思う。その文章で、フランス文学史研究者鹿島茂の、東映以外の健さんは私の健さんではない、という声を共感をこめて引用していたはずだ。鹿島のその声が収められているのは『昭和怪優伝』であることも、そこで紹介されていた。この時読んでみたいと思った、2013年に文庫化されたその本を、つい最近読んだ。「帰ってきた昭和脇役名画館」のサブタイトルがついたこの中央公論社の文庫は『甦る　昭和脇役名画館』〈講談社・2005年〉の増補・改題本。高倉については「健さんが脇役だったころ～ギャング・エイジの高倉健」のタイトルで既に書かれたものが、「文庫版特別付録」として増補の部分として収められている。この、余人には書き難い、すこぶるユニークな映画（俳優）論で、鹿島はこう書いている。

「……中学生から大学生にかけて、ホモっ気《（原文ママ）》はまったくないにもかかわらず、私も、それこそ『結婚したいぐらい』高倉健が好きだったからである。それほどに、若いころの健さんには、ゾクゾクするような男の色気があった。／といっても、誤解のないように、ここであらためてお断りしておかなくてはならないが、私は『幸福《しあわせ》の黄色いハンカチ』（1977年松竹）以後の高倉健にはなんの関心もないし、一本の映画も見ていない。東映のプログラム・ピクチャーを離れて、山田洋次や倉本聰と一緒に仕事をするようになってからの高倉健は、もはや、私の大好きだった『健さん』ではないのだ」。

鹿島は、この後、自分の入れあげていた健さんは、任侠映画シリーズのストイックなヒーローの健さんでも、それほど禁欲的でない点はマシではあれ、「番外地」シリーズの健さんでもないと語り、こう続けている。

「最高の健さん、それはニュー東映時代の『ギャング』映画の高倉健、いいかえれば、体に張り付いたようなピッタリとした背広を着て、ピンでとめたワイシャツの襟元を極細のネクタイでキリリと絞り、黒のソフトやパナマを阿弥陀にかぶって、歪めた唇にタバコをくわえ、精悍な表情で拳銃を構えていたチンピラ・ギャング時代の高倉健である」。

「つまり、第二東映—ニュー東映時代の高倉健は、二枚目半というよりも、むしろ三枚目に近い俳優だったのである。ただ、この売れない頃の『コメディアン』高倉健は、おかしいことはおかしいのだが、なにか、場違いなところに置かれて大きな図体をもてあましている感じがして痛々しかった。ホームラン・バッターが二番打者にされたうえ、バントを命じられまごついているとでも言ったらいいのか」。

信じがたいほどの熱狂的映画少年として「B級映画」を観まくってきた著者の、第二東映（カラーでなく白黒映画）のヒーロー健さんの、もっとも健さんらしい健さん、であるといった批評には、それなりの根拠は十分にある。その点は著者ほどではないとしても、ほぼ同時代を映画少年として過ごした僕にも理解できる。

鹿島は、「私はプログラム・ピクチャーといっても、東映、日活が中心で、『愛と青春』路線の東宝映画など馬鹿にして、ほとんど見なかった」とも、ドラキュラ役者「岸田森」を論じたところで書いている。この基本的ラインは僕も共有している（もっとも東宝もそれなりに少しは観ていたが）。しかし、なにせ鹿島はスタートでエロの香りが漂う「新東宝」映画を淫するほど観つづけ、その後は「東映ポルノ」さらには「日活ロマンポルノ」作品群に没入していったようであり、このラインは、私には、ほとんど共有できていない。鹿島と違い、小便くさい三番館であれ、新東宝を上映する劇場が、我が家の近くにはなかったこともあり、三原葉子や万里昌代のグラマラスな肢体のエロチシズムに（映画のポスターを含めて）心ときめかしていた記憶は、間違いなく共有できるが、それを観に足繁く劇場に通い続けるようなことはできなかったのだ。

　さて高倉作品に話を戻そう。先にふれた新聞コラムで筒井は、自分の高倉のベストワンは「日本侠客伝シリーズ」の山下耕作監督の『登り龍』であると語る。その理由は火野葦平の九州の港湾労働者だった父と母のモデル小説『花と龍』が原作であり、この原作者そして演出家さらには役者高倉も九州出身で、九州のローカルカラーが生き生きと描きだされているからだと論じていたと思う。演出家の方を軸で考えれば、山下作品としては、藤純子が演じた女房持ちの無器用な男〔高倉〕に惚れぬいた女の渡世人（入れ墨師でもある）の美しき悲恋を軸に原作の物語をくみたてなおした傑作である、この『昇り龍』だなと、私もその時思った。あらためて、すさまじい数の映画に主演（出演）しているこの高倉の作品について、演出家の方から、思いつくままにこの一本を考えてみれば、マキノ雅弘演出だったら、本数が大量で何本も浮かんでくるが、無理に一本にしぼれば、絵に描いたような義理人情のドラマをうまくまとめあげた、そして池部良との殴り込みの道行き（これもまたシリーズの型通り）がとにかくサマになっていた『昭和残侠伝　死んでもらいます』（1970年）。小沢茂弘監督であれば、自由民権運動の裏側で「身分ちがい」の悲恋に生き死んだ男のドラマ、相手役は十朱幸代であった『日本任侠伝　刃《ドス》』。石井輝男なら、やっぱりアメリカ映画『手錠のままの脱獄』のいただきであった一作目の『網走番外地』（1965年）。佐藤純彌演出だったら、倒産した中小企業のオヤジの高倉健をリーダーとしたグループが一発逆転の犯罪にかける迫力に満ちたパニック映画『新幹線大爆破』（1975年）。

　さて、遺作となった『あなたへ』（2012年）を撮り、東映時代からそれ以降にかけて、高倉と組み、東映以降の数々の話題となった大作を撮り続けた高倉のお付き演出家という位置についた降旗康男ならと考えて、ハタと困惑した。強く記憶に残っている作品ということで言うなら、朝鮮人学徒兵の皇軍特攻兵問題を織り込んだ、特攻生き残り夫妻（妻の方は恋人が特攻死）の戦後の物語で、田中裕子との共演が絶妙の『ホタル』（2001年）かなとまず思った。ただ何か別の作品が一つあるとしきりにそう思うのでもあるが、それが何であるのか、まったくハッキリしない。

　高倉の死からかなり遅れて降旗康男の高倉追悼の語りが、『朝日新聞』の「文化・文藝」欄に大きく載った。この降旗演出の全作品リスト付きの記事を眼にすることによって、その時の僕の困惑はとりあえず解消に向かった。『新網走番外地』シリーズで連続的に組む以前、二人のコンビの一作目は『地獄の掟に明日はない』（1966年）であった。そこにはその事実を示すとともに、降旗は、それは長崎の被爆者が主人公のニヒリズムを秘めた暴力団映画であり、当時妻であった江利チエミから、あなたにはこういう映画がピッタリ、と高倉がほめられたというエピソードも紹介していた。

長崎の被爆者の暴力団《ヤクザ》（員）映画、これだ。僕はそう思った。孤独な長崎ヤクザの、女との逃亡ならずの死（原爆病ではなく路上で刺殺されての）。このラストだけは強く記憶に残っていた（長崎にサヨナラしようとする男のドラマというイメージで描き出されたポスターも、その『地獄の掟に明日はない』のタイトルとともに強い印象があった）。この記事を眼にして以来、高倉映画で一本、キチンと観なおすのならこれだと僕は決めていた。

とにかく、読んで楽しかった、先に紹介した『昭和怪優伝』という〈怪著〉を書いている鹿島のように、僕は高倉に入れあげたことは、まったくなかった。それでも作品は、あらかた観続けてきた。（この点も鹿島と違ってフリーになって以降の山田洋次演出などのいくつもの作品を含めて）。いれあげることができなかった理由について、僕は以前高倉の最後の作品となった『あなたへ』の映画評で、スピーディーな身のこなしの無敵の肉体、その筋骨隆々の強さ、体育会系（大学応援団）的〝男らしさ〟の誇示の美学が、近づき難かったというようなことを書いた。言ってみれば、のめり込むことを拒否され続けてきたのである。逆にそういう距離感だから、高倉映画をなんでもよく観てきたのだろう。

この作品では、その強靭な健康この上ない肉体を持ったヤクザが、実は死の不安におびえざるを得ない病を抱えている、という役回りである。その高倉らしからぬ「弱さ」が、おそらく逆に、僕には魅力的だったのだろうと勝手に考えて、敗戦（被爆）七〇年の今年に積極的に観なおすには、ふさわしいと考え続けていた。そして、友人からDVDを借り、つい最近それを観た。そして私は、ひどく困惑した。それは観なおしてみたら、まったく、ツマラない作品であったからでは、まったくない。作品は予想通りの出来栄えであった。競艇のあがりという巨大利権をめぐる二つの暴力団の（一方の〈高倉の〉ボスを河津清三郎が、他方のボスを佐藤慶が演じている）抗争が、ドラマの軸であり、高倉が幹部である方の組の顧問弁護士（三国連太郎）が介入し、暴力的対決を回避させるべく動くとみせて、裏で対立を煽る。警察の動きとマスコミ世論の「反暴力キャンペーン」を活用して、それは自分がその利権を横からうまく手にするための行いである。

この入り組んだ暴力団相互の抗争劇の進展の中で、高倉は堅気の娘〔十朱幸代〕と出会い、暴力団員であることを隠し、彼女と付き合いだす。しかし、この相思相愛でスタートしたハッピーな関係は、娘の弟が競艇のレーサーで、その男に八百長を強制する役割を組長に命令された高倉がになうことで、彼がヤクザ稼業の男であることが娘にすぐバレてしまう。関係は破綻へ向かう。こう書くと、よくある暴力団と堅気の娘の純情恋愛の悲劇としか受けとめられないかもしれないが、この作品は一味違う。八百長を拒否したため、高倉の組につかまってしまった弟を、高倉が組長とかけあい、救い出すことを通して、より強い愛情をもって関係は回復していくのだが、ヤクザであることがバレても、高倉は自分が原爆病であること、それが悪化し続けていることだけは隠し続けるのである。二人の関係は、高倉が車を走らせている時、突然眼がかすみ、ひどくめまいがして、歩いていた十朱を轢きそこなうというトラブルから始まる。偶然の再会の場所は、平和公園近くの原爆病院の中である。高倉は患者として来ており、十朱は知人の見舞いに来ている。十朱の方は、高倉も見舞いに来ていたと解釈し、高倉もそれをよそおう。「お気の毒な」患者は高倉の知人と思い込み、後には入院していたのは彼の「奥さん」ではと勘ぐる言葉を吐くシーンが織り込まれている。十朱は、まったく気付かないのである、最後まで。目がかすみ、めまいに襲われ続けながら、医者に、白血球の増大で大変だから入院して絶対安静な生活を、と言われても、高倉は暴力的抗争の最前線にその大きな体を立たせ続ける。二人の間にこういう会話が交わされる。十朱は「このままでは、あなたは殺される。足を洗ってください」。高倉は、こう答える。「死ぬさ、ここでこう座っていても、遅いか早いかの違いだけだ」。十朱には、この男の言葉の、悲惨きわまる特別な含意が、まったく理解できない。

ドラマは女の弟をたすけるかわりに、親分たちから要請された、敵のドン〔佐藤慶〕をバラすという任務を果たさざるをえなくなった高倉が、それを済ませてから、長崎からの女とともに逃亡することを決意し、朝一番の船に乗ることを彼女と約束する、という方向へ進む。向かうのは〈島〉である。それは、沖縄の近く、夜光虫がいっぱいのきれいな海に囲まれた、一年中花がいっぱい咲いている〈島〉ということになっている。その〈島〉はトップシーンで殺された高倉の弟分の故郷の〈島〉であり、弟分が自分の恋人〔南田洋子〕に、そのように話していた〈島〉である。〈島〉という言葉は、この映画の物語のキイ・ワードと言えよう。少年であった日、長崎の近くの〈島〉から長崎に渡って、男は被爆し戦災孤児となる。同じ〈島〉出身で、その時、島に残っていたため被爆しないですんだ男〔今井健二〕が、現在は長崎の地元の新聞記者となって、反暴力団キャンペーンをはり続けている。高倉と今井は当然対立関係にあるが、島の幼なじみゆえに、実は今井は高倉の健康を気遣い続けてはいるのだ。〈島〉に残っていれば、被曝しないで済んだ、だから〈島〉への長崎からの脱出は、原爆病からの脱出の夢が託されている。そうした〈島〉への脱出である。それは現実には不可能な子供じみた夢である。しかし高倉にとっては、どうしても夢見ざるを得ない切実な夢なのである。しかし高倉は十朱に対して、そうしたことは、まったく口にしない。被爆体験は、どうしても彼女には語れないのである。自分の親分の要請通り、敵のボス〔佐藤慶〕を刺殺した高倉は、組に帰ると、その件が警察にバラされており、自分の親分〔河津清三郎〕は既に逮捕されている。売ったのは弁護士〔三国連太郎〕である。

「冷戦の続くかぎり、不景気なしが資本主義の鉄則である」などと、暴力団の出入りを前にうそぶいている理屈の多い、このワルの弁護士も、高倉は結局刺殺する。高倉に「そんなことしかできないのか」との言葉を吐いたその理屈っぽい弁護士は息絶える。高倉にとって、孤児であった自分を、実の親のごとく育ててくれた親分の命令は絶対なのである。暴力の連鎖のただ中を生きるしかなかった高倉は、その後で港へ向かうが、女の待っている波止場を眼前にした所で刺されて血まみれで路上にうずくまる。船が出て行ってしまった後も朝靄の中の波止場に女は立ち続けている。その待ち続ける不安げな十朱の顔とその波止場が視界に入った時、刺された路上の苦痛に満ちた高倉の顔が交互にクローズアップされ続けた後、カメラは山あいの向こうに視える港の全景を映しだす方へ移動し、その降旗映画らしい美しい港町の風景の上にエンドマークがかぶさる。

長崎（原爆病）脱出の夢、〈島〉へ行く夢は、文字通り夢で終わるのだ。『地獄の掟に明日はない』のタイトルの「地獄」とは、ヤクザの世界であると同時に、ついに愛する女にすら告げることができなかった〈原爆〉の苦痛そのものを指し示している。

さて、僕が困惑したのは、そのラストまで観て、どうも僕がかつて観たのは、この映画ではなかったと思えてきたからである。待っている女性はどうしても南田洋子だったという記憶が、妙にハッキリとあり、全体を通して、既に観たことのある映画であるということが確実に実感できるシーンに出会わなかったのだ。長崎ヤクザをクローズアップした映画のポスターと別の映画の内容がゴチャゴチャとなって、どうやら『地獄の掟に明日はない』のイメージが私の中で勝手に出来上がってしまっており、それを観なおしたいと思い込んでしまっていたようなのである。大量のプログラム・ピクチャーが重なると、こんな事も起きるのかと我ながら少し呆れた。しかし、この作品はやはり良かった。被爆者の悲劇を、ヤクザ映画のお馴染のストーリー構造の中に織り込んで、ここまで正面から描いた作品は、あれだけ大量に生産された東映ヤクザ映画の中で、他に探すことはおそらく出来ないと思う。孤独に病の中を生き続ける、出入りの時はめっぽう強くても、決して力強い肉体ではありえない健さんもよかった。

ラストに、最近、刊行されたもう一人の映画少年の本を紹介しよう。川村湊の『戦争の谺《こだま》　軍国・皇国・神国のゆくえ』（白水社・2015年）である。

〈3・11原発震災〉から四年以上の時間が流れている今、放射性物質が大量に沈殿している村へ町へ、政府の避難指示解除政策によって多くの人々が「帰還」を強いられている。この事実が災後の「復興」の美しいかけ声の下に推進されているものが国と電力資本が組んだ棄民政策に過ぎないことを如実に示している。福島原発事故の悲劇は、科学技術立国と成長経済をスローガンにして直進してきた敗戦後の〈復興〉のゴールに起きたものである。とすれば、戦後復興とは、戦後とは、本当はなんだったのだろう。

この本に、そうしたモチーフが主張としてキチンと明示的に書かれているわけではない。しかし、川村の専門の文学というジャンルだけではなく、実に多くのジャンルを横断して「皇国・皇軍」の戦争の時代と敗戦・米国占領後の時間の流れを、あらためて総検証してみせている本書には、その具体的作業の中にそうしたモチーフこそが流れていることが、明快に読みとれるのだ。

そして、僕が、川村は映画少年であると断定した根拠は9章の「ゴジラが来た！〝冷たい〟核戦争」に示されたゴジラ映画通も一つの根拠である。そこで彼は、このように述べている。

「ゴジラが恐かったのは、日本人にとってそれが『戦争』の恐怖の再来であり、空襲や原爆を具象化するものだったからだ。原子怪獣として、鉄塔をグニャリと曲げる放射能の炎を口から吐き出すゴジラは、原子爆弾のキノコ雲に目鼻をつけたような怪獣だったし、それはビルも施設も電車をも一触で叩き壊す大量破壊兵器そのものだった。ゴジラの破壊や空爆のシーンが、戦争映画の特殊撮影で名をあげた円谷英二《つぶらやえいじ》であったり、ズズズン、ズズズン、ズズズズンと恐怖をクレッシェンドさせる音楽が、やはり戦争映画の音楽に大いに手腕を発揮した作曲家の伊福部昭《いふくべあきら》であったことも、『ゴジラ』が別の戦争映画であったことを物語っていた。私の『戦争』恐怖体験は、北海道の田舎の映画館で観た『ゴジラ』映画にその根拠があったのである。もちろん1951年生まれの私が、1954年封切りの『ゴジラ』の第一作をリアルタイムで観たわけではない。『ゴジラ』シリーズを途中から観始め（ゴジラとキングコングが日米で対決する第三作『キングコング対ゴジラ』がその最初だ）、その後に第一作のリバイバル上映の際に、初代ゴジラの勇姿（と第二作「ゴジラの逆襲」）を観たのである」。

さて、〈長崎〉が語られているのが、2章の「ああ、長崎の鐘が鳴る　復興ナガサキ論」だ。そこではアメリカの原爆による無差別大量殺傷を、聖なる犠牲として長崎の被爆地（者）の方から正当化していってしまった永井隆の活動の軌跡が批判的にたどられている。そこにつけられた最後の注（24）には、こう書かれている。

『長崎は、古来歌謡曲の〝ふるさと〟である。『長崎の鐘』をはじめとして、『長崎のザボン売り』『長崎ブルース』『長崎物語』『長崎の女』『長崎の夜はむらさき』『長崎の花売り娘』『長崎慕情』『長崎は今日も雨だった』とヒット歌謡が目白押しである。しかしこれらの歌のなかから、ヒバク都市としての長崎を思い浮かべることのできるのは、『長崎の鐘』だけであり、それも原爆や被爆、被災に関する語彙は見られない（戦前のものは当たり前だが）。『長崎の鐘』でも『召されて妻は天国へ』とか『形見に残るロザリオ』という暗示的な表現でのみヒバクが歌われているにすぎない。長崎の歌の世界から原爆は消されているのである」（傍点引用者）

映画『地獄の掟に明日はない』（1966年）は、被爆都市〈長崎〉を想起せずに観ることはできない。消しようもない歴史に対して、観客を正面からあらためて対面させる、六〇年代につくられた例外的「暴力団《ヤクザ》」映画である。

六〇年安保闘争と２０１５年の闘争――「若者たち」の運動をめぐって

『あいつと私』（監督・中平康　１９６１年・日活）

僕は、昨日（２０１６年1月19日）、「毎月19日は国会前へ」行動に参加した。昨年9月19日の未明、連日、全国各地の、そして国会を包囲する多くの抗議と反対の声を無視して「強行採決」されてしまった「戦争法」。その「戦争法」廃止の闘いの持続を呼び掛けて、つくり出されている行動である。

昨年の夏、久々の大量の若者たちの行動が生み出されて、広がったこの抗議行動の中で、しきりと「六〇年安保闘争以来」という声が飛び交った。そして、「19日行動」の大衆的な持続（この日も、人の集まりはよかった）は、六〇年安保の時のように、「採決」された時点であきらめてしまうマイナスの伝統を変えよう、という歴史を踏まえた政治意思が、そこにはみなぎっているように感じられた。

もちろん２０１５年の闘いは、日米安保体制そのものとの激突を目指した、当時の「全学連」（主流派）のごとき急進派の直接行動がまったく不在の闘いであり、安保・自衛隊・基地容認派が大きく合流した。それを六〇年の闘争と重ねて〈安保闘争〉と語るべきか否か、立ちどまって考えてみる必要があること、この点は忘れるべきではない。

さて、年末から正月にかけて、ＴＶの日本映画専門チャンネルで、裕次郎映画が、まとめて放映された。そのため僕は、中平康監督の裕次郎映画を、まとめて三本、ゆっくり観なおす機会が持てた。その時放映されていたが観なかったのは、中平の最初の演出作で、石原裕次郎の最初の主演作と語られる『狂った果実』（１９５６年）だ。すぐパリで公開され、フランソワ・トリュフォーが文字通り絶賛し、ジャン＝リュック・ゴダールが強い影響を受けたと話題になり、ヌーヴェル・ヴァーグの先駆者中平との評価をつくりだした作品である。

この、17日間でつくられたという『狂った果実』、この時代、いくつもつくられた石原慎太郎原作の「太陽族」映画の中でピカイチであることはまちがいない。空撮を多用した上からのカメラアイが、若者の疾走を強力に印象づけ、トリュフォーのいう「即興演出」がもたらす「斬新なジャンプ・カット」映像が、戦後に始まった時代のアップテンポの現実に、スムーズにマッチした、この力作。もっとも、取りあげられることの多いこの作品を、なぜか僕は観なおしてみたいとは思わなかった。僕が観なおしたのは『紅の翼』（1958年）と『あいつと私』（1961年）さらに『アラブの嵐』（1961年）の三本である。実は僕は、『あした晴れるか』（1960年）を、どうしても観なおしてみたいと長く思っていたが、やっと探し当てたDVDがあまりに高価で手が出ず、この一連のテレビ放映直前に、DVDを友人が持っている事を知り、借りてやっと観なおしたばかりであった。

その結果、僕は、ほぼ連続して四本の中平演出の裕次郎映画を観なおせたわけだ。（中平演出の裕次郎映画は、ここで触れた五本で全部のはずである）。

1964年に22歳の若さで亡くなった小林善武が、1963年7月2日付で「裕次郎映画論」を書き残している。そこで彼は裕次郎が「私たちの全てから、戦後最高のスターとして拍手喝采されてスクリーンに登場した」のは何故かと問い、それは長身でスマートで、低音の魅力の歌声といった身体的魅力はもちろんであるが、日頃「インテリのはしくれ」としての自意識を持った自分たちのような人間まで「熱狂的なファン」にしてしまったのは、それだけでは説明できまいと語り、こう続けている。

「それは一言で言ってしまえば、彼の作品には良い意味でも、悪い意味でも、戦後の社会に生きる人間が躍動していた為であろう。長い歴史の流れの底辺を形作ってきた伝統と因習が維持されている健全なモラリスト・裕次郎と、絶えず反逆の姿勢をとろうとする反逆児・裕次郎の偽悪のポーズとの中に、私たちは現在生活している風土の中でもがき続けている、我々日本人の投影された姿を見ることができた。これは芸術家・黒澤明が次第に自らのヒューマニズムによる問題解決に行きづまって、〈戦後〉をなしくずしに解消していってしまったプロセスと照らし合わせてみると、大変興味のある問題であろう。インテリ階級は黒澤映画を評価し、一般的な映画観客であるミーハー族は裕次郎映画を支持したのである。それは、自らの手の白さを誇る人間と、俗流の中で汚れることを受け入れた人間との相違となって、現在の日本映画界の不毛状況を形成している」。

こうした批評は、たぶん七歳ぐらい遅れて生まれたため、彼が戦後青年の躍動するエネルギーに満ちた作品として高く評価している『狂った果実』などは、まだガキで、封切（前後）の時間で観ることはなく、随分遅れて、二番館・三番館あたりの、かすれたフィルムで観るしかなかった僕にも、それなりの根拠のある主張と理解できる。

小林は、そこで、さらに以下のように論じている。

「『狂った果実』で鮮やかに現代人のエゴイズムを描くことに成功した中平康は、その後裕次郎映画から手を引いてしまったかに見えた。二年後『紅の翼』で復活した時には、もう『狂った果実』の精悍な裕次郎の姿は既になかった。相変わらず巧みな中平康の演出力と、元気なパイロット姿の裕次郎を見ることは出来る。だがそれらは、ともすれば子供の命を救おうというヒューマニズムの陳腐な臭いの中にかきけされてしまいそうである。〈悪い子〉裕次郎が、〈良い子〉裕次郎に変わりつつある危険性が、この作品の裏側で次第に進行していったのである」。

「『あした晴れるか』になると、もはや『紅の翼』ほどの元気さえなくなってしまい、仕方なく中平康は徹底的に喜劇化することで逃げを打ってしまった。反逆精神を失っていった裕次郎と中平は『あいつと私』から『アラブの嵐』へとひたすら堕落していった。テーマとすべき対象を失った裕次郎のアクションは空転するばかりであった。このコンビには、もはや『狂った果実』の再生をみることは出来ないのだろうか」。

その後、このコンビの映画は、残念ながらつくられなかった。ただ僕は、こういう、ストレートな〈反逆〉の絶対化を前提する「イデオロギー裁断」的批評（それは「裕次郎映画」批評の大きな流れの一つであるが）は、いくつもの考えるべき重要な問題を切り捨てて成立しているものだと考えるしかない。

中平康の娘であるライターの中平まみは、「世間では、とかく『狂った果実』ばかりが人の口にのぼるけれども、わたしは、コミカルな一作『あした晴れるか』（共演の芦川いづみがとてもチャーミング）や、大入り袋が出たという、これも快調なタッチの『あいつと私』も大の大好き、どうしてこれらがもっと評価されないのだろう、という思いをずっと感じ続けてきた」（「裕ちゃん！」『石原裕次郎1956→87映画コレクション』〈キネマ旬報社・1994年〉）と語っている。僕は『あした晴れるか』同様、菊村到原作で、戦後のスクリーンではじめて登場した、スリルに満ちたスケールの大きい航空（セスナ）アクションである『紅の翼』も含めて、そう言えると思う（彼女もそれに異論はないだろうが）。これらの作品の裕次郎には、強烈な反逆精神はない。そこにあるのは、絶対的貧しさから脱しつつある多くの人々が「中産階級」という階層へ向かう時代のその階層に流れる「健全な個人主義的モラル」。それの象徴的あるいはそれの理想的担い手として、スクリーンの中を裕次郎は行動し続けているのだ。ここに息づく〈戦後〉を「堕落」と全面的に切って捨てる「白い手」をした評価には、僕はとても加担する気になれない。ただ、中平・石原コンビの最後の作品である『アラブの嵐』はエジプトロケに大金を投入したものであるにもかかわらず、確かに凡作だった。『あした晴れるか』のように、全編コメディで、コミカルにグイグイ押し切ることもせず、石原―芦川の恋愛ドラマとしても、まったくの空振りであり、アクション映画としてのスリルもサスペンスも欠落した、中途半端なものだ。民族革命派ナショナリスト（善玉）VS帝国主義者（悪玉）の対立の中を動きまわる裕次郎が、結果的にナショナリスト（善玉）に全面加担するという、荒唐無稽がむき出しのドラマ。しかし、こんなブルジョア青年の調子のいい冒険物語にも、企業人間達に抗する爽やかな個人主義の精神は、裕次郎の肉体を通して示されていなかったわけではない。そして、六〇年安保闘争という状況を、積極的に繰り込んだ青春映画である『あいつと私』は、間違いなくかなりの力作である。

今、ここで僕がより具体的に論じようと思うのは、この1961年の作品『あいつと私』だ。石坂洋次郎の原作であり、その原作のストーリーの骨格はもちろん、かなりの細部の展開も、それに沿ったつくりである、この映画は政治（社会）運動が主題とされているわけではない。テーマは青年たちのセックスである。中平まみの、父親への愛がつまった、中平全作品の証言・解説集でもある『ブラックシープ映画監督中平康伝』（ワイズ出版・1999年）に収められた中平康自身の言葉を引こう。

「理想の青春像を描きたい。／我々から上の年代の青春時代は淋しいものであった。いまの若い人たちの生活を眺めていると私達は羨ましくて仕方がない。我々の過ごした青春時代というものは暗い戦争に押し潰されたと言ってよい。学校を出れば兵隊に行かねばならぬ。満足に酒もビールも飲めなかったし、ダンス・ホールに行くこともできなかった。頭の髪ものばしてはいけぬ。学業も満足に受けられず勤労動員に行かねばならぬ。『自由』という物がなかった時代です。それに比べれば、いまの若い人たちは溢れる程の自由を享受している。わたしはいまのような青春時代が欲しかった。だからそれの憧れを裕ちゃんに託して明るく伸び伸びと描いてみたい。そして裕ちゃんにも私たちの暗い青春時代を知って貰いその上に立って芝居して貰いたいと願っています。／セックスの問題というものは人間生活と切っても切れないものだと思う。この問題を逃げたらいまの若い人たちの全ての面は描き出せないのだ。だから堂々と正面に押し出し嫌らしくなく健康な性の姿を描きたい。／これを見た女性たちに嫌らしいと受け取られたら失敗作になるだろう。セックスというものは取り上げ方が大変難しく下手をすると妙にじめじめした嫌らしい感じを人に抱かせる恐れがあろう。と言うのも今までの教育が閉鎖的だったからだ。／これを明るく健康なものにしなければなるまい。梅雨時の空模様みたいに扱ってはなりますまい。寧ろ五月の空のように青くカラとした明朗なものでありたい。しかも爽やかな風が吹いて嫌らしさなどミジンもないといった性の倫理が必要なのではなかろうか。そんなわけでこの作品を私の代表作にしたいという意欲に燃えていますし裕ちゃんの代表作にしたいという思いでいっぱいです」。

中平―裕次郎コンビの代表作となったといえるこの映画は、実は大ヒットが約束されていた作品であった。石坂洋次郎の原作は１９６０年から６１年にかけて『週刊読売』に連載された人気小説であり、主演裕次郎―原作洋次郎のコンビは既に『陽のあたる坂道』（１９５８年）という大ヒット大作をうみだしていた。そうした好条件だけでなく、裕次郎は北原三枝との結婚大騒ぎの直後、スキー場で骨折、半年以上ブランク、どんな作品でスクリーン復帰するのか、できるのか、が期待ぶくみで、大きく注目されていたのだ。『あいつと私』には、上映一週前の劇場での予告編を見るためだけに客が列をなし集まった、という神話的なエピソードもあった。これは、まったくの宣伝用の神話ではなかったと思う。なぜなら、こう語っている僕も、上映されている二本の映画というより予告編が観たくて、劇場まで足を運んだ一人だったのだから。

「浅田けい子」（映画では芦川いづみの役）という名の女子学生が「私」の一人称形式で語り続けるこの小説、四人の女子学生と三人の男子学生によって成立している学生グループの動きを軸とするドラマである。これが収められている「新潮現代文学」の石坂の巻の解説は、小松伸六によって書かれている。そこで小松は以下のごとくストーリーを要約している。

「黒川三郎はけい子の同級生。教室で〝夜の女を買う〟などと不潔なことを発言するインテリ・ヤクザふうな偽悪家。彼はその発言であさ子たちにプールに投げこまれ、その後、けい子の家に行き御馳走になる。三郎の母は有名な美容師モトコ・桜井。父はマネージャーのような仕事をしている。モトコには園城寺という写真家の恋人がいる。モトコは初恋の天才ピアニストと別れたことから、自由奔放な愛の遍歴を始めた。しかしこの家庭には、じめじめしたところがない。モトコは三郎が女で失敗するといけないからと言い、内弟子の松本みち子を〝セックスの緩衝機〟として、高校二年生の三郎にあたえる。しかも三郎には〈出生の秘密〉があった。母の性の実験として三郎は生まれてきた。父はアメリカ東部でホテルを経営しているAである。三郎は作者の試験管ベビーで育てられた不良性のある子だが魅力はある。良家の子女であるけい子は、こうした三郎に心ひかれ、軽井沢では三郎から暴力的に接吻される」。

　この「おおざっぱなストーリー」紹介を少し補足すれば、この小説は、若い愛人を家に平然と引っ張り込んでいるやり手の美容師モトコ〔轟夕起子〕という女主人と、そのマネージャー兼、一人息子黒川三郎〔石原裕次郎〕の育児世話係として仕える髪結いの亭主黒川申吉〔宮口精二〕という組合せの不思議な家族。そして、長女浅田けい子と次女ゆみ子〔吉永小百合〕と三女・四女、そして母、さらには祖母、その上に女中さんの七人の女と父一人男という「女の匂いで満ち溢れている」もう一つの家族。黒川三郎と浅田けい子の交流を通して（その背景として浮上する）、この二つの家族の物語でもある（三郎の実の父A〔滝沢修〕は小説ではモトコの話の中のみの人物だが、映画では、ラストの近くになってモトコ家を訪問し三郎と対面するという展開である）。

　小松伸六は、ストーリー紹介の後に、こう批評している。

「奔放というか天衣無縫というか、こうしたモトコの家庭設定は、大胆きわまる発想だが、ときには思いきって誇張した戯画化の手法と、ゆきとどいた細部描写によって、不自然な感じをあたえない。むしろ豊穣《ほうじょう》な作品といいたい」（傍点引用者）。

　この評価は、映画にそのまま当てはまる。原作の魅力は、すこぶる快調で明るいテンポの俳優たちの動きを通して、まるごと見事に映像化されている（特にモトコ〔轟〕とその夫〔宮口〕の繰り返される軽妙で激しい喧嘩口論（呆れてみている三郎）が、この外見的には崩壊している家族の中を流れる三者の強い紐帯（思いやり）をこそ表現していると実感させるシーンのつくりはうまい）。

この後、小松はこう続けている。

「学園の内外、昭和三十五年の安保騒動下における学生たちの動き、W大との野球試合、政治と恋愛とのかかわり方、夏休みの自動車旅行など、昭和三十年代の学生年代記として面白い。『あいつと私』が石坂作品の中でも学生層にもっとも良く読まれているのも当然だと思う」。

六〇年安保闘争下の学生たちは、巧みにこのドラマの中に描きこまれている。ただし、五人の女性と三人の男性の七人の学生グループの中で、アクティブな活動家といえるのは、元村貞子〔吉行和子〕一人だけである。あとは「無関心」派と一括りできる学生たちである。ところが1960年6月15日に、この中のブルジョア娘加山さと子〔笹森礼子〕が海外での新婚生活へ向けて、結婚式を挙げることになる。この死者も出た国会周辺での流血の激突の日、国会近くの会場でのこの式に参加した三人は、その後、国会へ向かうことになる。笹森に秘かに気があった金沢正太〔小沢昭一〕と裕次郎と芦川いづみの三人である。吉行和子の身が心配で芦川が提案し、やけ気味で酔った勢いで小沢がすぐ同意する。両人を気遣って裕次郎も同行する。その時の小沢の言葉はこうだ。小説の方から引用しよう。

「うめえこと考えたな。黒川、行こう。ぼくらもスクラム組んで革命歌をうたおうよ。……まんざら気紛れでもないさ。ぼくらは政治オンチだが、しかし新安保の議会での通し方は癪に触るからな……。それだけのことでも、デモ隊に参加する資格はあるさ。みんながみんな、ちゃんとした認識をもってる奴等ばかりでもあるまいからな。行こう……」。

5月19日の岸内閣の強引採決直後から、ドッと大衆化したこの闘争参加者の一般的な意識が、これによく示されていると思う。それは2015年の闘い、安倍政権の強権的政治姿勢への怒りに駆られた人々が結集した闘いにも共通しているのではないか。

血の流されている現場で小沢はいきり立ち、最前線に躍り出て権力にボコボコにされて負傷し、それを助けに行った裕次郎も無傷では済まない（ワイシャツはビリビリに破かれている）。

この映画の助監督だった西村昭五郎の以下のごとき証言が、中平まみの『中平康伝』に収められている。

「あれが僕のついた中平さんのシャシンの中では一番好きかなあ。アンポ！反対！のデモシーンの撮影では、エキストラ三千人を府中競馬場に集めて、A班・B班・C班とわけて、その頃はトランシーバーなんてないから電動拡声器で指示を与えました」。

6・15の夜に、吉行の同居人の女子学生が地方からの闘いの参加者によってレイプされるというすこぶるショッキングな事件をはさんで、その翌日、負傷した彼等と彼女は大学野球の観戦、母校の応援で大声をあげる。それがなんとも自然な動きなのである。映画には、ハッキリと示されていないが、小説にはキチンと書きこまれている。芦川と裕次郎、この二人の「無関心」派学生の思想を紹介しておこう。まず、学生活動家元村〔吉行〕とのやりとりでの浅田〔芦川〕の発言。

「もっとも、元村貞子の立場から批判した私など、救いようがないプチブル女にすぎないのであろう……。それについても私は云いたい。自分達の思想に同調出来ない人間を、プチブルという言葉できめつけることは、戦前から進歩的な人達の間で行われて来たことだが、そうすることによって、日本の国はほんとに前進してきたのであろうか。私は『ノン!』と云いたい。／その時代に、日本の国をほんとに動かしていたものも、こんどの敗戦の死灰の中から日本を立ち上らせたものも、そんなことには関係がない、素朴でお喋り下手な国民大衆のエネルギーだと思う……」。次は国会へ向かう車の中で、金沢〔小沢〕とのやりとりでの黒川〔裕次郎〕の発言。

マルクス主義への「後ろめたい気分」について話す金沢に、黒川はこう語る。

「一種の病気だよ。それこそハシカみたいなね。戦争前の大学生達も、ずっとそうだったのさ。でも、日本の国は変わらなかった。戦争がはじまるとみんなそれに協力した。そして、戦争に負けると、今度はみんな民主主義者になった。日本人は思想を骨格にして生きることには、まだ年季もいれていないし、未熟なんじゃないのか。／大人の知識人の間には、むかし大学生のころ、左翼の運動をやったということに、感傷的な郷愁を抱いている人が多いようだ。そして、自分の転向問題にふれる時には、急に少女のようにしおらしいポーズを取ってみせるが、あんなの、ナンセンスだと思うな。歩く道をまちがえたから正しい道に出たまでで、感傷的になる必要など、ちっともないことだよ。／それは、つまり、あのころの青年の共産主義のつかみ方が迷信的で、感傷的で、理性を欠いていたということだ。いま、全学連の中には、共産党本部を容赦なく批判する一派がある。ぼくはあれはいいことで、戦後のぼく達の時代にはじめてなし得た功績だと思うんだ。共産主義を邪教めいた祭壇の座からひき出し、日光にさらして、常識化、健全化するという意味でだね……。／戦前は、暗い、絶望的な気分の下で、

『あいつと私』石原裕次郎／芦川いづみ:スチール　毎日グラフ別冊『石原裕次郎』（毎日新聞社、1987年）所収

皇室を批判することと同じく、共産党本部を批判することもタブーにされていたんだからな。……御都合主義な自己批判だけでは、物事はまっとうに育たないよ……」

六〇年安保闘争後、乱立したミニ共産党的セクトが力を持った「新左翼」運動の時代も、とうに過去のものとなった今でも、耳を傾けるべき内容を持った言葉である（おそらくそれは作家石坂洋次郎自身のスタンス＝思想が二人の口を借りて出てきたものだと思うが）。

検討されるべき課題は、まだまだあるので、次回にあらためて論ずることにする。もう一点だけ触れて、この奇妙に今日的な魅力に富んだ『あいつと私』の再考の作業を、とりあえず終えたい。

実はこの小説には（この点は映画にもキチンと描かれている）学生が主役としてクローズアップされた六〇年安保闘争それ自体（浅田〈芦川〉に〈今夜、日本の歴史が変わるかも知れない〉とつぶやかせたこの大闘争）を相対化する視点が作品の中にリアルに織り込まれているのである。

このグループは、夏休み、黒川の車で彼の軽井沢の別荘へ遊びに出かける。その途中、飯場小屋で仕事をしている道路人夫達に、丸太で道をふさがれるという嫌がらせを受ける。「ぼく達は学生だ、丸太をどけてくれ」の黒川〔裕次郎〕の言葉に、こういう言葉が投げ返される。「『なにィ、学生だと……。この野郎共、いい気になりやがって……。女を連れて旅行がきいてあきれかえるよ／結構な御身分だな。オレ達は、乞食みたいな恰好をして、こうして毎日働いているのによ……』／『お前達だな、こないだ国会議事堂の前で、トラック焼いたり巡査に石をぶつけたりしたのは……。アンポが何だっていうんだよ。オレ達がこんな貧乏して、お前ら学生が、そうやって女づれで遊びまわっている矛盾はどうしてくれるんだよ。さあ、学生の共産党。演説ぶってみな。山の中じゃおめえ等の演説など通用しねえんだから……。この野郎共、いい気になってのさばっていやがる……』」〔傍点引用者〕。

映画の方では「学生の共産党」が「全学連」に置き換えられていたと思う。この状況下での私〔浅田けい子〔芦川いづみ〕〕の語りは以下の通りである。小説から引く。

「このとき、私共の中に、全学連の中のどんな能弁な指導者がおったとしても、裸の若い人夫達を説得することは出来なかったであろう。なぜなら、彼等は、自分達が未組織の恵まれない労務者であり、それに対して、高級車にのって旅行中の私共が大学生であることの不当を、素朴に、率直に非難していたからである。私共が男女一緒であることも、一そう彼等の反感をそそったにちがいない」。

反安保から革命へといった学生たちの急進〔革命〕主義者の心情と論理の盲点を、キチンと突いている。

国家的「公」と「私」的利害優先原理の〈民主主義〉
──「若者たち」の運動をめぐって②

『あいつと私』（監督・中平康　1961年・日活）

竹内洋という社会学者が「あいつと私」（小説と映画）を素材にして六〇年安保闘争を論じている丸山真男論があったことをフッと思いだした。『丸山真男の時代　大学・知識人・ジャーナリズム』（中央公論新書・2005年）がそれである。それは戦後民主主義（進歩）派のチャンピオンともいえた東大政治学の権威丸山が、東大全共闘による運動的批判で、その知的権威喪失にいたる体験の裏に、戦前のトラウマを読み込む、すこぶるユニークな論であった。そのトラウマとは蓑田胸喜が主宰していた『原理日本』グループから攻撃された体験である。

より具体的には、言論狩りの人物攻撃専門のウルトラ右翼団体による東大アカデミズムの多少ともリベラルな学者たちへの暴力的非難への対抗。師匠南原繁らを防衛する東大法学部助手としての丸山の活動の体験である。戦中は極右の攻撃から、戦後は新左翼の攻撃から主観的には東大のリベラリズム（という特権）をガードしようと動いた、丸山の思想と行動が、そこで辿られていた。そして、保守派を自認する著者のアプローチは、僕の気分と違って、すこぶる丸山に同情的であったのだ。

そういうトータルな読後感が記憶に残るこの新書をあらためて手にした。

そこで、竹内は岸首相の強行採決に怒りを感ずるだけで「デモに参加する資格がある」という金沢正太（映画では小沢昭一の役）の言葉を紹介した後、こう書いている。

「小説の学生たちは、赤坂見附の横丁で降り、議事堂のほうに歩き、全学連のデモに飛び入り参加する。警官隊の棍棒などで殴られ、怪我をする仲間もでる。／安保改定反対運動に一般学生が参加するのと同じように、一般市民も参加するようになるのは1959年11月27日の全学連の国会乱入事件の日のあとからであるが、市民運動としての安保改定反対運動のピークは、1960年5月19日の衆議院での強制採決の日からである。そのあとほぼ連日デモが続く。小説ではデモの翌日、学生たちが神宮外苑の大学対抗野球試合の応援にでかけている。この年6月5日、神宮球場で春の東京六大学野球最終戦の早慶戦がおこなわれていたから、6月4日のことを描いていると読める。／ところがさきほど引用し、傍点をふった部分、つまり『新安保の議会での通し方は癪《しゃく》に触るからな』が示すように、安保反対運動が大きなもりあがりをみせたのは、安保改定によって日本が関係のない戦争にまきこまれるなどの内容というよりも、岸首相のなりふりかまわない強権的手法への反撥だった。安保改定反対は条文を読んでの内容に対する論理的反撥よりも、やりくちへの反撥（感情）共同体をつくってしまったのである」。

強権的政治手法への怒りが巨大な大衆デモをつくりだしたことは、まちがいない。ここでの問題は、デモの日がいつかだが、竹内は現実にあった早慶戦の日の前日と推定している。早慶戦が小説、映画両方のモデルであることは確かだが、映画の方は、デモの日については、あの〈6・15〉とキチンと確定して描いている。ゆえに僕は小説の方もそうだったのだと思い込んでいたが、読みなおしてみると、小説は、日取りを特定してはいない。映画の方は、あの大量の負傷者と一人の若い死者が出た、激突の〈6・15〉に、自覚的に設定しているのだ。

激しいデモの翌日、ケロッと野球の応援に出かける学生たちについては小説も映画もキチンと描いている。小説の方を引こう。

「その日の午後は、黒川君と金沢君達と一緒で、神宮外苑の野球の試合を応援した。六、七万人の人で埋まったスタンドを眺めまわすと、視線の利く範囲内だけでも、頭に繃帯をしたり、顔に絆創膏《ばんそうこう》を貼ったり、腕を吊ったりしている学生達が、ところどころ見うけられた。金沢と同じく、みんな昨夜は、議事堂の前のデモンストレーションに参加した連中なのだろう……。／ところで、いまここでは、青い空がスポンと音がするほど高く抜け上り、グランドは塵一つなく掃き清められている。

スタンドに溢れた応援団がさまざまに描き出す人間模様。拍手。喊声《かんせい》。応援歌の合唱。――若さの熱気が球場いっぱいに渦を巻いているのだ。／じっさい、昨夜からのことを考えると、私達のいる環境が、どんでん返しに変るので、夢でもみているような気がする」。映画の方も、勝利の喊声にわく球場で、自分の近くに座っている繃帯の男に、「君も、昨日やられたのか」と小沢昭一が声をかけるシーンが描きこまれている。

こうした『あいつと私』のシーンは、１９６０年５月

28日の、抗議デモの拡大にぶつけた有名な岸信介首相の記者会見発言に対する、アンチテーゼとして、示された物語であることは、間違いあるまい。めいっぱい虚勢を張って岸は「いま屈したら、日本は非常な危機におちいる。認識のちがいかもしれぬが、私は〈声なき声〉にも耳をかたむけなければならぬとおもう。いまのは〈声ある声〉だけだ」と強弁したのだ。国会を包囲する抗議の声より、野球場で観戦している万余の人々の〈声なき声〉は、自分の政策（日米安保改定）を無言の支持を与えている、という訳である。

この暴言には、すぐ「声なき声の会」という「誰でも入れる」抗議デモグループがいくつもつくられ、その呼びかけの下に様々な職業の人々がバラバラと結集し、長い市民デモが生まれたことは、よく知られている事実である。

『あいつと私』のこのシーンは、そうした対応が可能である根拠を示して見せているのだ。プロ野球に行っても国会にはデモに来ない〈声なき声〉（安保賛成）VS国会デモの〈声ある声〉（安保反対）という岸の政治的な発言に、そうした二極の対立図式を相対化し、岸の言う〈声なき声〉と〈声ある声〉が地続きで存在させている人々が少なくない事実をこそ、ここで示そうとしているのだ。

表面的には、まったくの政治的「無関心」派とみえる「声なき声」グループにも潜在する〈声ある声〉を明示してみせているドラマである。岸の暴力的なやり口への「反撥感情共同体」は野球場の観客の中にだって、それなりに形成されていたのだ、というわけだ。

慶応大学の学生であったことのある草森紳一は、毎日グラフの石原裕次郎追悼特別号（１９８７年）に寄せた文章で、以下のように証言している。

「昭和三十五年、国会に突入した全学連の写真を見ると、ほとんどみな慎太郎刈りである。私は四年生である。慶応の学生はほとんどデモに参加しなかった。私も参加しなかった」（「錆びたナイフを埋ずめる」）。

『あいつと私』の物語は、政治的にアクティブな学生は、まったく少ない大学をモデルとしてつくられている。表面的には圧倒的無関心派ばかりの大学へも、反安保闘争のうねりは、それでも押し寄せて、そうした学生たちをも揺さぶっている様が、よく描かれているのだ。

僕は、映画で、負傷した六・一五闘争の翌日、野球観戦で、おもいっきりハシャイで拍手し、大声で叫んでいる裕次郎たちの姿をみなおした時、六〇年安保闘争の総括をめぐって吉本隆明が丸山真男批判という文脈で展開したある主張を鮮明に想起した。
「市民民主主義の運動を、戦後史のなかに側面から位置づけたのは丸山真男であった。丸山真男は「八・一五と五・一六」（『中央公論』八月号）のなかで、五・一九以後の市民民主主義運動の高揚を、戦後一五年間のあいだに、外からの『民主化』政策―その産物としての上からの日本国憲法が、支配層によって厄介視されるようになったまさに同じ過程の間に社会的意識として人民のなかに沈澱し、内発性と自発性の原理的根拠になったものとみた。／丸山真男によれば、戦争期の天皇制下に統一的に組織されていた『臣民』としての大衆は、『民』としての大衆に環流し、これはふたつの方向へ分岐した。ひとつの方向は、『私』化する方向で、個的な権利、私的な利害の優先の原理を体得する方向へ流れてゆき、一方はアクティブな革新運動に流れたが、これはエトスとして多分に滅私奉公・公益優先的な意識を残存していると考えている。丸山真男によれば、この第一の方向の『民』は、政治的無関心のほうへ流れてゆき、支配者による第二の方向の『封じ込め』に間接的に力をかすことになった。安保闘争は、まさに、このふたつの人『民』の間に、人間関係でも、行動様式でも、望ましい相互交通の拡大される一歩をふみだしたものだと評価された。／このような、丸山真男の見解は、進歩的啓蒙主義・擬制民主主義の典型的な思考法をしめし、現在、日共の頂点から流れ出してくる一般的な潮流をたくみに象徴している。／戦後十五年は、たしかにブルジョア民主を大衆のなかに成熟させる過程であった。敗戦の闇市的混乱と自然権的廃墟のなかから、全体社会よりも部分社会の利害を重しとし、部分社会よりも『私』的利害の方を重しとする意識は必然的に根づいていった。ことに、戦前・戦中の思想体験から自由であった戦後世代において、この過程は戦後資本主義の成熟と見あって肉化される基盤をもった。丸山はこの私的利害を優先する意識を、政治的無関心派として否定的評価をあたえているが、じつはまったく逆であり、これが戦後『民主』（ブルジョア民主）の基底をなしているのである。この基底に良き徴候をみとめるほかに、大戦後の日本の社会にみとめるべき進歩は存在しない。ここでは、組織にたいする物神感覚もなければ、国家権力にたいする集中意識もない。

まして、安保闘争のなかに『市民主義』などという怪しげな旗じるしをかかげて参加し、真理の競売り市場に自己主張することもなく、私的生活の基底から安保を主導する全学連派を支持する声なき声の部分をなしたのである。かりに、市民民主主義・国民共闘会議・全学連派を支持する旗じるしのもとに参加しても、かれらをつきうごかしたのはスローガンではなく、戦後十五年の間に拡大膨張した独占秩序からの疎外感にほかならなかった。この声なき声は、戦争期に一人の兵士として戦争を体験し、あるいは庶民として戦争の苦労を体験した年長の世代の、全学連は生ぬるいという声なき声と合流して安保闘争をささえる基底をなしたのである。／また、これら社会の利害より『私』的利害を優先する自立意識は、革命的政治理論と合致してあらわれたとき、既成の前衛神話を相対化し、組織官僚主義など見むきもしない全学連の独自な行動をうみ、まず、戦前派だったら自分でこしらえた弾圧の幻想におびえてかんがえもおよばないような機動性を発揮した。

　戦前派が全学連を暴走とよんだとき、天皇制権力からいためつけられたときの傷がうずくのを覚えたのだが、全学連派は、すくなくとも幻想された弾圧恐怖から、あたうるかぎり自由であった。ここに、戦後社会の進展度と権力構造の変化と大衆の意識構造の変化にたいする戦前派と戦争世代以後の理解の断層があらわれたのである。／このような『私』的利害の優先原理の浸透を、わたしは真性『民主』（ブルジョア民主）とし、丸山真男のいう『民主』を擬制『民主』であるとかんがえざるをえない。いわば、それは擬制前衛党思想のピラミッドから流れくだったところに生まれる擬制進歩主義の変態にほかならなかった。／じじつ、丸山真男や竹内好のいう市民民主主義の運動は、社共や国民共闘会議の指導下に合流し、これらの指導から自由に奔放に自立することができなかった。かれらは、擬制の指導ピラミッドから流れおちる滴の一つとして、市民主義の旗じるしを売りだし、社共や国民共闘会議の転向ファシズム的組織感覚から自由であった学生・労働者・インテリゲンチャの運動を非難さえしたのである、かれらが、この指導部から自由にふるまえたのは、安保過程の終息する数日まえにすぎなかった。さよう、何よりも自由であり他の自由をさまたげないはずの市民主義者たちが！」（傍点引用者）。

　長い引用になってしまったが、『民主主義の神話』（現代思潮社・1960年9月）に収められた「擬制の終焉」からである。広い影響力を持続的に発揮したこの論文は、日本の新左翼運動をつくりだし、それを一時代、力あるものに育てあげたものの一つであると言えるだろう。

　僕も、大学入学まもなく、十代の終わりの頃、初めて読み、その力強い断言命題に溢れたシャープなポレミックに、まず圧倒された。しかし、その後、何度も時間をおいて読み直す機会を持つなかで、この論文の持つ、圧倒的「正しさ」の印象は、修正され続けざるを得なかった。今、あらためて読み直し、その思いをさらに強くした。

戦後に定着した国家・社会の「公」より〈『私』的利害優先〉意思こそが社会の進歩のベースだという主張は、よくわかる。しかし「私的生活の基底から安保を主導する全学連派を支持する声なき声の部分をなしたのである」という主張は、そう言えるかもしれないが、少し調子良すぎないか、という気持は、時間と共に強くならざるを得なかった。「安保を主導した全学連派」なるものは吉本同様、ストレートな社会主義革命主義者たちであった。この私的利害優先意識はそのまま都合よく〈革命〉に直結するものなのか。なによりも純粋な〈私的利害尊重〉の意思が純粋に「国家的公」と原理的に対決するものとして、この社会に実在し続けているかのごとく、絶対的に神秘化して語られるべきではないはずである。〈私的利害〉意識が企業社会の中での上昇志向に巻き込まれれば、そのマイ企業意識を媒介に国家的「公」奉仕の心情と論理に逆転して組み込まれざるを得まい。〈私的利害優先〉意識が、日常生活の中の多様な大衆娯楽への没頭に足を掬われ、文字通りのポリティカル・アパシーの世界へ人々をいざない続けるということだって、十分現実にあることだ。学生の学歴社会上昇志向に、それが組み込まれても、すぐインチキな『公』意識に転化してしまうだろう。もちろん、マスコミの私的欲望を操作的に駆り立てるのは、常に圧倒的に、こうした方向へなのである。

〈革命〉一直線風な論理だては、少々御都合主義が過ぎよう。吉本は、このやや実体的に〈神秘化〉した原理をテコに丸山真男や竹内好（さらには日高六郎や鶴見俊輔らの「思想の科学グループ」）の「市民主義」を擬制「民主」として全否定してみせているが、彼らの国家的「公」に抗う市民（個人）主義的抵抗の原理は、吉本のいう私的利害優先の自立原理と、まったく対立的という評価は、成り立つまい。共通点も多いはず。とすれば、吉本の全否定的（共産党の硬直した官僚統制文化、議会制民主主義防衛論の流れにのみ位置づけてみせる）評価は、あまりにも政治的でありすぎないか。

もう一点、こういった「全否定」と裏腹に全学連のリーダー達の（戦後世代）――当時の若者の評価が、奇妙に甘すぎないか。

すでに、新左翼党派の共産党のコピーのような官僚主義的党派活動の実態、極端な戦術左翼ぶり、そのセクト主義的内実は、この時点で、六〇年安保闘争の渦中でこそ、露呈していたのだから。

こうした大問題はともかく、私がこの文章をここで長々と引いたのは、敗戦後十五年の時点で生まれた、この闘争の総括として語られた問題が、この間の敗戦後、なんと七〇年（そう、六〇年から五十五年後）の「戦争法」反対の国会前の闘いを中心とした「反安保」行動にも、繋がる問題を提起し続けているからである。

安倍政権の強権的やり口への強烈な反撥が多くの人々（特に今まで「無関心派」を自認していた学生を中心とした若者たち）を突き動かしたことは、間違いない。吉本の口振を借りれば、それは〈戦後七十年の間に拡大膨張し、弱肉強食のグローバル化した独占秩序からの疎外感〉にほかあるまい。そこには、兵士としての戦争体験を持った世代は、もう存在しなかっただろうが、膨張・暴走し続けた資本と保守権力によってつくりだされた「格差（差別）社会」の中で、敗戦後の長い時間を庶民として、小突きまわされた体験が、〈独占秩序からの疎外感〉が強力に人々を突き動かしたのだ。

連呼された〈民主主義って何だ〜。これだ〉のコールの内実は、戦争を強いる国家の「公益」に対決する「私」的利害優先・自己決定権奪回（自立）の声であったことを忘れるべきではない、と考えるのだ。若者のリーダーたちは、安倍らの自衛隊が海外に派兵されることの合憲化を目指す改憲反対に大きく結集するため、集団的自衛権を行使しない軍隊としてなら自衛隊を容認する。こういう方向への、またぞろ出てきた幅広イズムの反安倍政権のスタンス。このマスコミに煽られたグロテスクな市民（議会）主義的政治。これの枠組を内側から突破する、原理的な軍隊・戦争拒否の感情の噴出にこそ支えられたコールであった。それは、議会政治の多数派を目指すマスコミ受けのいい「民主主義」（これは安倍政治とは別の国家的「公」に吸収されてしまうコースである）とは異次元の感情であり、論理であった。それは、今回の国会前にも浮上した多様な自発的行動の流れであり、統制民主主義とは対立的であるはずだ。

私は、吉本の「私的利害優先」の原理をテコに国家・資本の強いる「公」と対決する〈自立〉を、その〈革命主義〉的心情にまみれた政治主義から解放して、市民的〈抵抗の原理〉と共存する方向で、あらためてつかまえなおすべきだと考えているのだ。その「私」は、多様な相互主体的自己決定のための〈民主主義運動〉の「公」づくりの「基底」に置かれるべきものではないのか。この「基底」にあるもの以外に「大戦後の日本社会に認めるべき進歩はない」のは現在も変らない真実であると思う。そこが今でも「声ある声」と「声なき声」の合流点であり、信じがたい嘘ほらまみれの安倍政治と対決する、私たちの立脚点である。

谷川俊太郎の作詞である、すこぶるユーモラスで、まったく軽快な『あいつと私』の主題歌3番を（もちろん石原裕次郎が歌っている）を、結びの言葉としよう。

♪ ホントはホント、ウソはウソ
ホントのことがウソになりゃ
若い俺たちゃ黙っちゃだまっちゃいない(ヤーッ！)
ヒップヒップヒップヒップダー〜ヒップヒップヒップダー

戦争は〈人間の顔〉をしていない

『軍旗はためく下に』

（監督・深作欣二　1972年・東宝／新星映画）

政府主催の天皇式典「全国戦没者追悼式」は、サンフランシスコ講和条約が発動し、独立国の形式がととのった1952年4月28日の直後（5月2日）に第一回（場所は新宿御苑）、第二回（1955年8月15日）（場所は日比谷公会堂）、ここからは「8・15」の繰り返し、ただし第三回は、場所は靖国神社内。8月15日に日本武道館で、という今日まで続くスタイルは、第四回の敗戦後二十年の年（1965年）に成立している。「君が代」の流れる儀式に登場したヒロヒト天皇の第一回式典での「お言葉」は、こうである。

「今次の相つぐ戦乱のため、戦陣に死し、職域に殉じ、また非命にたおれたものは、挙げて数うべくもない。衷心その人々を悼み、その遺族を想うて、常に憂心やくが如きものがある。／本日この式に臨み、これを思い彼を想うて

哀傷の念新たなるを覚え、ここに厚く追悼の意を表する」。

この「追悼式」での首相の「式辞」の歴史的批判を通して、戦後保守政治の再軍事国家化政策の歴史を批判的に検証してみせた力作『全国戦没者追悼式批判――軍事大国化への布石と遺族の苦悩』（影書房・2014年）で、山田昭次は、このまったく「史実」を無視することでのみ成立する天皇の言葉を、こう鋭く批判している。

「戦死者は日本国家と無関係に起こった『相次ぐ戦乱』のために戦死したのではない。天皇制国家が中国を侵略した結果、東アジアに利害関係をもつアメリカをはじめとする連合国との太平洋戦争を引き起こしたのである。従って大元帥として日本軍に対する統帥権をもつ天皇には、国の内外の戦死者に対して責任があることは明白である。／しかし天皇は、この際の『お言葉』でも、内外の戦死者に対して一言の謝罪の言葉も述べなかった」。

加納実紀代は、米英に宣戦布告した「12・8」（1941年）と「8・15」という国の記念日の戦後史をたどった論文で、1980年の回から、天皇の「お

言葉」が「これまでの『だ・である』調から『です・ます』調にかわっている」事実と、「アキヒト天皇にかわった89年以後は、さらに平明な口調になり『今もなお胸がいたみます』は、『深い悲しみを新たにいたします』と言い換えられている」とレポートしている（「戦後史のなかの『12・8』と『8・15』」（『インパクション』1991年11月号・『戦後史とジェンダー』所収）。

加納はそこで、新聞に大きく写し出された祭壇に立つ天皇の写真について触れ、こう論じている。

「基本的な構図は、日の丸を背にした『戦没者の霊』の前に天皇・皇后が立つ。その後ろに遺族が続く、というもの。天皇は遺族を代表して、戦没者に相対している。かっこうだ。／ここに参列している遺族は『遺族代表』であり、その背後には全遺族、ひいては全国民が見守っているという仕掛けである。カメラは不在の全国民の代理である。／そして天皇が追悼のことばを述べる」。

この責任を取らない天皇を被害者遺族の代表とする、戦死者を国に命をさし出した殉国者として国が顕彰してみせ、被害者の心の痛みや悲しみを、国（天皇）が抱きかかえてみせる、欺瞞の式典への参加を、スタート時点から拒否され続けた、ある「遺族」の話。それが、1972年につくられた『軍旗はためく下に』（演出深作欣二）である。

文字通り、ダイナミックな力作をつくり続けた深作の中でも、すこぶる政治的なメッセージがストレートに込められた、彼の（初期の）代表作ともいうべき入魂の一作を、僕は封切の時代に、観すごしていた。1972年といえば、まだ僕が東映のプログラム・ピクチャーを観続けていた時代であり、ましてや深作の作品、どうしてそうだったのか？　この疑問は、数年前、死刑廃止運動を続けている友人たちの「死刑映画週間」のプログラムの中に、この作品を発見し、渋谷の劇場まで出かけて行くことによって、解消した。「新星映画社」と東宝の提携作品で、上映されたのは「3月12日より全国東宝系一般封切」であったからだ。映画は観て、それを確認した時、僕は本当に、その時までこの作品を観なかった事を強く後悔した。コンチクショーという気分になったのだ。そういう気持ちをもたせる傑作であった。

佐藤忠男は『日本映画史③』（岩波書店・1995年）で、この作品を、こう評している。

「1950年代に左翼独立プロの中心的な存在として活潑に行動した新星プロが、1972年に『軍旗はためく下に』を作る。太平洋戦争末期のニューギニア戦線の日本軍内部におけるすさまじい飢餓と上官殺害と終戦後に行われた処刑の物語であり、その悲惨な残酷さを強調するために、東映で暴力映画で快調だった深作欣二が監督に招かれ、地獄のような戦場が描かれた」。

深作本人の証言は少し違って、この映画を最後に戦後民主主義的理性から解放されて、本格的に「理屈の〝り〟の字も出てこない」暴力団《ヤクザ》映画づくりに向かったということらしい。本人は、それが単純な反戦映画としてイデオロギーで評価されたことが、大いに不満であったようだ。

「理屈は『軍旗はためく下に』で終っちゃったようなところがありますね。『それが漁師のおかみさんが言う台詞かよ、おい』という感じでね（笑）。だから「軍旗はためく下に」を撮ったお陰で、理屈を表に出したらオシマイや、と自分で納得がいった気がします」（『映画監督　深作欣二』（山根貞男のインタビュー〈ワイズ出版・2003年〉）。

佐藤は、そこで原一男のドキュメンタリー映画『ゆきゆきて神軍』（1989年）についてふれ、奥崎謙三というニューギニア戦線で飢餓の中で闘った体験を持つ、元皇軍兵士が、上官の命令で銃殺された戦友の事件の、極めて暴力的な〈真相〉追跡ドキュメントが明らかにした衝撃的な事実について、こう語っている。

「……このドキュメンタリーが明らかにしたことは、ニューギニア戦線での一部の日本兵たちは飢餓の末に人肉を食べていたということであった。かつて劇映画『軍旗はためく下に』が描いた悲惨な処刑はもっと陰惨な真相を含む事実だったのである」。

僕も、『ゆきゆきて神軍』の中で、トコトン追い詰められた元兵士の「食人」のアッケラカンの自白に、驚かされた記憶は鮮明に残っている（それが食事をしながらというシーンであったことも含めて）。

さて映画『軍旗はためく下に』には、直木賞受賞の高名な原作がある。作者は結城昌治だ。1970年に単行本化されている（中央公論社）。僕は、映画を観た後に自分の本棚から探し出し、キチンと読んでみた。その「あとがき」には、こうある。

「本編は『中央公論』（昭和44年11月号〜同45年4月号）に連載されたものに若干の筆を加えた。素材となった事件は存在するが、あくまでフィクションとして書いたので誤解を避けるため架空の地名を随所に用いている。／連載中、昭和生まれで戦場体験のない私がこのような作品を書くに至った理由についてしばしば質問をうけたが、私は昭和27年のいわゆる講和恩赦の際、恩赦事務にたずさわる機会があって厖大な件数にのぼる軍法会議の記録を読み、そのとき初めて知った軍隊の暗い部分が脳裏に焼きついていた。それと、私自身戦争の末期に海軍を志願してほんの短期間ながら軍隊生活を経験したことが執筆の動機になっている。取材に当って痛感したことは、戦争の傷痕がまだまだ多くの人の胸に疼いており、国家がその責務を顧みないでいることである。「敵前党与逃亡」における一軍曹の場合は実際に問題になっている一例にすぎない。最近の新聞によれば、敵前逃亡を理由に処刑された者の遺族にも年金と弔慰金が出るように法律を改正するというが、しかし、正当な裁判がおこなわれたことを示す判決文もないまま逃亡兵の汚名は依然消えず、遺族の心が癒される道も閉ざされている。敗戦後すでに25年経ち、さながら本書を書く時期を待っていたように錯覚しかねない世相だが、戦争の体験者よりもむしろ現代の青年たちに読んで欲しいと願っている」。

僕はこれが出版された時代の青年であった。しかし、これは敗戦後71年が経とうとしている今日の「青年」たちにも届くことを願わざるをえないメッセージである。心から、そう思わせる、残念ながら今日まで変らなかった世相に抗するすぐれた小説である。読み終えて、そう実感した。

映画の方は、僕が劇場で観た時点では、DVD化されていなかった。それが昨年、『東宝・新東宝戦争映画DVDコレクション』の第43巻として発売されているという情報が飛び込み、僕は、今年の「8・15」の前には、もう一度観なおしたいと思い購入。そのDVDで観なおし、この原稿を書きだしたのである。結城の原作は戦友会の回想録を編集するための、軍法会議で処断された戦友たちの状況の聞き書きという形式（編集側の質問と証言者の回答という対話が軸）で「敵前逃亡・奔敵」（「奔敵」とは敵側に奔《ハシ》る罪）・「従軍免脱」・「司令官逃避」・「敵前党与逃亡」（「党与」とは数人が共同して、の意味）・「上官殺害」の五つの基本

『軍旗はためく下に』立て看ポスター

的に別々のケースについてのエピソードが集められるかたちで成立している。この小説の中の「上官殺害」のケースでまとめてくれとの深作の依頼を受けた新藤兼人は、「『敵前党与逃亡』の冒頭に少しだけ話題が出る馬淵軍曹の未亡人を膨らませたキャラクターとして富樫軍曹のサキエ未亡人を設定し」「富樫軍曹による上官殺害の経過そのものは原作とほぼ踏襲している」かたちで第一稿をまとめた。しかし、「原作で最も強烈な印象を放っている」「多くの証言が相互に食い違いながら畳み掛け、ショッキングな事実が浮き彫りになる『敵前党与逃亡』を中心に据えたものに、深作欣二と長田紀生によって改稿されたという脚本づくりのプロセスを紹介した鈴木宣孝の「大幅に変更を余儀なくされた検討稿」という寄稿文が、そのDVDに添えられたパンフレットに収められている。軍人恩給も、もらえず、〈天皇陛下といっしょに追悼式に出て菊の花をオトーチャンにあげてやりたい〉という遺族の「敵前逃亡」兵として処刑されたという記録のために、実行できなくされた「漁師のおかみさん」〔左幸子〕が、オトーチャン〔丹波哲郎〕がそんなわけがあるわけがないと信じ、戦場の〈真実〉を明らかにするべく、四人の戦友などを訪ねて、事実を聞きだし続ける、という一つの物語で映画は構成されているのだ。

「食人」のエピソードは、小説の「司令官逃避」の中にも「敵前党与逃亡」〔飢えた兵が「上官を食べちゃった」〕事件として出てくる。作者が「フィクション」であることを強調しているのは、それが事実であることが明らかであるからこその配慮であろう。映画にも、この「食人」のエピソードはきちんと織り込まれている。しかし軍曹であったオトーチャン〔丹波哲郎〕らは、上官を、あるいは戦友を「食べちゃった」から処刑されたわけではない。戦争が終ったにもかかわらず、「玉砕」〔自殺〕攻撃を、ムチャクチャに軍刀を振り回して強制する少尉〔江藤慎二郎〕をやむなく殺害してしまうのである。それがバレて、裁判手続きなどまったくなく、すぐ銃殺されてしまうのだ。食人を強いられるようなギリギリの飢餓状況に兵たちをおいこみ、上官は暴力をふるい放題の天皇の軍隊。国〔軍〕の秩序のためには兵隊の命など、まったくどうなろうと気にもしていない天皇の軍隊。そして生き延びた軍のトップは、戦後の支配秩序圏の中を、何の反省もなくそのまま生き延びている。この真実に行きあたってしまった「漁師のおかみさん」は、殺されたオトーチャンのクヤしさを思い、ラストに、こういう言葉を吐くのだ。

「国が勝手におっぱじめた戦争だに、後始末は、全部おらたちがひっかぶってるだね」、「トーチャンあんたやっぱり、天皇陛下に花をあげてもらうわけにはいかねえな。もっとも、何をどうされても、あんたはうかばれはしないがね」。

国（天皇）の追悼式典などは自分たちの戦争責任の隠蔽のためのセレモニーであるという〈真実〉にこの「漁師のおかみさん」は、地獄の戦場の実態に具体的にふれることを通して、気がつく。

天皇の軍隊・戦争は〈人間の顔〉をしていない。元法務官らの証言や未公開資料を素材に、餓死か逃亡かを強いられた日本兵の「不当」処刑の事実に鋭くメスを入れた『戦場の軍法会議――日本兵はなぜ処刑されたか』（ＮＨＫ取材班・北博昭　ＮＨＫ出版・２０１３年）にも、以下のごとき証言がある。

『『上官にとって、兵隊の数が減れば〝口減らし〟にもなる。酷いものですよ。生きるためなら何でもする。動物と同じです。だけど食べ物がないから、人を減らすしかないんですよ。だけど〝口減らし〟のために、直接部下を手にかけたら問題になる。だったら、食料を探しに部隊から一時でも離れた兵隊を「敵前逃亡」だという罪をなすりつけ、決死隊に送れば、誰も反論できないし、責任をとがめられることもない』／平嶋さんの語ったことは、想像を絶する戦場の実態だった」。証言者は、平嶋元衛生兵である。この本にはある法務官の日記を素材に、食人についても、リアルに語っている。

「《比島終末期の軍記　異常なる環境　山地にあること　空襲と砲撃とゲリラ　食糧・兵器欠乏　病気・マラリア・下痢　掠奪殺人　上官殺人　強盗殺人　死体損壊　道義の頽廃　党与逃亡　造言蜚語》／『掠奪殺人』に『上官殺人』。

この時期の日本軍は、もはや軍としての体をなしていなかった。ここで注目すべきは『死体損壊』という文字だ。おそらくこれは、人肉食のことだと推測される。飢えた日本軍が人肉食を犯したという話は、これまでいくつもの証言が残されている。実際、私も今回の取材で、フィリピン戦線から生き延びた複数の兵士から、自分の部隊では死んだ兵士の死体を食べたという証言を聞いた。ただし当時は、もしやと思うものの、人間の肉を食べているという確信はなく、戦後聞かされて初めて気が付いたと付け加えた。多くの人がこうした証言を匿名という条件で行う中、前述したフィリピン取材に同行した寺嶋さんは、かつて自分が飢えに苦しんだバヨボンの山を眺めながら、同じことを繰り返さないためにと、時折涙をうかべながら、以下のような証言を残してくれた。

／『人間の肉かなんか知らんけど、持ってきて食べるわね。元気出るわ。「おお、ありがとう」言うわな。それは分からんわ。何の肉か。終戦後、いろいろ聞いて、あぁそうやと思うけども、その時分は、そんなこと思わんわ。後で言われたらしようがない。食べた後やで、吐き出すわけにいかんから。それはしょうがないですよ。それをね、そのままじゃなくて、ご飯に混ぜたりして、食べるから分かりやせん。最初から、よう食わんわ』」。

映画には、食人という体験から戦後の時間を世捨て人として生き続けるしかなかった元兵士も登場する（深作作品ではおなじみのあの不気味な個性派三谷昇が演じている）。

『戦場の軍法会議』にはこういう証言もある。

「フィリピンの山奥で終戦まで生き延びた、前出の元海軍衛生兵の平嶋さんは、戦争末期、投降しようとする兵士たちを上官が容赦なく射殺していった様子を証言した。／『理不尽ですよ。めちゃくちゃですよ。もうその頃はですね。一旦捕まるでしょ、連れて帰ったらもう出さないんですよ。並べておいて、皆銃殺ですよ、みんな。ぐずぐずいわずに全部銃殺ですよ』」。

飢えた皇軍を待ち受けていたのは「特攻」による自殺か上官による銃殺か、であったのだ。天皇を中心に置いた、政府主催の「全国戦没者追悼式」なる儀式は、国（天皇）にこんなめに遭わされた戦死者を「殉国」者として美化し、その食人に象徴される戦争の素顔を隠蔽し続けるために毎年くりかえされ続けているのだ。『軍旗はためく下に』は、そのインチキなベールを正面から剝がして引き裂いてみせた力作である。

対ファシズム戦（ドイツのナチスとの「祖国防衛」戦争）に勝利したソ連軍。その軍隊には百万人を超える若き女性たちが従軍して、武器を手に殺傷戦に積極的に参加していた。「正義の戦争」の勝利の政治神話にはマッチしないこの事実は、戦後隠され続けてきた。生き残った女性兵士は、世間の白い目の下、多くは事実を隠し続けざるをえない時間を生きた。この女性兵士500人以上の人々への執拗なインタビューを素材に戦場（戦争）の実態を明らかにしてみせたロシアの「漁師のおかみさん」ならぬ「インテリおばさん」スヴェトラーナ・アレクシエーヴィチの『戦争は女の顔をしていない』。僕はこの本を読み進めながら、『軍旗はためく下に』を観なおしたのである。この2008年に群像社で刊行され、2016年に岩波現代文庫に収められた三浦みどり訳のこの本にも食人の事実は証言として残されている。

「包囲されてしまった。森から森へ、沼から沼へと彷《さま》徨《よ》った。木の葉を食べ、木の根を食べた。なんの根っこか分からないがそれを食べた。わたしたちは五人で、ひとりはまったく坊やだった。召集されたばかりの子供だ。夜中に隣人がささやきかける。『坊やは半死半生の状態、どうせ死んじまうさ。分かるだろう?』『何が言いたいんだ?』『人間の肉だって食えるんだぜ。そうでないとおれたちみんなが死んでしまう。あるとき囚人から聞いたことがある。連中が収容者から脱走したときの話さ、シベリヤの森を歩き通して。子供みたいな若いのを連れて行くんだって、……』わたしは、吐き気がした。もっとも吐く物なんて何もなかったが、なぐる元気もなかった。翌日我々のところにパルチザンの援軍が合流した……」。

栄光の戦闘(戦場)ではなく、主に女たちの日常としてあった、語られなかった戦場体験集を読み通して、僕は、天皇の軍隊とスターリンの軍隊の共通性に気付かされた。特攻(自殺)を強い、捕虜になることを許さず(逃げたら「裏切り者」として銃殺)という共通の体質。天皇の軍隊は惨敗、スターリンの軍隊は〈惨勝〉の軍隊であった。

最後に、太田昌国はこの映画について触れ、深作が紫綬褒章や勲四等旭日小綬章という国(天皇)の勲章をぶら下げて亡くなったことを残念がっている(『死刑映画乱反射』〈インパクト出版会・2016年〉に収められている「国家の強いる死と戦没者遺族援護法」)。僕も同感である。深作は「理屈」が解放されてという理屈で暴力団《ヤクザ》映画の力作をいくつもつくり続けたが、その後、「漁師のおかみさんの台詞」(「理屈」)の世界へ、もう一度戻って、映画をつくるべきだったのだ。

〈象徴天皇制〉と「グラマ島」デモクラシー

『グラマ島の誘惑』

（監督・川島雄三　1959年・東宝）

7月頃、チャンネルNECO（映画チャンネル）で、川島雄三（監督）とフランキー堺（主演）の映画特集が組まれ、僕は初めて『グラマ島の誘惑』（1959年）を観ることができた。この作品が、天皇制批判（パロディ）のとてつもない快作であるという話は、友人の映画プロデューサー兼批評家の小野沢稔彦に聞かされていた。この同世代の小野沢の大衆映画評には教えられることが多く、彼は僕がそのジャンルの批評に信頼をおいている例外的な人物である。川島作品でもある、当然観たいナーと思いながら、随分と時間が流れてしまっていた。

しかし、チャンスはやってくると、重なるものであるらしい。テレビの放映も数回繰り返され（たんびに僕は観た）、そして、この映画を素材に、この文章をまとめる準備に取り掛かっているところへ、その小野沢から連絡。「ラピュタ阿佐ヶ谷」のフランキー堺の特集で、これが上映される、一緒に観ないかとの案内、劇場でまだ観てないので、本誌（『街から』）の編集仲間、本間健彦と平井玄を誘って、8月18日に、いそいそと出かけた。

世間はアキヒト天皇本人の「皇室典範」改正抜きで実現できない「生前退位」のメッセージの公然化の騒ぎの真ったた中。

明らかな天皇自身による違憲の行為を、安倍政権（宮内庁官僚）・画一報道のマスメディアがぐるになって、平然と正当化してみせる政治操作（天皇への同情をかきたてる）。そういうかたちで、天皇「代替り」（Xデー）政治がスタートしだした状況（ガチガチの敬語報道でマスメディアには、「笑い」や「失敗」が許されないタブーのムードが全面化している）。なんとも嫌な気分の中で、僕（たち）は、この劇場のスクリーンに、釘付けになって「皇室パロディ」を観る時間を過ごした。

ラストの閃光とドドーンという一大音響とともにうまれる水爆実験のキノコ雲（下に墓の十字架が乱立している）。それは、よくある実写フィルムの転用ではなく、その不気味なモクモクとしたグロテスクイメージを浮き出させた人工の「クモ」だ。それに「終」のマークがかぶさる。このシーンの直前に、ひたすらへヘッーと皇族にひれ伏し続けてたオバチャン。吉原の女たちを「軍隊慰安婦」として引率していた（いわゆる「やり手婆サン」である）しげ〔浪花千栄子〕の、オチャラケのない奇妙にマジな言葉。（これだけが全体の中で浮いている）。「どこの国の人か知らないけど、水爆なんておっかないものやらなければいいのに」があったことと、森繁久弥が演じている香椎宮為久（海軍大佐）という「上品」ぶってみせるが、自己の性欲と食欲を満たすこと以外にはまったく関心がないといった人物である皇族が、車の中で運転手からもらったタバコ（「新生」）に火をつけるシーンの次に、この巨大爆発シーンがいきなり出てきたことを重ねていることから考える。「国体護持」（天皇制の延命）工作のために、広島・長崎の原爆「投下」（大量無差別殺傷）を引きだしてしまった歴史が、これだけのシーンで暗示されているのかなとの思いに取りつかれた。先を急ぎすぎた。まず、このハチャメチャ映画のストーリーを紹介しなければなるまい。『グラマ島の誘惑』は飯沢匡の戯曲が、原作である。そして飯沢の作品は実話（1951年7月に、孤島アナタハンで戦時空間を生きた帰還者が到着、日本兵の中に「戦争未亡人」が一人だけという事実が、「アナタハンの女王」というイメージをうみだしてなにかと話題をつくった）をネタに書かれたもの。『飯沢匡喜劇集Ⅱ』（未来社・1969年）に収められた「ヤシと女」がそれ。戯曲は読めたが、1956年の文学座の舞台が、どうだったかは、僕にはわかりようもない。

ただ、孤島の住人を、多くの日本兵と民間女性一人から、皇族の兄弟二人とそのお付き武官一人、「慰安婦」五人引率者のやり手の婆さん一人、また民間女性一人、女性報道班員（インテリ）三人、「元住民」男一人、につくりかえた戯曲のドラマの基本構造は、ほぼそのままの映画づくりであることは確認できる。

「〈遅れてきた観客〉は読むという行為によって『傑作』を体験するしかない」と論じている内藤寿子が飯沢のこの作品を分析した文章で、『東京新聞』〈夕刊〉1956年6月24日の劇評を紹介している。それを引こう。

「敗戦も間近いころ、二人の宮様兄弟（中村伸郎、仲谷昇）をはじめお付き武官（北村和夫）、慰安婦（賀原夏子、丹阿彌谷津子他）、報道班員の詩人（荒木道子）、画家（文野朋子）、評論家（南美江）などが南海のオハへ島に上陸、終戦も知らずに四年間も共同生活する。お付き武官の独裁に対する女たちの反乱はまもなく失敗に終わるが、武官はカナカに変装した脱走兵（小池朝雄）に殺され、兄宮も行方不明になる。残された連中は、弟宮を中心に原始的共同生活を楽しむうち、突然米軍によって終戦を知らされ、騒がしい日本に帰って行く。／特権階級の宮様、宮様と軍の権威をかさにきて威張る軍人。お国のためにというたい文句で、ただ酷使される無知な慰安婦、批判的な立場をとるインテリと、戦争中の日本の縮図を南方の孤島に持ち込んでいるが、この取り合わせは直截で効果的。こういった人々が独力でやった民主化の過程が面白く舞台化され、現代とのつながりでいろいろの問題が出てくる」。（内藤の論文は「〈戦後〉という劇場喜劇作家の〈矜持〉——飯沢匡の『ヤシと女』①・②」（『未来』２００５年１月・２月）。

内藤はここで、兄宮が、朝鮮人「慰安婦」に、すぐ死んでしまう子供を生ませたこと。この食べることと、女のことしか考えないこの男とともに、彼女の存在まで、ともに笑い飛ばしてしまいかねない劇に異を唱えている。

映画の方は、慰安婦が一人少ない上に、「上品な日本人の顔」をした子を産む女性は、沖縄人名護あい〔宮城まり子〕に変えられている。この変更は大きなものである。女たちの反乱の勝利を祝うシーンでも、沖縄の島唄はともに歌われ続けるだけでなく、絶えず、島唄は女たちによって口ずさまれ続けることで〈沖縄〉は、映画の中で、常に意識され続けるようにつくられている。名護あいの死は、最後まで謎である。やっとカヌーが一つできたら、「あいちゃん」を伴って兄宮は、島から脱走。自分だけ日本へ先に生還しているわけである。彼女は皇族の対面を守るため、兄宮が殺してしまったという推測も語られるが、本人は否定（海で自分に奉仕のため魚をもとめ、もぐり）事故死と強弁（この問題をめぐっては島で殺される［これも事故（ショック）死とされている」お付き武官兵藤〔桂小金治〕の娘〔市原悦子〕であるマッサージ嬢に、帰って来た後の兄宮〔森繁〕に向かって、まったく別の文脈ではあるが、「死んだ者だけが損をする。みんなゴマかしている！」と叫ばしている）。

映画にだけある〈沖縄〉をめぐっては、決定的なシーンが存在する、これもラストに近いところで名護あいの妹なる女性〔宮城まり子の二役〕が登場し、事故死の言葉を信じ、兄宮〔森繁ヒゲの殿下〕と親しく交流するシーンがある。そして兄宮〔森繁〕に車で送られて駅まで行く彼女を待っている恋人ぜんとした学生帽をかぶった男は、なんと森繁久弥（二役）なのである。最初は、何故こんなことをと思ったが、考えてみてハッと理解できた。天皇（国体）護持の時間稼ぎのための沖縄戦の惨劇、その天皇国（本土）への復帰の動きが始まっている時代の話である。

もう一度宮様（天皇国）に抱えこまれる状況の、それは暗示なのではないか。楽しそうにさま変わりした宮様の胸に飛び込んでいく沖縄の悲劇をあいの妹のしぐさで象徴させているのではないか。

さらに売春の前科で、沖縄に入れなかったグラマ島にいた元「慰安婦」のエピソードもクローズアップされている（日本であって日本などではない米軍占領下に切り捨てられた沖縄の実態の方から問題を見ている）。

この計算されたドタバタ喜劇には、ストレートにはそう実感できないが、本当にいろんな問題が、いっぱい詰め込まれているようだ。

実は、内藤寿子の論文には第三回目があり、それは『「ヤシと女」と『グラマ島の誘惑のあわいに』』がタイトルであり、飯沢の「ヤシと女」に川島の映画を重ねて論じている（『未来』２００５年３月号）。内藤はそこで、兄宮と、「慰安婦」あいちゃんとの間に子供をつくった事実を知ってその妻の離婚へ向かうやりとりのシーンのシナリオを引用しながら、こう語っている。

「原作と映画シナリオを比べても、『元香椎宮為久殿下』と『元智子妃殿下』がかわす離婚のやりとりに大きな違いはない。川島雄三の脚色が加えられているのは、せりふではなく社長室の壁なのである。このシーンで画面は、『元宮様夫妻』を睥睨する『慶祝』の額とテニスウェア姿の巨大な男女の壁画に占領されてしまう。川島の言葉を借りれば『天皇制批判を出しすぎた』映像表現の一例である。／「グラマ島の誘惑」は、「ミッチーブーム」――皇太子婚約発表・１９５８年11月27日、結婚パレード・翌５９年４月10日――のさなかに制作・公開されている。この映画に刻まれた〈日付のある諷刺〉は、連綿と続いてきた階級と階層が『テニスコートの恋』や『恋愛結婚』の名のもとに温存され、戦後社会において、いっそう複雑になっていくさまを予言しているかのようである。離婚や別居を要求することができる『元宮妃殿下』に対し、『テニスウェアの女性』には、結婚の破綻を宣言する権利さえ、いまだに与えられていないのだから」。

確かに川島の〈日付のある諷刺〉映画の方が、象徴天皇制という〈デモクラシーのモードをかぶせた天皇制〉への変容を通した天皇制の延命の不気味さを、戯曲（飯沢）より、はるかにシャープに描きだしている。戯曲になくて、シナリオにもないが、映画には存在する（演出家が現場でつくりだしたのだろう）重要なシーンがある。米軍に救出されるかたちで、日本へ向かう船の中のシーンで、天皇の弟宮である三笠宮家以外が「皇族離脱」になった事実を、知らされた弟宮〔フランキー堺〕を囲んでのやりとりである。島で「共同体民主主義」ともいうべき「殿下」の呼び名とともに、特権（食うだけで自分は働かない）も廃止された体制がつくりだされる契機となった、女たちの反乱のリーダーであった岸田今日子が演じている坪井すみ子（報道班員画家）。彼女はもうすでに日本は民主化されイバリくさる軍隊もない、皇族も平民もない平等な社会になっている事実を知り、そう、しげ〔浪花千栄子〕らに告げると、かつては宮様らに奴隷労働を強いられてきた「慰安婦」たち（彼女らは主観的には自発的に臣民として奉仕してきただけであるのだが）は、それではあれだけガンバッタのにもう「勲章はもらえない」のかと残念がり、しげはそれでは「陛下も」と思わず口にする。弟宮は「いや陛下はいらっしゃる」と答えると、しげは「みんな偉い人はいなくなったというから陛下だってネェー」と不思議がる。しかし彼女らは「陛下」が「いらっしゃるなら、よかった、よかった」という話に落ち着くのだ。

このシーンは、象徴天皇制〔天皇制デモクラシー〕のインチキさを具体的に抉り出し、苦い笑いを誘うシーンであるが、「ミッチーブーム」の渦中の観客たちは、当時、よく笑えたか？

このシーンには坪井がグラマ島のデモクラシー体験が、戦後日本社会の中に生かせるものという発言もある。その島で自力でつくった民主主義（特権的エゴイズム剝き出しの兄宮と違って、他人への配慮も忘れない、人のいい弟宮がリーダーでつくりだされたそれ）は、やはり根のない脆弱なものに過ぎないことが、このシーンでもよく表現されている。いや、気配りに富んだ「善人」の弟宮〔フランキー堺〕がリーダーの民主主義〔グラマ島民主主義〕は、ミッチーブーム（それはアキヒト皇太子ブームでもある）を通して大衆的に成立していった、マスコミじかけの天皇制（象徴天皇制）社会の先取りに過ぎなかったと、この映画は語っているのではないか。あえて深読みを重ねれば、「森繁の顔」を「ヒロヒトの顔」に、「フランキーの顔」を「アキヒトの顔」に重ねて、天皇制の変容と持続を考えよう、笑いながらそう語りかけている（川島のシナリオは『花に嵐の映画もあるぞ』〈河出書房・2001年〉に収められている）。

内藤も引いていたが、川島自身はこの作品をこう評価している。
「飯沢匡さんの原作「ヤシと女」はアナタハンのパロディで面白いものでした。だが私の演出と脚本はダラダラしすぎて、所期の狙いが出ていません。途中で天皇制批判を出しすぎて、主題が分裂した失敗作です。自分では演出が平板すぎたと思っています」。（『サヨナラだけが人生だ　映画監督川島雄三の生涯』〈今村昌平編・ノーベル書房・1969年〉に収められている。「自作を語る」の言葉）。

川島はこの自分のカラー映画第一作を力を込めて作ったが、力が入りすぎて「失敗」と評しているのだ。

ドタバタ喜劇としての笑える面白さという点では、達者な喜劇役者たちの笑いを誘うビヘイビアの力量で、なんとかもっている「喜劇」以上のできではない。共笑をうみだすドラマの力という点では、重い問題を詰め込みすぎた「失敗作」という自己評価は理解できる。しかし、それは偉大な失敗作である。この時点で、戦後天皇制に「笑い」を武器として鋭く切り込んだ商業映画は、他には存在しまい。さらに原爆・沖縄との関係も踏まえた象徴天皇制批判の視座の欠落した戦後左翼への批判としても、この作品は読める。

「左翼」の反天皇制イデオロギーとは無縁の川島にこんなとてつもない喜劇がこの時代にどうしてつくれたのだろう。

僕は本人の文章だけでなく友人たちの川島評をかき集めた今村昌平編の『サヨナラだけが人生だ』を、あらためてキチンと読みなおし、その問いに対するある回答を手にすることができた。故郷（家）に帰ることを決してしなかった、出身の地（家）を語ることもしなかった男、あたりまえの結婚生活とまったく無縁な男、病弱で長生きできないことを自覚して、アルコールにまみれながら生き急いだ男。友人たちが共通して描きだす川島のイメージが、そこに読める。編者今村は、その隠された川島の血脈を調べ上げた親しさの感情に溢れた辛口の人物評で、こう語っている。

「彼は死ぬ迄、ほんの二、三度しか故郷へ帰っていない。それも十年振りで帰っても一晩しか居ないというふうにである。あの食物のなかった戦争中でさえ、食物にはこと欠かぬ青森へ帰らなかった彼の心情が、一貫して血縁共同体への憎悪ではなかったか」（傍点引用者）。

「当主であり、彼の長兄である清次郎は、ずっと以前からクモマク出血に倒れ、腰ツイ炎でコルセットをはずした事がない。その三十二歳になる娘は、先天性脱臼で、更に脳に若干の異常が認められる。彼の幼少時に亡くなった母は異常妊娠で死んだのだが、脳に異常があり、長姉は明らかに脳膜炎で死亡し、美貌と天才をうたわれた次姉は肺結核を病んで二十四歳で死んだ。旧家がどの家でも過去そうであったように、川島家も、母方の宮浦家も槇家も、近親結婚を重ねることで血統の純粋を誇り、資産を散らさず固守したのであろう。だがその為に劣性の遺伝子が不運にも集合し、あらゆる病気が多発を導き、それへの抵抗力を著しく弱めたに違いない。／小児マヒとは、彼の場合のように進行はしない。つまり彼のマヒは小児マヒのヴィールスに依るものではなく、ある種の進行性筋委縮病であり、それは近親婚の積み重ねからくる劣性遺伝なのではないかということである」。

このくだりを読みながら、安定的「血のリレー」を求めて、畜妾制度と乳児死亡率の高さをつくりだす非人間的システムである皇室制度のグロテスクさに関するこまかいデータが集められた大宅壮一の『実録・天皇記』〈鱒書房・1952年〈角川文庫・1975年〉を、僕は想起せざるを得なかった。

大宅はそれをこう書き出している。

「皇室の一番大きな使命は、皇室そのものを存続させることである。その皇室の中核体をなしているのが天皇である。神代から伝わっている〝血〟を後世に伝える生きたバトンである。聖歌である。この火はどんなことがあっても消されないように守りつづけねばならぬ。これが皇室の中のすべての組織、制度、施設の中に一貫している思想であることはいうまでもない。／そのためにもっとも大切なものは、〝血〟のにない手である天皇、ついでその〝血〟を次代に伝える器としての女である。男女間の〝愛情〟などというものは〝血〟を伝えるという至上目的からみれば、まったく第二義的、付随的なものとなる」。

「血統の純粋を誇る」非人間的制度へのまっとうな憎悪。これこそがノン・イデオロギーの企業おかかえ娯楽映画演出家川島の天皇制批判への強烈なバネであったと思う。

アキヒト・ミチコブームの始まりの時代にこんな快作をつくった川島は、現在の「生前退位」への天皇メッセージにどう答えるか。「退位」などとケチなことにとどまらずに「血の純粋な継承を誇る」非人間的皇室制度そのものの廃止を「主権者国民」に哀願する〈フランキー天皇〉の喜劇。「グラマ島の誘惑」は、そんな楽しい妄想を誘う映画である。

惨事便乗型国家〈軍事主義〉の正体

『シン・ゴジラ』（監督・庵野秀明　2016年・東宝）
『ゴジラ』（監督・本多猪四郎　1954年・東宝）

2016年10月8日、僕は札幌の大通公園での「さよなら原発北海道集会」に参加していた。この「さよなら原発1000万人アクション北海道実行委員会」主催にひっかけて準備された「再稼働阻止全国ネットワーク」主催の「全国相談会」の運営が主目的の北海道行きであった。すでに泊原発が再稼働されるスケージュールが、原子力規制委員会の手続きを通して読める状況下での緊張した気分での行動参加である。

この集会で現地の発言者が「みなさん『シン・ゴジラ』を観ましたか、放射能の恐ろしさがよく描かれています」という言葉を発していた。それは『シン・ゴジラ』が反原発を訴えているかのごときトーンであった。あの原発再稼働と自衛隊の国外派兵体制づくりに向かって暴走し続けている安倍政権のための政治プロパガンダともいうべき、あの映画についてのコメントである。正直、ガックリした。しかし考えてみれば、この映画はマスコミあげての大絶賛につつまれている、大ヒット作品である。

北海道へ出発する直前の10月6日の『朝日新聞』には一ページの、この映画ロングラン決定をつげる大広告（各紙の賛美の声が集められている）とともに、社会面には、「スクリーンの自衛隊像が、全面協力している防衛省イメージにあった「模範的な姿」になってきていることと、自衛隊支持の増大を示す「国民意識」の変化を、なんら批判的視点もなく紹介している記事があった。『シン・ゴジラ』のチョーチン記事だ、広告へのお礼のサービスか？

そこにはメディア論の須藤遥子の、「防衛省が協力した映画では、自衛隊は善玉として描かれるのが前提。強く優しく、法律を守るという模範的なイメージに少しずつ近づいてきた。シン・ゴジラはその路線の集大成」。彼女のコメントは、この後、「メディアリテラシーを持って楽しむ必要がある」と結ばれており、記事をまとめる側よりは批判的な気分がこめられていたのかもしれない。

しかし、自衛隊賛美のテンコモリ、「私たちを守ってくれる」軍隊賛美「集大成映画」を「楽しんで」観ていられるわけがあるまい。〈子供向けの娯楽映画（体制プロパガンダ映画）〉というものが、大人向けの政治映画（体制プロパガンダ映画）〉というものが、人々を劇場に大動員するという恐ろしい時代に、今私たちはいる。

考えてみれば、ゴジラ映画に少年期の思い出いっぱい、などという歴史は、まったく持ち合わせていない僕は、闘病中の不自由な身体を引きずって、この映画を劇場にまで行って観る気などまるでなかった。それに、グロテスクな賛美に包まれた映画評をみれば、どんなものかは予想がついた。ところが友人の一人の女性が「なんなのアレ！」という怒りの声とともに、「キチンと批判すべき」と、僕に声をかけ、もう一人の女性は「とにかく娯楽映画好きの天野さんは観ておくべきではないの？」と力説する。それでも僕の足は劇場には向かなかった。

僕には、ゴジラを自称する（もちろんニックネーム）の若い友人がいる。僕が、わざと（？）誤って、「ゴリラ」と声をかけると、「ゴジラです」と怒りを発する男である。もちろん、とんでもないゴジラ映画ファン。ゴジラと名のつくもの、おそらくすべて観ているのだろう。『シン・ゴジラ』は3回観たといっていた。この友人と『シン・ゴジラ』論議になった時、僕は「アンナ自衛隊プロパガンダの駄作観るか！」という言葉を思わず吐いてしまった。実は、政治的にはトンデモない作品であることに十分自覚的であったゴジラ君は、ここぞと反撃してきた。「天野さん、観ないで批評するのはオカシイ！」。

僕は、「娯楽」映画をイデオロギーだけで裁断する批評の不毛性を、人一倍強く感じており、キチンと観て、正面から論じてみろ、といつも思い続けてきた。イデオロギーの図式からもれたところにある魅力が引き出せない批評はダメだと思い続けてきもしたのだ。

結局、北海道へ行く前に、劇場へ足をはこんだ。しかし、やはり映画を観ながら僕はイライラしっぱなしであった。

『シン・ゴジラ』は1954年につくられたオリジナル版『ゴジラ』の現在的復活を目指した作品だと、語られ続けていた。吉見俊哉は、「社会時評」（『東京新聞』2016年9月20日）で、こう論じている。

「この映画が問うのは3・11、特に福島原発事故を経た日本の未来であることは、よほど鈍感な観客でなければ誰もが気づく。オリジナルのゴジラが広島・長崎の原爆、それに東京大空襲の記憶と結びつき、原爆を投下した米軍の隠喩だったのと同様、制御不能のゴジラは制御不能となった福島原発そのものである。二つのゴジラの参照関係の政治ドラマとしての差異を論じることは難しくない。たとえば、政府の危機対応能力のなさを戯画的に描くのは同じでも、五四年版では国会が舞台だったのに、今回は首相官邸が舞台である。『官邸』ですべてが決まるイメージは、民主主義が人々の意識の中で薄らいでいることの表れか。／また五四年版ではゴジラは原爆＝米軍自体だったので、当然ながら米軍は登場しなかった。今回の作品にも五四年版が確信犯的に内包していた反米ナショナリズムの気配は感じられるが、同時に日系三世を通じて日本を救済する主体として米国は登場する。この六十年間、『アメリカ』はすでに私たちの深部に入っており、『ゴジラ』を派生させたかもしれないが、首都の核攻撃と引きかえに脅威を粉砕してくれる存在である。その場合、ゴジラと共に東京も地下から姿を消すことになる。／しかし五四年版と二〇一六年版の最大の違いは、ゴジラが深海に消えたのに対し、今夏のゴジラは凍結状態のまま半永久的に東京の真ん中に残り続ける点にある。ここまで来て、福島原発との重なりはあまりに明白だ。ゴジラに血液凝固剤を注入するシーンは、事故を起こした原発に海水や窒素を注入するシーンと重なる。そして半永久的に、廃炉後の福島原発は今の場所に残り続けるのだ。その場所が福島でなく東京都心だったら――。そんな問いを映画のラストシーンは観客に問う。」（傍点引用者）

吉見はさらに、「新しいゴジラ」出現のリスクをかかえこんだ現在の日本について論じ、この脅威の拡散と増殖の「新しい現実」をこそ告げる映画と『シン・ゴジラ』を評している。

上っつらだけで考えれば、その通りの、うまく特徴をつかまえている批評である。しかし、それだけでいいのかい。

僕も、『シン・ゴジラ』騒ぎがもたらした「日本映画専門チャンネル」の旧作のゴジラ放映オンパレードの騒ぎの中で、54年の『ゴジラ』オリジナル版を、おそらくはじめてキチンと観る機会が持てた。このオリジナル版の方は予想を超えておもしろかった。

吉見は無視しているが、この作品は、原水爆実験（ビキニ被曝）に抗して拡大した日本の原水爆禁止運動のうねり、そのものが生みだした映画という性格をハッキリ示している。

それは、長崎の原発を生きのびた若い女性の「原爆マグロ、放射能雨、そしてゴジラ」というセリフが明瞭に語っているし、ゴジラが原水爆実験の落とし子であることを確認する古生物学者〔志村喬〕が、ゴジラの死の前に「水爆実験がつづいて行われ続けば、いつゴジラの同類があらわれるかもしれない」と警告を発して、この映画は終っている事実に、それはよく表現されていよう。

しかし、そこにあるのは「確信的に内包している反米ナショナリズム」などではない。原爆を投下し、水爆実験を続けているアメリカ（それと、それにまともな抗議もできない日本の政府）に対する抗議と不信である。さらに、戦争で片目を失った（片方だけ大きな黒い眼帯をつけた）芹沢博士〔平田昭彦〕の存在が、明瞭に語っているが、科学技術の進歩それ自体への疑問と批判である。彼は恐怖のゴジラを撃退する新兵器（液体の中の酸素を消滅させてしまうという「オキシジェン・デストロイヤー」）を発見しているが、「世界の為政者」が核兵器同様に使いだすことを恐れ、まったく極秘にしている。ゴジラをしとめるには、それしかないと説得され、芹沢は、すべての研究資料を燃やし、自分の頭の中に残されたデータも消滅させるために、「人として許されない」科学兵器を自分で水中で使用しながら、命綱を自分のナイフで切断し自殺していく。この命をかけての行動は、科学そのものへの不信と政治的リーダーたちへの絶望の表現と読むしかあるまい。本多猪四郎演出のオリジナル版『ゴジラ』にあるもの、こうしたもののいっさいが『シン・ゴジラ』にはない。

私が『シン・ゴジラ』を観ていて想起したのは、ナオミ・クラインの『ショック・ドクトリン――惨事便乗型資本主義の正体を暴く』（２０１１年・岩波書店〈上・下〉）である。全身から放射能を垂れ流し続け、向うところ敵なしの（動きながら成長していく）神がかった怪物ゴジラに、うまく対応しきれない政府、そして官僚のトップたちは、世代交代のプロセスをも内包させながら、ゴジラ・ショックになんとか対応していく。自衛隊（軍隊）のリーダー、若い官僚たち、老練の政治家たちは、ともに、この危機を、一体化したトップの軍事力（政治力）でのりきっていく。３・11以後、敗戦後同様、一気に拡大したのは、電力資本だけでなく、国のリーダー（政治家・官僚、そして専門科学者たち）への、人々の〈不信〉だ。（敗戦後は軍のリーダーへの不信が中心であったが、〈3・11災後〉は、救援にかけつけた軍隊を前に、それはうまれなかったが）。人々はこの映画で、ただ殺傷され逃げまどうためだけに存在し、ゴジラという危機（ショック）に有効に対処しているのは国のリーダーたちだけである。この映画は失われた国家の信用の再生のための物語であるにすぎない。

ナオミ・クラインのいう「惨事便乗型資本主義とは大惨事につけこんで実施される、非常時をテコとする過激な市場原理主義改革」である。社会主義国の崩壊に向かう20世紀末から21世紀にかけてアメリカを軸とするこのグローバリゼーションの波が、世界をどのように破壊（貧困と国家暴力の拡大を正当化）し、どのようにそれを推し進めてきたのかを具体的に詳細なデータに基づいてリアルに提示している。そしてその流れの中心に貫徹しているのが「デーザスター・キャピタリズム」（惨事便乗型資本主義）という原理であることを、この上なく説得的に語っている。この歴史的な力作は、〈惨事〉はそれを必要とするリーダーたちによって常に拡大されているだけでなく、つくりだされている事実が示されている。そこにはエリートたちの自己利害が「公的」なものとして、平然と貫徹され、腐敗を腐敗と認識させないシステム（操作）がつくりだされている様がよく示されている。

吉見は「民主主義が人々の意識の中で薄らいでいる」と語っているが、『シン・ゴジラ』の物語は、少数のエリートたちの自己利害に基づく決定が、他に選択を許されない〈惨事〉を前にした勇気ある決定であるというイデオロギーが全面的に支配している作品であるにすぎない。ここにあるのは民主主義が死滅へ向かう（俺が決めるという安倍首相ごのみの）世界の物語なのである。

ゴジラという絶対的暴力（放射能まみれの怪物）のショックをテコに成立しているのは、〈3・11災後〉の〈惨事便乗型資本主義・国家（軍事）主義〉のロマンなのである。

安倍首相ら自民党のリーダーたちが、『シン・ゴジラ』を賛美して語るのはあたりまえである。安倍の政治に批判的な人間が、これほどあくどいパニック映画を、評価してみせる方が、どうかしているのである。（確かにゴジラの破壊力のすさまじさは魅せるとはいえ）。

ナオミ・クラインは、こういう。

「世界をゼロから創造する神のごとき力をわがものにしたいという欲望こそ、自由市場イデオロギーが危機や災害に心惹かれる理由にほかならない。終末的規模の大災害が起きないことには、彼らにとって不都合なのだ。この三十五年間、フリードマンの反革命運動を活気づけてきたのは、大変動が起きたときにしか手にできない自由と可能性の持つ誘引力だった。大変動が起きれば、うるさい要求を突きつける頑迷な国民が一掃され、民主主義を遂行するのはほとんど不可能になるからである。／

ショック・ドクトリンの信奉者たちは、社会が破壊されるほどの大惨事——洪水・戦争・テロリストの攻撃など——が発生したときにのみ、真っ白で巨大なキャンバスが手に入ると信じている。人々が精神的なよりどころも物理的な居場所も失って無防備な状態にあるそのときこそ、彼らにとっては世界改変の作業に着手するチャンスなのである。」(フリードマンとは、新自由主義経済学のチャンピオンであるミルトン・フリードマン。この学説[と学徒たち]こそが世界のグローバリゼイションの知的そして政治的指導のテコであった事実をナオミ・クラインはここで詳細に記述している)。

『ショック・ドクトリン』ナオミ・クライン著
幾島幸子/村上由見子訳(岩波書店、2011年)

シン(神聖なる)ゴジラの暴力がつくりだす惨状、これに便乗してつくりだされる政治と軍事の世界、安倍たち支配エリートたちが、それに心躍らせて見入る気持はよくわかる。

彼等は『シン・ゴジラ』というフィクションの世界に政治的・軍事的チャンスを幻想してハシャいでいるのだ。僕たちが忘れてはならないのは、〈3・11〉の大惨事は、安倍ら政治エリートたちと、僕たちの足もとの現実であることだ。

放射能の惨状をひたすら隠蔽し続けている彼等が、どういう政治的・軍事的チャンスを便乗的に拡大し続けているのか。この点には注意をおこたるわけにはいくまい。

『シン・ゴジラ』の向こうには、リアルな戦争と、原発再稼働による、さらなる放射能汚染の拡大という現実が、すけて視えているのだから。

そうなっても、おそらく彼等にとってはチャンスの拡大としてしか意識されないのではないだろうか。そういう時代を僕たちは生きているようだ。

映画を観終ってこう思った。僕は、もう、本人がどういおうが、若い友人を旧「ゴジラ」のニックネームで呼ぶことはしまい。それはまったく失礼なことなのだから。

「無国籍」アクションと「国民」を断念する運動

『ギターを持った渡り鳥』『波濤を越える渡り鳥』

（監督・斉藤武市　1959年／1961年・日活）

正直、僕は小林旭のかつての日活アクション映画がテレビで流されても、懐かしさに誘われて、キチンと観なおそうと思うようなことはなかった（この間、「東京の暴れん坊」シリーズ〈ヒロイン浅丘ルリ子が銭湯の娘で、ヒーロー旭がコックである、あれ〉が流れている時、ただボンヤリ観なおしただけであった）。

しかし、「映画・チャンネルNECO」で「渡り鳥」シリーズが第一作（『ギターを持った渡り鳥』）から連続的に流された時は、そうではなかった。「アカーイ夕日が～燃えオーチテー」と旭の甲高い主題歌の声が響き渡る、「無国籍」の世界の懐かしさに引きずり込まれ、何本も観なおす羽目に陥ってしまったのでのである。

『ギターを持った渡り鳥』の、外づらは実業家の、ひたすらなる悪玉のボス金子信雄、父親の裏の顔をまったく知らずに育った純情可憐な娘（ヒロインの）浅丘ルリ子、ボスの情婦でバーのママ渡辺美佐子、バーの踊り子白木マリ、ボスに雇われているスゴ腕の拳銃使い宍戸錠、子持ちのカタギであるボスの妹中原早苗、刑事の二本柳寛。こうした定型化したシリーズの常連たちが（渡辺美佐子の役に南田洋子が入れ替わり、金子信雄の役に二本柳寛や山内明あるいは大坂志郎が入れ替わり）つくりだす〈渡り鳥＝流れ者〉ワールドは、なんとも忘れられない懐かしさが、やはりあった。

僕が「日活アクション映画辞典」のごとく活用している渡辺武信の『日活アクションの華麗な世界』（未来社・二〇〇四年合本版）にあたってみると、〈渡り鳥〉シリーズは9本、〈流れ者〉シリーズは5本つくられているらしい。渡辺は、シリーズの原型となった作品『南国土佐を後にして』も、入れて〈渡り鳥〉シリーズは10本としている（ラストの一本以外すべての作品が、この映画の演出家斉藤武市である点が踏まえられているのだろう）が、やはり9本とすべきだろう。僕は、両シリーズは、そのあらかたを観ているのは間違いないが、どの作品を観ていないかが、まったく記憶されていない。二つのシリーズ全体が、一本の映画のように記憶されてしまっているのだ。

しかし、1959年に封切られた『南国土佐を後にして』は、ほぼ封切りの時間に観た記憶がハッキリある。この、刑務所から出てきた「前科者」の若者〔小林旭〕が故郷へ戻り、足を洗いひたすらカタギを目指すが、惚れた娘〔浅丘ルリ子〕のため、またギャンブラー（暴力団）の世界に舞い戻り、刑務所に帰っていくまでの物語。ペギー葉山のヒットソングにつつまれたこの歌謡曲映画のヒットが、小林を裕次郎に次ぐ日活の大スターに押し上げた。僕は、この映画を観た後、缶詰の空き缶の中でサイコロを振って、少しの期間、ギャンブラー遊びという孤独なガキの遊びに熱中したことをよく憶えている（もちろん、映画の旭のように、サイコロをいくつも柱状に重ねて立たせることなど、できようもなかったが）。しかし、〈渡り鳥〉や〈流れ者〉シリーズの原型とよく語られているこの映画は、実は、それほど「原型」としての性格を示してはいない。ここでも私の「辞典」の著者、渡辺の精密この上ない批評を紹介しよう。

「斉藤武市による〝渡り鳥〟シリーズと、山崎徳次郎による〝流れ者〟シリーズは、微妙な差異はあるものの、プロットの点では実は強固なパターンを一貫して守り通している。／それは放浪するヒーローがある地方都市にやってきて、悪玉が可憐なヒロインの属する家族の土地や鉱山や牧場を暴力と奸計で奪おうとしている状況に遭遇し、それを解決した後、去っていくというお話である。そしてこの中にさまざまな定ったタイプの副人物が現われ、それをまた、ほとんど一定の俳優が演じている。このいわばタイプキャスティングのもたらす個々の役柄の必然的な洗練は、シリーズ物の類型を逆手にとった形で、日本のプログラムピクチャー史上稀有の面白さを生みだしたのである」。

この型と『南国土佐を後にして』を比較すると、後者には「主人公の幼年期の思い出や、母の住む故郷が重要な役割をする」ことと、特攻隊員として出撃した兄の思い出など過去の歴史体験へのこだわりが強烈であるが、両シリーズの方は、「渡り鳥」の一作目では、元刑事で恋人に死なれた男という過去は語られるが（ただそれは、ほとんど具体的に示される事はまったくないエピソードである）、シリーズがつくられていくとともに「過去（歴史）なき男」として純化されていく。

そのことにこそ、渡辺はこの両シリーズの積極性を見出すのである。『南国土佐を後にして』のヒーローがやくざの世界に戻っていった事にそくして彼は、こう語る。

「彼はやくざの世界にもどっていく。時代性に関して言えば、最も戦後的な観念である。〝個人〟が日常性からはじきだされていくところに、この59年という時代の反映がある。ストーリーの上では、主人公の生活の挫折は、彼の前科によるものではあるが、彼がこの後〝渡り鳥〟に変身していくことを読みこみつつ考えるとこの日常からの疎外は、表層的な論理を超えたところで〝個人〟を禁圧することによって繁栄を持続していく日本経済の〝黄金の六〇年代〟の様相を先取りして象徴していくように思えてならない。ヒーローは刑務所へもどっていく時、恋人に向って『また出直してくる』と言う。しかし彼が出直してきた時、つまり『ギターを持った渡り鳥』としてスクリーンに帰ってきた時、もはや定まった故郷も、幼な馴じみの恋人もいない。彼はただ放浪の旅の先々で、恋人の面影をもつ（同じルリ子が演じているのだから、あたりまえだが）娘に慕われるだけであり、彼は彼女を振り切って去らなければならない。天下国家とかかわりなく、『個人性にこもる』ことを願っていた原田譲司が、その願望を貫徹するためには、恋人もなく、ただ一人さすらう滝伸次や野村浩次に変貌しなければならなかったのだ。つまり〝渡り鳥〟〝流れ者〟両シリーズのヒーローは、世界と自己とを分離し、自立した個人として生きたいという願望の徹底化の果てに生まれるのだ」。

原田譲司は「南国土佐」のヒーローの名であり滝伸次は「渡り鳥」シリーズのヒーローの通し名であり（但し、ラストの一作は別）、野村浩次は「流れ者」シリーズの通し名である。この後、渡辺は、こう結論的に論じている。

「誤解をさけるために一言すれば、ぼくはこのヒーローの孤立性それ自身のイデオロギー的有効性を主張したいわけではない。以前にものべたようにプログラムピクチャーの主人公の表わしている思想などというものは、それだけではきわめて曖昧で脆弱なものである。〝渡り鳥〟〝流れ者〟のヒーローの孤立性にしてもそれは、現実の国家に対する論理的な否定であるよりも感覚的な嫌悪を表現しているにすぎない。ぼくはただ、この主人公の孤影が、映画の魔術に覆われてスクリーンにあらわれた時、それを魅力的と認めたぼくを含めた観客の反応の中に、ある思想的な核を確認したいだけなのだ」。

かつて、このくだりを読み、渡辺が人々を戦場の殺し合いに引きずり込む装置であった国家・地域共同体・家族。この一連の血縁・地縁をテコとした戦争装置への、人々の戦後の時間に育てられた〈嫌悪感〉こそが、この

『渡り鳥北へ帰る』小林旭／浅丘ルリ子：スチール　浅丘ルリ子著『私は女優』（日本経済新聞出版社、2016 年）所収

両シリーズへの大衆的な共感（ヒット）を支えたというユニークな分析に出会った時。戦後生まれ（戦争体験ナシ）の僕は、自分の個人史的な体験から理解したことがあった。東京で生まれ育ったぼくは、小学校入学前に父親の転職で、田舎都市への生活に移された（まだ、まったくのガキだったが、それは、知人・友人という自分の遊んでいる世界のいっさいをいっぺんに失うというはじめての体験だった）。都会育ちのように都市へのあこがれを持ち続けたわけではまったくないが、田舎の噂社会の共同体、そこへ連れて行った家族への反撥と嫌悪感は、ぼくの少年期を支配した。ぼくが「渡り鳥」・「流れ者」シリーズに入れあげたのは、地域・家族からの脱出願望からだったのだ。正月だろうが、なんだろうが、家に帰ろうとはしなかった大学生時代のベトナム反戦運動の持続の中で、そうした感情が国家への嫌悪感と自然に連動していったようである。

当時の両シリーズの人気のすさまじさについて、小林旭は、『さすらい』（新潮社・２００１年）の中でこう証言している。

「当時の「渡り鳥」の人気を今にたとえるならどうなるか？どうかなあ、見当たらないね。今から考えると、想像を絶する世界だったと思う。だいたい「渡り鳥」のロケ地に選ばれた町は、オリンピックの候補地決定の瞬間じゃないが、それこそお祭り騒ぎになる。日活もその沸き返りを宣伝、営業にうまく利用していたよね。／学校や仕事を休んで撮影風景を見学に来るなんてのは当り前だったし、……」

浅丘ルリ子の証言も、ひろっておこう。

『渡り鳥』シリーズは地方ロケが多かった。函館、宮崎、佐渡、会津、釧路など観光地を巡業のように飛び回る。すると、撮影のたびに見物人が押し寄せてすごい騒ぎになった。／私たちの乗ったクルマにファンが群がったり、特急を途中の駅で臨時停車させたり。おまわりさんが『ロケのせいで町中の家が空っぽになってしまった』と驚いたくらい」（『私は女優』（日本経済新聞社・2016年）。

映画が庶民の最高の娯楽であった、戦後の「映画黄金時代」ならではの、インテリ批評家に「無国籍アクション」とあざけられ無視されたシリーズの人気である。

この間、何本か「渡り鳥」シリーズ映画を観なおしながら想起されたのは、ベトナム反戦運動の時代、「ベトナムに平和を！市民連合」（「ベ平連」）での理論活動を一冊にまとめたともいえる鶴見良行の『反権力の思想と行動』（盛田書店・1970年）である。特にそこに収められている論文「日本国民としての断念――『国家』の克服をいかに平和運動へ結集するか」だ。

「『国民としての断念』は、安保闘争以来わずかながらも平和運動にたずさわったその経験と知識の中から徐々に形成されていった。したがって、この『断念』は、わたしひとりの個人的心情というよりも、日本における平和運動の方法論として発想されている。つまりわたしは、国民断念運動ともいうべきものが、日本国民においても、また日本を中心として世界にたいしても可能であるし必要なのではないかと考える。／わたしが、国民であることを断念しようと主張する根拠はいくつかあるが、そのひとつは、終末兵器、絶対兵器としての熱核兵器が開発された現代においても、世界はいぜんとして民族国家に分割されているが、各国国民がそれぞれの国家主権に固執するかぎり、人類は、もはや総体としてこの時代を生きのびられないのではないかという観察である。その二は、第一の観察結果と歴史的、社会的に関連する事柄であるが、高度に機械化され緊密に組織化された国家社会の内部において、多くの人びとが人間的に疎外された生活をすごしているという観察である。こうした状況を克服し、わたくし自身の生を回復する原理として、わたしは反権力の運動としての平和運動を考える。／主権国家という機構にたいして国民という成員がある以上、平和運動は当然、国民としての立場を否定するものをふくんでいなければならないだろう。わたしがことさらに断念、反権力運動は、すべて集団あるいは組織とその成員である個人との強い緊張関係によって支えられていなければならないゆえに、日本の運動をもう一度個人の次元にまでもどさなければならないと考えているからである。ひとりひとりの『断念』から国家権力にたいする『抵抗』や『反逆』が生まれるだろう。日本の平和運動は、動員デモや各集団のへゲモニー争いとしての闘争とはまったく異質の原理的地点にまで下降する必要があるだろう。そしてこの原理的地点として『国民としての立場を断念する』ということを発想する」（傍点引用者）

この戦後的個人主義は、自衛権の放棄を宣言している日本国憲法第九条は「国家としての破産宣告」であることのプラスの意味を今こそ考えようという志向にリンクされていく。「非武装集団としての日本」というまったく新しい原理に無自覚であったいままでの戦後の歴史から抜け出し、世界へ向けてのこの「新しい価値の創造運動」へ、と呼びかけている。

僕はつい最近、長く続けている、ある小さな研究会（読書会）のテキストとして、非暴力直接行動を中心とするアメリカのニューレフトの行動と思想の紹介の書でもある、この『反権力の思想と行動』を再読する機会があった。刊行時に手にしてなかったわけではない本書が、「日本国民としての断念」＝自覚的「無国籍」へという宣言書であり、少なからぬ「べ平連」のイデオローグたちの反戦論の中でもとび抜けてユニークな反戦運動論であることが、キチンと再確認できた。

本書に収められている論文は、あらかた『鶴見良行著作集』の第2巻（「べ平連」）〈みすず書房・2002年〉に収められている。

そこの解説で、「べ平連」の事務局長であった吉川勇一は、鶴見の「業績評価」が、彼のベトナム反戦・反権力（体制）運動への加担が、後の「アジア学」の開眼の「単なる契機」としてのみ評価されていることへの不満を書いている。彼の反戦思想の飛び抜けた積極性そのものをキチンと評価すべし、というわけだ。考えてみれば、吉川がこの著作集を編集していた15年以上前に、私は吉川に勧められて、鶴見良行のこうした仕事を正面から読む機会を持ったのであった。そして、鶴見の主張は、今でも決して古くはなっていない。「戦後護憲平和主義」が自己崩壊に追い込まれている今こそ、あらためて読まれるべきテキストであることは、まちがいない。

『ギターを持った渡り鳥』（59年）のラスト、去っていく旭をみつめながら、中原早苗が「きっと帰ってくるわ」となぐさめの言葉を浅丘ルリ子にかける、ルリ子は「二度とこない」と答える、「なんで」と中原、ルリ子はこう断定的に主張する、「わかっている。あの人のことはなんでも」。この血縁・地縁からの決定的離脱する男（流れ者）の確認の言葉は、このシリーズの中に生まれる。ルリ子「あなたのお国はどこ?」という答いへの旭の答えは「渡り鳥に故郷《ふるさと》なんてあるかよ!」という「無国籍宣言」へと、一直線に連なっている。しかし、この「無国籍」＝「日本国民の断念」への志向は、このシリーズの中においてすら、持続しない。

僕は、シリーズ6本目の「波濤を越える渡り鳥」も観なおした。この61年の正月作品、香港、バンコクロケの大作で話題となったこの映画は、まちがいなく封切時に観ている。ガッカリした気分を抱えて劇場から出てきたことをよく憶えているからである。ガキの僕は、なぜガッカリしたか、その時うまく言葉にできたわけではなかった。

ここでも渡辺の言葉を借りよう。

「言い変えれば、〝渡り鳥〟シリーズの無国籍性と呼ばれていたものは、実はそれ自身、自立したものではなく、ナショナルな土着性と、それを軽やかに無視してみせる土着性との拮抗との緊張に支えられていたのである。『波濤を越える渡り鳥』はその時間的延長（第二次大戦期への逆行）、空間的な膨張（海外ロケーション）、人間関係の濃縮（兄弟関係）という三つの点で、表面的には大作の相貌を備えているが、それは同時に三つながら、シリーズが築きあげてきた定型の破壊であり、その結果としてシリーズ作品特有のマナリズムの魅惑を切り捨ててしまった失敗作であったのだ」。

なにせ旭は、戦争のため死んだかもしれない兄（なんとシリーズでのライバル宍戸錠）を探し続ける肉親（血の愛に満ちた男であり、錠は悪玉ボスの育ての親金子信雄に実の父親以上の感謝の感情を持った男である。あげくに旭が、こんなセリフを吐くシーンがある。

「おまえ、それでも日本人か！」

「無国籍」映画は国境越えたら、血縁・地縁がハリついた「国籍」強調映画にナリ下がってしまった、というオソマツだ。

「無国籍（渡り鳥）」映画の自己崩壊は早かった。しかし、その崩壊後に自覚的に呼びかけられた「日本国民断念」を志向する反権力平和運動は、ますます少数派に追いこまれながらも、僕たちの中で、したたかに持続されている。

そして、「断念の平和運動」は、戦争のみならず、核（放射能を振り撒く）恐怖の局面が「国策」によって多様につくり出されつつある今、本当はその必要性が、より深く認識されだしている、と言えるはずである。

ゆえに、この運動の中で「渡り鳥＝流れ者」シリーズは生き続けているのだ。

〈自虐の美学〉——時代劇の変貌の六〇年代が産み出した傑作

『関の弥太ッペ』（監督・山下耕作　1963年・東映）

1972年ぐらいのことだったと思う。僕はその時代の新左翼出版社の最大手ともいえた三一書房の編集者を、わざわざやめて『情況』という月間のリトル・マガジンの編集者におさまった柴田勝紀に連れられて、池袋の東口の裏路地の〝笹〟という小さな飲み屋へ何度も足をはこんでいた。『情況』はスタートすると間もなく、六十年末からの大学叛乱の激動の中で広く読まれた。この時代の闘いが詰め込まれた運動メディア（一応商業誌である）の活力がまだまだ残っていた時代のことである。柴田は編集長として、少しの間、その雑誌の編集を手伝ったズブのシロウトであった僕に、校正記号から教えてくれた。結果的に、一人前の編集者になることはなかった僕の、唯一人の編集の師匠である。この師匠は、普段は温和な紳士だが、アルコールが入りすぎると、店の隣の客（原稿依頼中の著者であることもあったが）にからむという癖があった。幸い同行している僕にからむというようなことは、まったくなかったので、僕には争いをストップさせて、彼を連れて帰るという任務が常に発生した。おかげで僕が他の客と酔っ払っても喧嘩するというゆとりも、ほとんどなかった。

ところが、この店で、その時、柴田と編集者の彼の知人と三人で席にいた時、僕とその編集者が映画の評価をめぐって言い争いになり、柴田の方が心配して割って入るということが、ただ一度だけあったのだ。僕が依怙地になって自分の評価を絶対化してみせる、子供じみた態度をとった結果である。

日本映画専門チャンネルで、『関の弥太ッペ』（山下耕作・1963年）が流されるという予告を見て、この中村錦之助主演の心に残る股旅映画の名作を、ここでとりあげようと決めた時、すぐ思い出したのは、この時のことである。

「戦後の股旅映画の最高傑作は、加藤泰演出の『沓掛時次郎・遊侠一匹』だ」との評価に、僕がくってかかり、「そんなことはあるか、『関の弥太ッペ』以外ではありえない」と、強く反論し続けたのだった。「時次郎」も錦之助主演（後に強く惹かれあうことになる、自分が殺してしまった男の女房役は池内淳子であった）の１９６６年公開の力作で、僕の記憶に強く残っている作品だったのに、である。

相手からすれば独りよがりの意地っ張り、ガキの独善と思われてもしかたのない、やりとりであった。その時、『関の弥太ッペ』の、感動的な〈美しさ〉を、まったく、うまく説明出来なかったのだから、なおさらだ。かなりドジな苦い思い出である。

後に数々の任侠《ヤクザ》映画の傑作を作り続けた演出家山下の、おそらく劇場映画の第一作である。この作品については、少なからぬ論評が存在する。あらかた眼を通してきたが、やはりもっとも熱っぽく論じている上野昂志の批評に強く共感できた。後の時間にこれを眼にして、このようなキチンとした批評が、あの時、自分で出来ていたらなと、思わせるものであったのだ。

そこで、観なおす前に、僕は「弥太ッペ」評が収められている大作『肉体の時代――体験的60年代文化論』（現代書館・１９８９年）を、キチンと再読する作業に取りかかった（僕の関心事である映画の部分と「ミッチーブーム」のメディア分析以外は、何が書かれていたかは、すっかり忘れてしまっていた）。

それは、すこぶる個人的な体験をベースに、六〇年代という時代を、理論（観念）としてでなく風俗（肉体）の方からまるごと対象化してみせるという、上野以外では考えられない方法で一貫した、今読んで、ますます新鮮な、すこぶるユニークな「文化論」であった。

この上野の論の紹介の前に、少し回り道をする。

占領の時間が終わると、１９５１年に発足した東映を中心に、日本映画は時代劇中心の時代にもどる。この時代について、佐藤忠男は、こう整理している。

「一九五〇年代に時代劇王国を誇ったのは東映だった。東映の主力は京都撮影所であった。この東映京都撮影所で一九六三年から任侠映画の流行が始まり、そのぶんだけ、時代劇の製作は減った。それでも六〇年代には、時代劇の大作はずいぶん作られた。内田吐夢監督の「宮本武蔵」五部作（一九六一―六五年）はこれまでも何度か作られた吉川英治原作による武蔵ものの決定版であり、しばしば繰り返される立回りの豪壮さは比類がない。またこれは、剣の修行による人格の向上という暴力の哲学が、いかにそれを武士道という言葉で思想的に美化しようとも、所詮は血まみれの地獄への道でしかないことを明確に描ききった傑作であった。山下耕作監督の『関の弥太ッペ』（一九六三年）と加藤泰監督の『沓掛時次郎・遊侠一匹』（一九六六年）は、いずれも長谷川伸の戯曲による股旅ものの秀作であり、やくざな放浪者の純な女性によせる恋と自分自身への恥じらいが、日本画的な様式化された画調で優美に繊細に描き出されていた。田坂具隆監督の『冷飯とおさんとちゃん』（一九六五年）は江戸時代の下級武士や貧しい職人の生活の悲哀を豊かなユーモアとペーソスで描いた好ましい佳品である。これはいずれも中村錦之助の主演であるが、彼は大映京都撮影所で伊藤大輔監督の晩年の代表作である『反逆児』（一九六一年）でも、家の犠牲として切腹することになる若き武将を力演した。彼は歌舞伎の名門出身の俳優であり、もともとは甘い二枚目だったが、多くの通俗チャンバラでヒーローを演じつづけているうちに風格の大きさが身につくようになり、この時代には歌舞伎的なメリハリの利いた大芝居がいちばん似合う俳優のひとりとなっていた」（傍点引用者『日本映画史③』〈岩波書店・一九九五年〉）。

　日活に戦後の時代を象徴するスーパースター石原裕次郎が五〇年代末に登場し、日活は彼を軸に現代もののアクション映画を量産しだす。それは映画界全体の時代劇離れを加速する。それが東映に時代劇から任侠《ヤクザ》映画への転換を必然化する。それでもつくられ続けた時代劇の中で、ガキむきの二枚目のチャンバラヒーロー錦之助は、大川橋蔵などをおいてきぼりにし、（汚れ役、殺され役をふくめた）多様な役を力演し続けることになる。

　すでに裕次郎中心の日活現代劇へ関心が大きくスライドしていた僕でも、佐藤がここに挙げた錦之助の大いなる変貌を示した力作群は、あらかたこの時代に劇場で観ている。そして、子供心にも錦之助の役者としての成長を実感していた。『関の弥太ッペ』もこの時代の錦之助の力強く、チャーミングな変貌を刻印した股旅映画である。

　上野は『肉体の時代』で、こう論じている。

「だが、わたしが、……錦之助の変貌を強く感じたのは、山下耕作の『関の弥太ッペ』（1963年）である。といえば、一度でもこの映画を見た人は、すぐさま了解してくれるだろう。ここで錦之助は、変貌をこそ生きてみせるからである。しがない旅人ながら、幼くして別れた妹に会おうと思って旅しているときの弥太郎の、明るく軽々と意気な様子。それがやっと尋ね当てたと思ったら、妹は死んでいた、その落胆。そして10年。映画のちょうど中程に入るこの一行の文字。そのあと、われわれが再び弥太郎を見るとき、その変貌ぶりに思わずドキッとなる。頬に走る無残な刀傷もさることながら、顔全体のいとも険しい表情、とりわけ両の眼の、なんともいい難い暗さ。錦之助はこのとき顔だけで、妹をなくして生きる張りを失った渡世人の荒寥たる胸の内を表現していたのだ。／こんなふうな顔は、以前の錦之助にはなかった。もちろんそれができるのには年齢というものがあり、錦之助にしても、この時期にようやくその年頃になったということはあるだろう。だが、そればかりではない。そうなるには、やはり映画が、それを要求したということがあるのだ」。

上野は、さらに「弥太ッペ」について以下のような極私的な体験も書いている。

「……わたしとしては、まず、どうしようもなく泣かされる映画だったのだ。これは当時としてはかなりショックだった。というのも高校も終わり頃からは、映画を見て泣くということはほとんどなかったし、また実際に泣くのは恥であるし、むやみに泣かせる映画はよくない、と思っていたからである。これは、それから三、四年して、やくざ映画が全盛となり、こちらものめりこむようにそれを見るようになると、あえてそんなふうに突っ張らなくなるのだが、この頃まではまだそうではなかった。それがこの『関の弥太ッペ』では手もなく泣かされてしまったのだ。／たとえば弥太ッペが、捜していた妹にようやく会えると、それこそ小躍りせんばかりにしていくと、妹と親しかった女郎から彼女の死を告げられるくだり。そして、その女郎と一緒に妹の粗末な墓に参って、「おまえも、こんな旅先で死んでしまって……」と嘆くところ。そしてさらに、十年前に命を助けた娘の家のむくげの花が匂い立つように咲いている垣根の際で、自分を誰かわからない娘に向かって、秘かに別れのことばを述べるところで、わたしは涙が次から次へと溢れてくるのをとめようもなかった。いったいなんで、こんなに泣けるのか、わたしは自分で不思議だった。だってストーリーはもう先刻御承知のものだし……／だが、もっと直接にわたしを撃ったのは、この映画のなかに咲いているむくげの花である。それはなんと懐かしく咲いていることだろうか。弥太ッペは、川で溺れかかった娘を連れて一度は、そのむくげの花の垣根のなかに入るが、しかし、花にひかれるようにして再びそこを訪れたときには、決してその垣の内には入らない。弥太ッペが変わってしまったからだ。それを変わらぬ可憐さで咲くむくげの花がひきたてる」。

僕は涙腺は弱い方で、映画を観ていて泣くことは少なくない。だから、上野のいうシーンで、もちろん僕は涙

『関の弥太ッペ』DVD　東映ビデオ　2008年

ぐんだ。しかし、「涙が次から次へと溢れる」ようなことは、なかった。それは、今回観なおした時も同じだった。特に、兄思いで生きぬいた妹の死を同業の女郎から知らされ錦之助が泣きじゃくるシーンでもそうだったが、垣根に咲く「むくげの花」をはさんで内に命を助けた娘、外に弥太郎という位置で、かわされる会話。「お名前は」と娘、「渡り鳥に名前なんてありやしません」とさびしく答える弥太郎（結局、一度も名前はなのらないままである）「どちらへ」と娘、「妹のところへ行ってやりたいと思っておりやす。それが自分のたった一つの願いです」と弥太郎。妹がすでに死んでいることを知らない娘は、「うらやましい」と答える。

　この「秘かに別れの言葉を述べる」悲しいシーンでは、やはり涙はこぼれ落ちなかった。

　僕は、このシーンでは弥太郎のピーンとはった凛凛しい〈自虐〉の精神に撃たれ、涙どころではない気分にも、なっていたのだと、今回観なおして（実は以前に劇場〈二、三番館〉でも一度か二度観なおしているが）、ハッキリそう思った。ここまで書いてきて、以前、上野の批評にふれて、同じようなことを自分が書いていることを、やっと思い出した。そこで僕は、最後の部分を、こう締めくくっている。記憶だけに頼って書いたため、セリフの紹介はかなり不正確の文章だが、そのまま引く。

　――やはり、あのむくげの花をはさんでのお小夜（十朱幸代が演じた）という「ネンネの娘」とのやりとりのシーンが圧巻であった。／弥太ッペは、自分が十年前に娘を助けた男だとはなのらず、金を渡してたちさろうとする。他人と思えないから兄としてこの家にいてくれなどという無邪気な言葉を聞き流しながら、たちさろうとする男と娘の間にこんな会話がある。「おくにへ帰るんですか」「渡り鳥に帰るくになどありゃあしません」「では、どちらへ」「できたら妹のところへ行ってやろうと考えておりやす」「妹さんがうらやましい」。／私は最初に見たガキの時、おいすがる娘から橋の下にかくれてのがれ、三度笠を無造作に放りなげて暮れ六のカネが鳴りひびく中、死地へたった一人でスタスタと歩いて行く男の後姿が忘れがたかった。そして、決死のイメージは、敵の数の多さが示していたと思っていた。しかし、今度見なおして、敵の数は少なくないが弥太ッペの力量からして逃げきれない数ではない。本人に逃げる意思がないのだ。「妹のところへ行きたい」。そこは十年前に死を確認している女のところである。／十年前の気のいい旅人は、今は顔に大きな刀傷のある凶状持ちの人斬り稼業のヤクザである。男は、娘をたすけるため、十年前の恩人と騙って娘にまとわり続けた森助（木村功）を斬るはめになってしまう。追い詰められた森助がとうとうドスをぬくと「テメエー血まよったな」というセリフとともに男もドスを抜く。親しかった弟分を斬りすてる男の眼はなみだぐんでいた。／汚れきった渡世に嫌気がさしても、カタギの世界はもはや帰れない世界である。カタギの娘とヤクザの男の間をはさむむくげの花。／「世の中には、つらいこと、かなしいことがいっぱいある。みんな忘れるんだ。忘れて日が暮れればまた明日になる」。（上を見やって）「アッー明日は天気だな」。／この男の十年前と同じ自然なしぐさと言葉で、命をたすけて、大金を娘のために放り出してくれた旅人であることに娘が気づく。「あの人です」と家の人間に娘が告げに戻っているうちに、男は逃げるようにしてきえる。そして死地へ。／ラストのなぐりこみは、自分にいやけがさした男の自己処罰だったのだ」（「無党派《ノンセクト》」という党派性——「自己否定＝自己処罰の精神」『情況』（１９９１年７・８月合併号『無党派という党派性——生きなおされた全共闘経験』〈インパクト出版会・１９９４年〉所収）——

暗闇に包まれた中に弥太郎たちがボンヤリと明光の中に浮き上がるシーン（「日本画的な様式化された画調」）が多用され、弥太郎の心の暗さが巧みに表現され続ける、この「優美に繊細」な画像に富んだ映画は、錦之助だけでなく、役者にもめぐまれている。お小夜という娘（十年後の）役の十朱幸代は、本当に邪気のない可憐さのかたまりであり、木村功の演ずる森助も狡猾なワルに徹しきれない憎みきれない男を好演。ともにハマリ役であった。街道スリであることを娘にだけは隠し通したが、森助に斬り殺されてしまう娘の父役の大坂志郎もいい。そして弥太郎の妹の死を告げる女郎役の岩崎加根子も、さらに弥太郎・森助と親しく交流する老ヤクザ役の月形龍之介も、持ち味を十分に発揮する好演である。人斬りヤクザ稼業の男の悲しさの世界が、実に繊細かつ巧みにドラマ化されているのだ。
ラストにヒーローの大チャンバラシーンがつきものという時代劇ばかり観つづけてきたガキだった僕は、そんなものはまるでなく、男の静かな「自殺」へ向かう孤独な歩みが示されるだけのラストに、少し驚きながら、深く感動した（終わってもしばらく席を立てなかった）。そして、チャンバラ映画の大いなる変貌というより、甘い二枚目のヒーローが敵をバッタバッタと切り捨てる、単純なチャンバラ映画の時代がすでに終焉していることを実感した。僕自身の中でそういうヒーローにあこがれる時代が終わってしまっていることにも気づかされたのであった。

この映画ほど〈自虐の精神〉の美しさをクリアーに描き出した作品は他にあるまい。かなり以前、長谷川伸の原作にあたって確認したが、長谷川の戯曲は、ある種ハッピー・エンドのドラマである（弥太郎は森助を斬ることなどない、又、死地へ向かうこともない）。山下映画は、ドラマを悲劇（自虐が徹底する）の方へ、つくりかえている。そうすることでスクリーンから弥太郎の凛とした〈自虐〉の精神が美しく浮き上がらせることに成功しているのだ。

日本の戦争責任（天皇制の国家あるいは社会の支配者たちだけでなく民衆自身のそれを含めたそれ）や植民地支配責任を問う思想を「自虐史観」と非難する論理やムードは、今や右翼業界からはみだして、広く日本全体を包囲しだしている。

しかし、今、僕たちは『関の弥太ッペ』によって、日本のまっとうな〈自虐精神〉が、どれほど美しい人間の精神であるかをこそ再確認できるはずである。

「死の商人」という恥辱を生きさせられた〈心優しきテロリスト〉の話

『太陽への脱出』

（監督・舛田利男　1963年・日活）

久々に持たれた本誌「街から」の編集会議の時、もう一五〇号記念の号が近づいた。その号は敗戦（占領）後の混乱のエネルギーに満ちた時代の、忘れられている風俗（大衆的タレント群を軸に）特集号をつくってみないか、という話が出た。

その時、僕は、少し時代遅れになるが、ベトナム戦争下の一九六三年のゴールデンウィーク作品、日活の『太陽の脱出』という異色作で、〈戦争後〉の時間を論じてみたいと、口ばしった。

それから何日かして、なんと映画チャンネル「NECO」でそれが放映されることを知り、僕はTVにかじりついて、キチンと観なおした。封切りの時、そして八〇年代池袋文芸座のオールナイトと、二度は劇場で観ている。その後、ビデオで観なおす機会を一度（以上）持っているから、おそらく四度目（以上）であった。

あらためて観た以上、早く書きたいという思いにかられて、特集号待たずに本号で書いてしまおうとかと迷いだした。その時、僕らは「武器輸出反対ネットワーク（NAJAT）を立ち上げ、運動を続けている杉原浩司等と共に問題提起をする小さな集まり（2017年6月17日「自衛隊・安保問題はどこへいってしまったか？！」主催：反安保実行委員会）を持った。杉原は会場で『武器輸出大国ニッポンでいいのか』（あけび書房・2016年）を販売していた。そこに収められた「『死の商人国家』にさせないために」で杉原は、自分たちが取り組んだ経団連抗議行動（デモ）についてふれていた。僕は杉原と会い、僕たちも、武器輸出問題で、経団連デモ（と抗議文渡し）に一度だけ取り組んだことがあることを思いだした（イラク反戦の時だったと思うが、杉原がふれている行動と、私の記憶が同じ時のもの〈共にやった？〉か否かは、さだかではない）。

それがいつ頃だったか忘れてしまったが、その前日に僕は『太陽の脱出』をビデオで観て、経団連に向ったことを憶えている。

この久しぶりの出会いでのやりとり（この映画の存在について僕は少し彼と個人的に話した）を通して、今号で、書いてしまうことを決めた（偶然に流されて、アタフタと書くという自分の流儀にふさわしいと思ったからだ）。

この作品についても、僕の「日活アクション映画辞典」として愛用している渡辺武信の批評的ストーリー紹介を借りよう。しかし、大いに共感するがゆえにでなく、まったく反対の理由で。渡辺の批評への批判を通して、自分のこの作品への深い共感の意味をより具体的に確認しなおしてみるために。渡辺の文章を引こう。

「主人公はひそかに帰国して、自分の会社の武器の製造を止めさせるキャンペーンを行なおうとするが、彼が行動を起こすより先に、企業側の刺客が彼を襲う。傷ついただけで命を取りとめた裕次郎は、深夜兵器工場にしのびこみ、退避ブザーを押して工員たちを退去させつつ、各所にダイナマイトを仕掛けていく。企業専属の殺し屋の一群が裕次郎を狙って射ちまくるが、裕次郎はマシンガンで応戦し、身体中を蜂の巣のように弾丸に貫ぬかれながらダイナマイトに点火してから息絶える。これは実は石原裕次郎がヒーローにとってのタブーを犯して敢行した最初の死であった。このクライマックスの裕次郎の悪鬼のごとき活躍ぶりは、オーバーといえばオーバーだが、先に述べたとおり、工場襲撃の動機が、存在を奪われた男の私怨として執拗に描かれているので、それほど白けた感じがせず、悲壮感がにじみでているのが救いであった」。（傍点引用者）

オーバーも、クソもない、「悪鬼のごとき活躍」などないのだ。ダイナマイトなど持ってきていないし、工場のトランクからビニールに包まれたマシンガンを一つ手にするが、それには弾など入っていない。「とうとう最後までおまえといっしょだったな」と銃に語りかける裕次郎にそれを使う意志などない。やはり「死の商人」として死んでいくしかない悲しい自己確認がそこにあるだけだ。裕次郎の持ってきたのは一丁の銃だけ。それの弾がなくなるまで、足もとへの威嚇射撃だけして、静かに殺されていく。一瞬のうちに「蜂の巣」になるのだ。それも、ドラマ中かけ続けていた、グロテスクなほど大きいサングラスはかけたまま、弾薬庫の前の路上に死体がころがる。

どうして、こんなドラマに変えられて記憶されてしまったのか。これが書かれた時代は、劇場以外の場所でビデオやDVDで映画を観なおすということが不可能な時代。ほぼ記憶だけ（あるいは現場で書きかえられているシナリオ）にたよれば、誤評はさけられまい。だから僕はこの大作『日活アクションの華麗な世界』に存在する、おびただしい数の誤ったストーリー紹介に、いちいちこまかくあれこれ非難がましく言うべきではないと考えてきた。しかし、この作品については、キチンと書いておきたい。

だってくりかえされている「存在を奪われた男の私怨」という動機の解読自体が、まるではずれているのだ。「社会正義」などという公的イデオロギーではない、もっと個人的動機であることはまちがいないが、それは決して「私怨」などと呼ぶべきシロものではまったくない。この自爆すらできなかったテロリストの〈自己倫理〉の質が読めなければ、このもっとも〈戦後的〉映画の意味など理解できるわけがないのだ。

またストーリーのアウトラインの紹介すら済んでいない。渡辺の紹介文にもどる。

「主人公の裕次郎と、その相棒・梅野泰晴は日本の兵器製造企業の社員として、バンコックへ赴任し社の密令にしたがってベトナム戦争の南、北に兵器を密売する。ところがこの密売に当局の追究《※ママ》が迫ったのを恐れた企業は、二人を死んだことにして存在を抹殺し、帰国できないように暗殺者に監視させながら、なおも〝死の商人〟のビジネスをやらせている。

映画は、東南アジアに日本製の武器が密輸出されているという噂を探るため、新聞記者・二谷英明がバンコックへ行き、裕次郎らと出会うところからはじまる。裕次郎はサングラスをかけ、拳銃を肌身につけた謎の男として登場するが、その登場の瞬間から発散する無気味さと影のある存在感は、このような典型的な形で暗さを背負った役が『赤い波止場』以来であることも手伝って、裕次郎ファンにとっては、とくに印象的だ。ぼくはこの映画全体をそれほど高く評価するものではないが、……彼は五年の年輪を、そのぜい肉のつきはじめた肉体に刻んで、陽光の世界から影の世界へと帰還したのである」（傍点引用者）。

この「映画全体」を「高く評価」する僕は、『赤い波止場』の白いセビロとサングラスの少し陽気な殺し屋・レフトのジローの「影の世界」への裕次郎の帰還を歓迎するという評価に、同意しないわけではないが。このドス黒く、大きいサングラスをはずせない、この映画のヒーローの素顔は、レフトのジロー以上に、ナイーブなものなのである。そのサングラス（武器商人ビジネスマン）とまったく矛盾する素顔が、ドラマの展開とともに少しづつ明らかにされていくのである。

だから、「武器製造企業に就職した男たちの物語と読める、渡辺のストーリー紹介は、致命的に不正確である。

裕次郎登場のファーストシーンは、火のついたハマキを口にくわえながらドス黒いサングラスをした裕次郎が、反政府ゲリラのメンバーたちの前で、売りつけるためのマシンガンを乱射してみせる不気味なシーンである。この「影の男」は、この武器は政府側に売らないでくれとたのみこむゲリラ兵に向かって、「高く買ってくれるところに売るだけだ」と無表情に答える（サングラスで実は表情はよく読めない）。怒ったゲリラの一人が現地の言葉で非難を投げつける。裕次郎は通訳に聞きただす。「おまえは死の商人だ」と言っています。薄笑いを浮かべながら（実はこれも正確には、よくわからない）、裕次郎は英語で「メイビーソー」と答える。それを自認している不気味な男は次の酒場のシーンで、予想外の素顔を示す。大学生時代からの友人、共に商社に入社してはりきってバンコックに来た「相棒・梅野泰晴」は酔いつぶれており、支払の金がない。遠いテーブルからこのアル中になってしまった友人を見守っていた裕次郎は、金を彼に届けさせる。その時、「日本へ帰るための旅費にしてくれ」と。梅野がおいかけて来ての会話はこうだ。

『太陽への脱出』スチール：”死の商人“に扮した石原裕次郎と恋人の岩崎加根子　『石原裕次郎☆31』（にっかつ出版）所収

無事に帰れるわけがない、おれたちは〈それ〉をやってしまったのだから、と裕次郎は言う。梅野は、「強制されたんだ。やらなければ殺されていた。おまえだっておなじじゃないか……」と答える。ここには、二人は、それと知らずに商社マンになっただけであったことが告げられているのだ。

次の裕次郎の言葉が、二人の関係の全てを示す、記憶されるべきものである。

「武器を売り、その武器が人を殺した時、おまえはそれを忘れようとして酒におぼれた。おかげで俺は酒すらのめなくなった」。役たたずのアル中の友人を処分しかかっている組織の言いなりになりながら冷静に友人をガードしつづけている裕次郎、その二人の関係の歴史がスピーディーに告げられる。「俺にはおまえしかいないんだ」という裕次郎の言葉に、苦悩を共有する二人の自責の念の深さがストレートに表現されている。

「俺たちは、生きていくためには、ここでこうしているしかないんだ」。

また、渡辺のストーリー紹介にもどる。

「二谷英明は裕次郎と梅野泰晴の二人に会って、帰国すれば、彼らの存在を抹殺した企業の陰謀をあばくのに力を貸すと言う。望郷の想いで廃人同様になっていた梅野はこの申し出に飛びつくが、裕次郎は黙って二谷の前から姿を消し、また暗黒街へと身を沈めていく。／この段階で裕次郎は敵の力のおそろしさをリアルに認識し、冷静に生きのびようとしている。しかし帰国しようとした梅野が暗殺され、その無残な死体を見た瞬間から裕次郎は復讐を決意する。つまりこの時、彼は生きのびようとするリアリストから、存在を奪回しようとするロマンチストに変貌する。そして、ヒーローが生命よりも、観念的な個としての自分の存在を重視し、守ろうとするのは日活アクション全体に多かれ少なかれ共通する特徴であり」(傍点引用者)。

友人の死体を前に裕次郎は「復讐」など決意しない。大新聞記者(二谷)の「人間をとりもどせ」という「正義の言葉」を、彼は、まったく信をおいていない。「平和日本の〈死の商人〉というセンセーショナルな特ダネのために、自分たちを利用しようとしているハゲタカ野郎。そのため、友人は死んだ。裕次郎はそのようにリアルに認識している。彼が友人の死体を前に、あらためて深める決意は、〈死の商人〉だけは、どうしてもやめることである。彼は、秘密は決して口外しないから、後の時間は表の顔であるナイトクラブの中国人マスターとしてい続けることを認めよと、すでに組織と交渉している。それを現実のものとし、心を通わせる関係になっている現地のベトナム女性(岩崎加根子)と静に生き続けたいとのみこの時願っているのだ。だから「正義とヒューマニズム」をふりかざして友人に代って日本への証言のための帰国をすすめる二谷」の申し出を、この時点でもハッキリ断りつづけている。

だから「リアリストから存在を奪回しようとするロマンチストに変貌」という渡辺の〈観念的な個〉の存在重視〉という図式還元は、問題を見えなくさせるだけである。

いってみれば〈死の商人〉をやめ現地で生き続けるためのギリギリの可能性に賭けるしかない男の追い詰められたリアリズムが、そこに表現されている。

ベトナム女性については、渡辺は、こうあっさりと紹介している。

「故郷で存在を抹殺され、いわば幽霊として生きている裕次郎の唯一の慰めは、バンコックで得た現地人の妻・岩崎加根子の愛である。二人の日常生活の描写の中に、主人公が自分の存在感を奪われたままいわば宙づりになっている緊張感と、その状態に畏れて諦観していることから生まれるなごやかさとが、不安な共存をしている」。

ここでは二人の愛の関係について語られるべきことが、何も語られていない。楊愛蓮〔岩崎〕は戦災孤児であり、みがいて商品として売りこむことをねらった、ベトナムに残留した元日本兵・作次〔殿山泰司〕にひろわれた女性であり、金持ちの慰み者として生きさせられており、ゆえに金持ち（クラブのマスター）裕次郎のところに売られてきたのである。凍りついて死んだように生きているこの女性は、少し日本語が話せることもあり、裕次郎の裏の顔にも気づいている。スポンサーの裕次郎は、メイドとしてのみ対応し、性的な関係は強制しない。死んだように生きているこの男に、死んだように生きているアイレンは、いつか心惹れるようになっている。そういう状況から、このドラマはスタートしている。」（そうした心理は、後のドラマ展開で示されていく）。

皮肉にも、この岩崎との関係で裕次郎は日本に帰ることを決意するはめに追いこまれていくのだ。

この映画はアイレン〔岩崎〕と速水志郎〔裕次郎〕との、相手の命をおもんばかり続ける愛の関係と杉浦利明〔梅野泰晴〕と速水〔裕次郎〕との、命ギリギリの友情の関係の二つを軸に構成された〈命〉をめぐるドラマである。

もう一つの軸。佐伯正平〔二谷〕と速水〔裕次郎〕、帰国からラストの裕次郎の死体となる行為へ向かって、裕次郎の〈倫理〉にうたれ二谷の方が変わっていくことを通してうまれてくる友情の関係をプラスすることはできる。

この三つの関係が重層的におりこまれたドラマの魅力について、具体的に論ずるスペースはもはやない。それは次にまわし、今回は、どうしても論じておかなければならない、失敗に終った兵器工場爆破をめぐる問題についてのみ、書いておきたい。

大手マスコミ記者二谷は、武器商人としての自分のデータを整理し持参した裕次郎を社につれていくが、会社には政治的圧力がかけられており、記事にする姿勢など、まったくない。

落ち込む二谷を前に、日本のマスコミに信などおいていなかった裕次郎は、すぐ行動に移る。武器製造をやめなければ工場を爆破するとの予告電話。それへの回答は日本の組織からの刺客である。雑踏の中で胸を刺された裕次郎は鮮血をしたたらせて武器製造工場へ向かう。銃で威嚇して放送室を占拠、二谷を電話口によびだし、「俺から君への最後のプレゼントだ」と語り、工場内へ向けての自分の以下のアナウンスを聞かせる。

「いいですか、みなさん。おちついて聞いてください。みなさんの作っている武器は、東南アジア、中近東の戦乱の地に流されて使われています。僕には時間がない。この工場を十分後に爆破します」。

驚いて工場から逃げだそうとする作業従業員の群れ、その群れの真ん中を、胸から流れ続ける血を押さえ、一丁の銃を片手にブラ下げるように持ちながら、黒いタキシードとサングラスの裕次郎は、大工場と弾薬庫へ向かってゆっくりと歩いていく。このシーンは印象的だ。

さらに印象的なのは、ガランとした工場の中に入り、裕次郎が「誰もいませんか!」と呼び続けるシーンがキチンと描かれている点だ。まきぞえの殺傷はしたくない、爆破すべきは武器であり、人ではない。そういう〈テロリスト〉裕次郎のメッセージがそこには具体的に明示されている。

このテロリストは、弾薬庫のドアの前で、機関銃を持った「影の部隊」に包囲されても、威嚇射撃以外はしない。そして、「蜂の巣」にされていくのだ。

もう一点、忘れるわけにはいかないシーンがある。この〈テロリスト〉は、自分を「蜂の巣」にする発砲が始まる直前、弾薬庫のドアの前で自分の腕時計で時間を確認しているのである。

もう「十分」はとうにたっているであろうに。この心優しい身ぶりの直後、死体となった男は、殺した男たちにその顔を蹴上げられる、その時やっとサングラスは男の顔からはずれるのだ。この〈命の重さという自己倫理〉を「死の商人」という恥辱を背負って生ききった〈テロリスト〉の死体のわきにころがった大きなサングラスに、夜明けの太陽の大きく写しだされるシーンのアップで、このドラマは終っていく。

『武器輸出大国ニッポンでいいのか』に収められた、杉原浩司のもと経産官僚・古賀茂明インタビュー（「戦争を欲する社会にしてはならない」）で、日本の武器の売りこみ失敗を残念がる、マスコミ報道が紹介されている。〈死の商人〉という恥辱にまみれた心優しいテロリストをヒーローとする映画に、共感する感性など、すでに日本社会は失ってしまったのか。いや「死の商人にならないで！」という市民の声は、まだ無力ではないと杉原はここで力説している。

ヒーロー裕次郎が最後に全身蜂の巣となって死を遂げる異色作『裕次郎よ！永遠に』（近代映画社、1987年）より

残念ながら安倍政権下の日本は今、「死の商人」国家への道を全力で走りだしてしまっている。この本に収められている物理学者・池内了の「急進展する軍事共同にどう抗するか」と新聞記者・望月衣塑子の「国策化する武器輸出」でも、そのプロセスと恐るべき現在の日本の軍事社会化がリアルに論じられている。

朝鮮戦争をステップにベトナム戦争で拡大した、その社会の軍事化に抗った孤独で心優しいテロリストの〈自己倫理〉。こうした今だからこそ、この〈テロリスト〉の倫理があらためて観なおされなければなるまい。そう考えるのは僕だけなのだろうか。

マジの「無国籍」映画――われは知る、テロリストのかなしき心を

『太陽への脱出』（監督・舛田利雄　1963年・日活）

日本の「武器輸出」（「死の商人」国家・社会への道）というテーマの映画を考えた時、僕の頭にスグ浮かんでくるのは、『太陽への脱出』（1963年）とともに、その前年に封切られた東映の『誇り高き挑戦』（深作欣二演出）がある。実は『脱出』は、この『挑戦』を意識し、それをふまえて、つくられた作品であったようだ。山根貞男による深作欣二インタビュー本『映画監督 深作欣二』（ワイズ出版・2003年）に、こういうやりとりが収められている。

「――当時、各社にギャング映画がありましたね。監督でいうと、東宝・岡本喜八、日活の井上梅次、舛田利雄。井上梅次は東映でも撮っていました。

深作　あのころ、いろんな意味でうまかったというか大胆というか、井上梅次さんにしても舛田利雄さんにしても、これはやくざだというのを取り入れながらギャング映画的アクションに持っていきましたよね。そうすると、はてしもなくやくざらしくなくなるんですけれど、そんなことは平気の平左でね。裕ちゃん（石原裕次郎）の相手役はみんなやくざやっていながら、やくざかギャングどっちやねんという感じじゃない。あそこらへんは日活の妙なリアリズムで、日本にはギャングというのはないわけだからギャングじゃないけれど、リアルなやくざかフィクションとしてのギャング的やくざかどっちやねんということを感じさせなかったですからね。あれは日活独特のエネルギーですよね。／あのころ、それほど親交があったわけでもなかったんだけれど、舛田さんから電話がかかってきて、今度撮る映画に『誇り高き挑戦』の武器密輸に通底しているところが出てくるかもしれないけれど了解してほしいと言うから、どうぞどうぞと。要するにこっちもフィクションやし裕次郎の役が丹波哲郎に当たるわけです。

――石原裕次郎がラストで初めて死ぬ役を演じる『太陽への脱出』ですね。

深作　それを見て、僕がびっくりしたのは、最初の

シーンがたしか衆議院の特別委員会で、それをえんえんとやるわけです。こういう事実が上がっているが、それを政府としてどう思うかとかね。総理大臣も外務大臣も出席して特別委員会のセットを組んでやる。これはびっくりしましたね。こっちは新聞記事のモンタージュか何かでやってるところを、堂々とお金をかけてさ（笑）」（傍点引用者）

『太陽』と『挑戦』の二作を重ねて論じてみる。今回、そうしようと思って準備していた。自責の念でまともに太陽をおがめない（裕次郎同様サングラスをはずせない男、『挑戦』のヒーロー鶴田浩二）主人公の共通性。しかし、そこに表現される「反米感情」の違いは……。そんなことをアレコレ考えていたら、古代ローマ史が専門の学者本村凌二の『裕次郎』（講談社・２０１７年）に出っくわした。

裕次郎没後三〇年の今年、十本の裕次郎映画を選んで、（一作一作封切られた時代と）自己史を重ねて論じてみせた著作である。『太陽への脱出』も入っていたので手にしたのだが、そこでは、主題歌「骨」が詳細に紹介されている。

この中原中也の詩について、僕もとても気になっていた。『在りし日の歌』に収められた「骨」。

ホラホラ、これが僕の骨だ、
生きてゐた時の苦労にみちた
あのけがらはしい肉を破つて、
しらじらと雨に洗はれ、
ヌックと出た、骨の尖《さき》。

それは光沢もない、
ただいたづらにしらじらと、
雨を吸収する、
風に吹かれる、
幾分空を反映する。

生きてゐた時に、
これが食堂の雑踏の中に、
坐つてゐたこともある、
みつばのおしたしを食つたこともある、
と思へばなんとも可笑《おか》しい。

ホラホラ、これがぼくの骨――
見てゐるのは僕？　可笑しなことだ。
霊魂はあとに残つて、

また骨の處にやつて来て、
見てゐるのかしら？
故郷《ふるさと》の小川のへりに、
半ばは枯れた草に立つて
見てゐるのは、——僕？
恰度《ちょうど》立札ほどの高さに、
骨はしらじらととんがつてゐる。

映画の前半に裕次郎が夜、自分の店（ナイトクラブ）で火のついたタバコをくわえながら、サングラスのままでピアノを演奏し、このやや不気味な詩を歌うシーンがある。それは「武器商人」であることを強いられている男の孤独を歌うなんとも印象的なシーンであった。

演出家舛田は、『脱出』について、こう語っている。

「——これは裕次郎さんが壮絶な死を遂げるという、そういう意味で異色作ですし、そのラストへ向けてのドラマのベクトルが凄い作品です。

舛田　もともとこの企画そのものはあってね。例によって、何でも良いから裕次郎ものをゴールデンウィークにやれという話でした。／ちょうど、その当時、ベトナム戦争の真っ最中なんですよ。ベトナムのサイゴンで、ビジネスのために武器を売る『死の商人』が、新聞を賑わしていて、それと第二次大戦の日本の脱走兵が、実際にいたんです。殿山泰司さんにやってもらったような無国籍の男がいたわけです。そこで裕ちゃんを日本企業の駐在員にして、日本そのものは平和なんだけど、それを支えている産業が、密かに武器の部品を作って、それをベトナムで売っている。いわばベトナム戦争に加担している『死の商人』をやっている。そういう話にしようと思ったわけです。

——裕次郎さんを「死の商人」にするという発想があったわけですか。

舛田　実際そういう話があったからね。だからホンを作るために、ベトナム特派員をやっていた新聞記者に会ったり、周辺取材を随分しました。／ただ、例によってシナハンどころかロケハンなんてさせてくれない。だからまずは海外から話をスタートさせて、あとは僕らのイメージを膨らませていこうということです。そんな話を進めているうちに、裕ちゃんが「もう死のうよ」と言ったんですね。それまで会社が作っていた不文律に、本人も嫌気が差していたというか。悩んでいたんでしょうね。

——裕次郎さんが次第に大人になって、アウトローではあるけれども、どこか体制側のイメージになってきていました。ところがここで、究極の反逆児。日本に対して、個人を抹殺しようとする国家、権威に派手に反旗を翻します。

舛田　そうです。『太陽への脱出』は、バンコックで国籍を失った日本人が、自らの存在をかけて、日本そのものに反逆するわけですから、もとから僕がこういう映画にしたかったこともあって、話も組み立てていったのです。脚本は山田信夫と山崎巌でしたね。

――異色の顔合わせでもあります。日活マーク開け、いきなり国会議事堂に、どす黒い文字で『太陽への脱出』とタイトルが出ます。この時代、監督のなかで、相当な怒りがあったわけですね。

舛田　そりゃそうです。政治的信条云々というより、こういうことに加担してはいかんという。僕らの世代なら、そう感じていたんじゃないでしょうか。

平和な日本の国会で『死の商人』が問題となっている。しかしそういう訴追があると、遥か離れた現地の駐在員が、邪魔になる。そこで指示をしていた上の連中が証拠隠滅にかかる。その欺瞞を新聞記者の二谷英明が暴こうと、バンコックへ飛ぶ。

――そこに国籍不明の裕次郎さんが、ナイトクラブの主人・劉として、英語でスピーチをして、実にカッコいい登場場面です。でも、バンコックには実際に、日本人だけど国籍の無い男がいて、元日本兵なんだけど、戦後もそのまま残っちゃってナイトクラブを経営していた。本当の無国籍者。だから、このナイトクラブは『望郷』（1937年仏）のカスバじゃないけど、そういうムードを出してね。

――社会性あるテーマ、しかも告発的な国家の欺瞞を暴くという展開だけに、この裕次郎さんの登場シーンや、ナイトクラブをめぐる描写は実にカッコ良いです。

舛田　おもしろくて、裕ちゃんがカッコ良くないと、いけない。僕自身の怒りみたいな思いも、裕次郎に託していくわけだからね。ナイトクラブで、夜、裕ちゃんがピアノを弾きながら歌うでしょう。

――「骨」という曲です。中原中也の詩に曲をつけるというのは、監督の考えですか。

舛田　そう、ここで裕ちゃんに何を歌わせるか。歌謡曲じゃないだろうし。山田君ともいろいろ相談してね。結局、僕が昔から好きだった、中原中也の「骨」に、伊部晴美が曲をつけてくれた。それで裕ちゃんの「骨」になった。あの歌、いいよね。ところが全然流行らないんだ。俺が作る歌は全然流行らない。でも曲はいいよね。祖国を失って、気持ちが漂泊している。どこにも居場所がない男です。だから無国籍映画と呼ばれた日活映画だけど、本当に無国籍な男を主人公にしたのは、これかもしれないですね。」（『映画監督　舛田利雄』佐藤利明・高護編・シンコーミュージック・エンタテインメント刊・２００７年）〈傍点引用者〉

バンコックと東京という二つの空間を行き来する人物を軸に、かなり入りくんだこのドラマ。しかし、悲恋をはさんでラストの〈自爆テロ〉（失敗するそれ）に向かってのヒーロー〈裕次郎〉がなだれこむこのドラマは実にムダのない快調なテンポで組み立てられている。プログラムピクチャーのハチャメチャスケジュールの中で、脚本も演出もたいしたできだ。

さきにふれた本村凌二は「この映画をあらためて観たとき、一〇〇本近くあるという裕次郎映画の最高傑作の一つではないかと思うようになった。少なくとも五指にはいるのではないだろうか」（『裕次郎』）と評している。僕も同感である。

本村は、この本の中で、中也の「骨」は「裕次郎の希望でメロディーをつけた」という、舛田とは別のエピソードを紹介している。

それはどちらでもいい（両人の希望であったかもしれないが）。それより、本村の紹介している東大の安田講堂であった「ホネ」をテーマにした公開講座、自分が古代ローマの剣闘士の骨の分析をレポートした時、ラストの五分に「私の合図で、作詞中原中也、作曲・編曲伊部晴美の『骨』を歌う裕次郎の声」を流したというエピソードが楽しい。

「安田講堂の音響効果は比類ないものであり、おそらく二度と聞けないほど深く優しい、素晴らしい歌声が響きわたった。唯一人立ち去る人はいなかった。講演が終了した後、私の講義内容はそっちのけで『この曲はどのＣＤに入っているのですか』などの質問が殺到したのには苦笑したものだ」。

このブッ飛んだ入れあげかたは、苦笑をさそうが、でもなかなか素敵である。

僕には、『太陽への脱出』を観て、よく思いだす詩が、もう一つある。あれこれ詩集など読む文学少年だった時間などまったくなかった僕にもかかわらず、ガキの時、偶然読み、なんとなく気に入り、暗唱してしまった石川啄木の詩である。ロシアのナロードニキについての知識などまるでない時代に、どうしてスラスラと口にできるほどいれあげたのか、実は、よくわからない。

『太陽』と『挑戦』を重ねて論ずるというテーマから大きくそれたこの文章（これは次回の課題にしたい）の

結びとして、それを引いておきたい。

「ココアのひと匙《さじ》」

われは知る、テロリストの
かなしき心を——
言葉とおこなひとを分ちがたき
ただひとつの心を、
奪はれたる言葉のかはりに
おこなひをもて語らむとする心を、
われとわがからだを敵に擲《な》げつくる心を——
しかして、そは真面目にして熱心なる人の常に有《も》つかなしみなり。

はてしなき議論の後の
冷めたるココアのひと匙を啜《すす》りて、
そのうすにがき舌触りに、
われは知る、テロリストの
かなしき、かなしき心を。

それは、１９６３年の『太陽への脱出』のために啄木が１９１１年6月15日に東京でつくっておいた、僕には、そんなふうに思える、歌である。

深作欣二・山根貞男著『映画監督　深作欣二』
ワイズ出版、2003年

『映画監督　舛田利雄』舛田利雄／佐藤利明／高護編
（シンコーミュージックエンターテインメント社、2007年）

〈疎外〉論の時代――「君も俺もはじめて人間として生きかえる」

『誇り高き挑戦』

（監督・深作欣二　1962年・東映）

羞恥心というものが、まったくなくなってしまった男たち。アメリカ大統領トランプと安倍首相である。来日したトランプとの2017年11月6日の会話で、高額な米国製武器の大量買いこみ、公然たる「死の商人」のセールスにスンナリ購入拡大に応じた首相。この報道を眼の前にして、僕は、そう思った。トランプは日本をまきこんだ戦争を挑発し続けており、安倍は平然とそれに加担している。そういう状況下でのことである。マスコミには「死の商人」という言葉は、ほぼ消滅してしまっている。

しかし人間を殺傷するための武器を売り買い。戦争を騙《あお》って、敵味方区別せずセールスする。この「死の商人」は、もっとも人間として恥しい存在である。このハイエナのごとき戦争商人だけは、許されない。こういった〈倫理〉感がまだ日本社会に生きていた〈戦後〉の時間が、まちがいなくあった。

僕は、このことのあらためて確認のために、DVDを借りてきて、深作欣二演出の『誇り高き挑戦』（1962年・東映）と舛田利雄演出『太陽への脱出』（1963年・日活）の二本を、またまた、観なおした。二作連続で観ることで、主人公がサングラスをはずせない男であるという点で、共通している、この異色作、二つの作品の違いの持つ意味が、よくわかった。

封切りの時間で観た時の記憶で、僕はこの「挑戦」の方は、米軍占領下のドラマであると思いこんでいた。ところがそれは、映画のつくられた時代、占領から十年はたっている物語であったのだ。米軍占領下の時間、日本陸軍特務機関からGHQ（アメリカ）の特務機関に、平然と横スベリした男（丹波哲郎）らの暗躍で、アメリカのスパイ活動への全面協力を拒否して殺された日本人女性。「パンスケ」が殺された事件として真実が隠された問題を深追いしすぎ、リンチされたあげくに、いわゆる「一流」のマスコミ記者の職を追われた男（鶴田浩二）。今はユスリ・タカリ業界紙（「鉄鋼情報」）で左眉から下についた傷を隠して（おそらくリンチの時の古傷）サングラスをはずさない男。鶴田は十年後、もう一度、アメリカのスパイ組織と丹波がらみの、日本では表面的には禁止されているはずの武器輸出の問題を通して、占領後も日本で活動し続けている、この諜報機関に「挑戦」する。演出家の深作は、山根貞男の「深作監督の映画についての批評は、このときが本格的に出始めた最初ですね。『キネマ旬報』では山田和夫が絶賛した。ただ、山田和夫は要するにアメリカ占領下の日本を描いたという点だけで評価していて、それでは単なる反米イデオロギー映画になってしまいます。」との問いかけに以下のごとく答えている。

「反米というのは、僕の場合、松本清張さんのようにピタッと決まっていなくて、何か右翼のシッポを引きずってるところがありましてね。鶴田浩二のなかにもあるでしょ。論理的ではない、情感が揺れ動いている、右翼とどこが違うんだと。たしかに右翼とは違うんだけど、じゃどこが違うだというと、どうもはっきりしない。ある種の正義感みたいなものになっちゃう。あるいは戦中派の情念みたいなのが強く出ちゃって、それゆえにフラフラする。子どものころからの右翼風土といいますか……、それの情緒が、鶴田浩二のあの主人公には情念の資質としていちばん近いんじゃないかと思いますね。彼の反米思想というのはそれですよ。」（『映画監督深作欣二』傍点引用者）。

この映画につめこまれた「情念」も「正義感」も、当時の「ヤンキー・ゴーホーム」の連呼に象徴的に示される共産党の反米イデオロギーと同調的なものであり、思想的質の高いものでないことに深作自身が、かなり自覚的であったようだ（日本の右翼は、敗戦占領下で、映画の中の銭ゲバ丹波同様に、すぐ力とカネのある米国だのみの、筋の通らないナショナリストに、あらかた変身していったというもう一つの事実も忘れられるべきではあるまい）。鶴田の「正義感」がストレートに示されるのは、この映画の、かつての職場（社会部）に乗り込んで、デスクら多くの記者たちに、あらためて手にしたアメリカ・スパイ組織の暗躍のネタ（十年前の女性の殺害も含む）を記事にさせてくれと売りこんで、「ステップバイステップで気長に一つずつ変えていくんだ」というデスクの言葉で拒否された時のシーンである。権力におびえて自分をパージして真実を隠した「十年前となにも変わっちゃいないゆえ、おまえたちでは何も変えることなんてできやしない、占領の時代と同じで、占領が続いて十年たっても何も変わっちゃいない」とサングラスの鶴田が凄むシーンである。

この時鶴田は「死の商人」や謀殺を断罪する自分の「正義感」に、何の疑いも持っていない。絶対正義の告発者であり、米（軍）支配に従属している日本人を断罪する（アメリカに「挑戦」する）「誇り高き」日本人である。この「正義のナショナリズム」は、封切りの時間で観た時、米軍基地のある街に育った少年時代の僕の感性を強くゆさぶったが、大人になった僕には、共感がまったく薄いものでしかなかった。「挑戦」から一年後につくられた『太陽への脱出』の裕次郎の「正義感」・「情念」は「日本人」などというアイデンティティは持ちようもなく、メチャクチャに屈折している。この点が「脱出」のすばらしさなのだとあらためて思う。

「挑戦」の「正義感」の思想的質を示すシーンをもう一つ。鶴田は丹波の武器輸出に絡んで第三世界のある自称「革命派」のリーダーの、かつてのアジア人の団結を叫んで自分たちを支配した日本人の歴史と、朝鮮戦争特需景気にわく日本人への不信を重ねて語るのに対して、こう答える。〈日本人にもいろいろいる。俺の手は特需景気のアブク銭などにぎったことはない〉と、汚れたことなどないと自認している手を差しだしてみせる。反対に裕次郎は〈それ〉をやってしまっている汚れた日本人の代表である。それをやってしまった「人間」は許されないという自己否定的倫理感をこそ生きている。闘いの根拠は白い手の他者告発ではなく、〈自責の倫理〉なのである。ゆえに裕次郎のサングラスは鶴田のような攻撃的性格を持っておらず、自虐の精神（真っ当に太陽がおがめない）がかけさせているものなのである。

「死の商人」をともに強いられ酒びたりだった友人が、日本から帰った鶴田がかって務めていたのと同様な大新聞社の記者〔二谷英明〕にそそのかされて「真人間」として生き直すために、証言のための帰国を決意する。そしてバンコック空港で日本の財界トップがらみの武器輸出組織の手で予定されたように殺される。それでもマスコミ記者〔二谷〕が情熱的に上から説く「人間」としての正義の特ダネねらいの偽善性に十分に自覚的であった裕次郎が、日本への帰国へ追い込まれ、それを決意してゆくプロセスに、裕次郎の倫理の質がよく示されている。

それは、こうだ。

殺された友人の埋葬のために集まった裕次郎、二谷、そして裕次郎が結婚を約束した現地の女性〔岩崎加根子〕の前に、東京から来た「組織」の殺し屋（友人を刺殺したのもそいつらである）が登場し、俺を殺して記者〔二谷〕とともに日本へ帰国するか、二谷を殺して

「組織」（今までの「死の商人」生活の持続）の、どちらかを選べと、弾の入った拳銃を投げてよこす。「死の商人」はやめ、表の顔であるクラブのマスターとして現地の「妻」とともに秘密は口にせずバンコックに〈骨〉を埋めることを認めよと「組織」と交渉していた裕次郎は、俺を撃ちたいなら撃てと銃を路上に投げ捨ててスタスタ歩きだす。命がけの交渉である。しかし、日本（東京）に愛する裕次郎が帰ってしまうことだけは、どうしても阻止したい岩崎が、拳銃を拾い、二谷に向かって発砲しかかる。そして、どうしても「死の商人」だけはやめたいと決意している裕次郎は、やむをえず引き金に指がかかっている銃を、彼女の腕ごとグルッと反転させ「殺し屋」の方へ向きなおさせる。岩崎の手の銃の発射とほぼ同時に「組織」（殺し屋）の銃が裕次郎に発射される。殺し屋は死に、裕次郎は肩をうちぬかれ負傷する。なんとか止血しながら岩崎の運転する車の中でもはや東京へ帰り、組織と闘う以外になくなった男は、はじめて「東京へ帰るしかない」と口にする。この追い詰められた男の日本への帰国の決定は、裕次郎と岩崎の遠からぬ死の決定をも意味した。体を売る商売に戻ることを強制されることになる、保護者〔裕次郎〕を失った岩崎は、命がけで男のバンコック空港からの離陸を助けた直後、空港で自殺。男は、東京へ着くと、大新聞の「正義」のインチキ（政治的圧力で記事にせず）を確認した後、武器工場爆破のテロへ一直線のプロセスでむごたらしく射殺される。裕次郎は帰国の選択しかなくなった後は、「それ」をやってしまった自分の責任として、どうしても武器づくりだけはやめさせようと決意していたのである。武器製造工場（映画のモデルはまちがいなく「三菱重工」系）で働いている多くの日本人労働者たちを負傷させまいとおもんぱかっている。このテロリストには他者断罪（告発）の倫理はまったく強くない。自己断罪の強烈さと、それは逆転して対応しているのだ。

「脱出」の中で、二谷によって何度も「人間として生きかえる」あるいは「人間として復権する」という言葉が発せられる。それを耳にしながら僕は、この六〇年代のはじめの時代は、「疎外論」の時代であったことを、あらためて想いだした。そして、一九六〇年に翻訳（栗田賢三）刊行され（岩波新書）、この時代の大学生などの中でたくさんの読者を得たF・パッペンハイムの『近代人の疎外』を手にし、あらためてキチンと読みなおしてみた。その時代はカール・マルクスの思想にそくせば、「経済学・哲学草稿」などの「初期マルクス」研究が流行った時代であった。パッペンハイムは、目先の自己利害にだけ眼をうばわれ、自分と個人として確立するためのさまざまな課題を忘れていってしまったことを現代の〈疎外〉として論じだし、以下のごとく述べている。

「個人が何事によらず自分の利益追求と関係のないものからは疎外されるという事実は、必ずしもその人の意識にのぼるとはかぎらない。また、いつも自分自身の自我からの疎外に気づいたり、それを不安な経験として感じたりするわけではない。その冷淡な態度の結果として、疎外された人間は大いに成功を収めることがある。そうした成功が続くかぎり、それはある種の無感覚を生みだす。したがって、その人が自分自身の疎外を自覚することはなかなかむずかしい。危機の時になってはじめて、それを感じはじめるわけである。社会もまた疎外へ向かう傾向をしばしば平然として受けいれる。この事実は『疎外』という言葉の歴史によって例証されている。哲学的な意味では、この用語は十九世紀のはじめにフィヒテとヘーゲルが用いたものである。もっとも、その当時にはその影響は彼らの弟子たちの小さな集団に限られていた。それは同じ世紀の四十年代には社会学説のなかにはいってきた。マルクスが自己疎外の概念を中心において、資本主義社会の解明を試みたからである。しかし、この概念が影響を及ぼしたのはほんのわずかな間で、その後の時間にはほとんど忘れさられてしまった。今日、ほぼ百年後になって、この機会がふたたび前景に現われてきた。そしてほとんどはやり言葉にまでなっている。マルクスの思想にはほとんど同情さえもっていない人たちの間でさえそうである。おそらく、これは何年かにわたって続いている危機が否応なしに人間疎外の問題をわれわれに意識させるためであると思う」（傍点引用者）。

疎外ということが論じられることがほぼなくなり、その概念が「はやり言葉」になった時代があったことさえ、人々は忘れかかっている今、危機が消滅しているわけなどではないことは明らかである。公然たる「死の商人」である政治家に、強烈な嫌悪感を持つ人々が非常に少なくなっている事実が示すように、それは危機がより深化し、〈疎外〉を意識する感覚が人々からまるごと奪われるところまで来てしまっている結果ではないだろうか。

『挑戦』の鶴田は、「世の中は少しずつよい方向へ変化していないわけではない。人は変わるのだ。私がサングラスをはずしたあなたが好きになったように」との女〈大空真弓〉の言葉にうながされ、ラストに国会議事堂に向かって、サングラスをはずす。「死の商人」であった丹波は殺され、事件はまた隠蔽されるという事実を前にしてのことである。『脱出』の裕次郎のサングラスは殺されてはずれるだけである。この二つを映画のラストを対比して、僕は、アウト・ロー（ユスリの業界紙記者）の絶対の正義感が、サングラスをはずしてかたぎの「正義感」に転じたら、こりゃたまらんなと思った。

『脱出』のラストは、まじめに論じておかなければならない事がある。

死体からころがったサングラスを前に二谷は、こういうセリフを吐く。これが大きくスクリーンにかぶってドラマは終っていくのだ。

〈俺はこの君が命を代償として俺にくれた特ダネを書く。そしてそのことで君も俺もはじめて人間として生きかえる〉（傍点引用者）

『誇り高き挑戦』でアウトローを演じた鶴田浩二。『映画監督　舛田利雄』舛田利雄／佐藤利明／高護編（シンコーミュージックエンターテイメント社、2007年）所収

もちろん、警察への連絡をストップさせ、アッという間に裕次郎を射殺してみせた組織の政治力からして、大新聞でこの一連の事実を記事にできる未来は、ほぼありえないドラマ展開の下での、二谷のある意味ではむなしい決意宣言である。

しかし、この言葉には注目にあたいする点がある。二谷は裕次郎やその現地で殺された友人に「人間として再生しろ」と上から説教し続けていた。しかし、裕次郎の死体を前にして、死にいたる彼の努力と自分たちマスコミ人間のハレンチさを対比し、「人間」でなくなっているのは、企業利害に振り回されているだけの自分たちも、まったく同じであることに気づかされたのである。だから同じ汚れた位置から〈君も俺もはじめて人間として生きかえる〉という言葉が吐かれたのだ。それは、まさに「疎外革命」論時代を象徴する映画とそのセリフである。

ただ、この言葉の決定的な意味について、僕が気づかされたのは、ビデオで観た三回目（おそらく九〇年代）の時であった。

人を騙す〈嘘〉をめぐる物語

『ならず者』

（監督・石井輝男　１９６４年・東映）

このところ安倍晋三首相やその政権に抗議する大きな集まり・デモが続いている。僕は、あるデモを歩いていて「安倍は毎日エープリル・フール」と連呼している集団とすれちがった。首相とその妻の悪行を隠蔽し、他に責任を転嫁し、トボけるための、この政治権力者たちの大嘘が、連日国会の場でまかり通っている状況。政治権力（者）に嘘はつきもの、いや人間には嘘はつきものとはいえ、ここまでグロテスクなミエミエの嘘を公然とかつ平然とくりかえしている政治は、ほとんど例はあるまい。〈もう、いくらなんでもウンザリだ〉。そこには、そうした気分がよく表現されていた。

さて、今回は、〈ひたすら人を騙し、落とし入れるための醜悪な大嘘〉をめぐる暴力映画の快作をとりあげたい。

また、高倉健映画が、日本映画チャンネル（ＴＶ）で、連日流されるシーズンに入っている。この間、健さんの東映ヤクザ映画も大量にＴＶで流れるようになり、いくつもの作品を観なおせたが、先日、やっと一九六四年封切りの『ならず者』（監督・石井輝男）を観なおす機会がもてた。「やっと」というのには理由がある。私はここで降旗康男演出の一九六六年の『地獄の掟に明日はない』を論じ、こんなふうに書いている。

――さて、僕が困惑したのは、そのラストまで観て、どうも僕がかつて観たのは、この映画ではなかったと思えてきたからである。待っている女性はどうしても南田洋子だという記憶が、妙にハッキリとあり、全体を通して既に観たことのある映画であるということが確実に実感できるシーンに出会わなかったのだ。長崎ヤクザをクローズアップした映画のポスターと別の映画の内容がゴチャゴチャとなって、どうやら『地獄の掟に明日はない』のイメージが私の中で勝手に出来上がってしまっており、それを観なおしたいと思い込んでしまっていたようである。――

こう書いた時、そこには書かなかったが、まちがえた映画は、おそらく『ならず者』であろうというあたりはついていた。それをキチンと確認する機会を持ちたいと思い続けていたのだ。

この待っている南田洋子の前を、健さんの死体を乗せた車がスーッと走り抜けていく、ラストだけは、強烈に記憶が残っていた。この映画、これがそれであったことは、今度キチンと確認できたのだ。と同時に、このすこぶるシンプルで乱暴なまでに御都合主義的ストーリー展開のこのドラマ。マカオ・ホンコンの日本人娘売春組織のボスと対決する海外ロケと、もう一人のボス丹波哲郎との共演が売りの、この映画、それが〈嘘〉をテーマとする、とてもユニークな作品であることを、ハッキリ思い出した。

一匹狼の殺し屋稼業の高倉、サングラスとネクタイ・セビロ、そして黒のソフト帽でカチッときめたキザでトッポイ健さんが、タクシーの中で、「この悪党め!」と一人の男を射殺するシーンから、この映画はスタートする。ところが、この殺された男は、ただの風紀取り締まりのお役人であった。大悪党の処分を悪党から依頼されたと思っていた高倉は、金の支払もしない嘘で騙した依頼主を探し、この男が日本人の娘を日本から輸入し、生き血を吸い取ってコキ使い、アブク銭を稼ぎ続けているボス〔安部徹〕であることを知る。自分の悪事を守るための殺人の依頼だったのだ。この追跡のプロセスに、もう一人のボス〔丹波哲郎〕とその情婦〔三原葉子〕がからんでくる。高倉と丹波は、最初は、取り引きによる協力(安部追跡の)関係から情婦〔三原〕裏切りにより、敵対関係に入り(ハデな殴り合いのシーンあり)、誤解がとけ(丹波が三原の〈嘘と裏切り〉に気づき)、マジの協力関係になるといった、おなじみのパターンである。

健さんの追跡に、もう一人協力者としてからんでくるのは日本の売春Gメン〔杉浦直樹〕である。彼は殺人者高倉をおよがせ、動きを追うことで売春組織をさぐろうとする。その追跡協力プロセスで、この悪党〔高倉〕のゆきずりの金でボロボロの売春婦に示す、奇妙な情の熱さ、独特の「正義感」(人を騙す大嘘だけは許さないというモラル)を発見し引かれていくのだ。

もう一人、重要な登場人物は、日本人売春婦〔南田洋子〕である。偶然、健さんが逃げこんだ部屋の住人であった。この女はマカオで大量に喀血をくりかえしながら、生きるためになお売春業を続けている女である。高倉を追いかけて来た杉浦の前で、彼女は激しく喀血し喉に血をつまらせ、そのままでは死にいたる状況になる、なんと気のいい健さんは、彼女の血を自分の口で吸いだして援ける。

その夜、商売に出かけようとする女を、高倉が自分が買うと金を払って止めた後、「おめぐみはゴメンだ」という女に、「人殺しを匿ってくれたんだから、あたりまえの支払いだ」と高倉は応ずる。その後、二人の身の上話がはじまる。「日本に帰って死にたい」ボロボロの死にぞこないの彼女はそうくりかえす。男は「そうわるいことばかりは続かネェーよ」とはげます。女はいう「いままでいろんな人に騙され続けてきたから、人のいうことは信じられない」。その騙されるという言葉に重ねて男は、自分は刑務所の中で産まれた、母が妊娠中に若い娘と逃げた父（男）を殺して入ったのだ、とつげ、その母は死ぬ直前「どんなことをしてもいいけど人を騙すことはするな」と言い残したという生い立ちを淡々と語る。「だから俺は人を騙したことはネェー」「昔に会っていたら、私にあんた惚れたよ、そしたら私の人生もかわってたわね」といった調子の不幸な身の上同士の心の交流を示す会話の後、「日本へつれてってやる」と健さんがいいだす。「もう一回騙されると思って来てみなよ」。

もう一組の男女、丹波と情婦〔三原葉子〕のラストの会話は、こうだ。丹波をだまし、巨額のアヘンを手に入れるために使った男と三原がベッドインしている所へ丹波がのりこみ、クダクダといいわけをしている男をすぐ射殺。三原はすべて殺された男にひっかぶせ、嘘をつみかさね、丹波をベッドに誘いこむべく醜悪にふるまい続ける。丹波は「私を信じて」と言い続ける三原に背を向け、拳銃でピアノをたたき続け、そして歌うようにこう言う。「信じているさ、俺は、いつもおまえを信じているさ」半裸でベッドに待っている女。丹波はラストの言葉「俺は信じている、おまえがいつも嘘をつく女だということをな」と吐き、ふり向いて発砲する。この二人の関係については、もう一つエピソードが添えられる。丹波と高倉が警察に追いつめられて銃撃戦になった局面で、丹波は高倉に逃げやすい道をおしえ、自分は、おとりとなり反対の道へ向かおうとする。その時、どうしてだと問う高倉に丹波はこう答える。「ダメな時はそれまでだ、したい放題のことはしつくした、あの女を殺した後、アクセク生きていくのが嫌になった」。高倉はいう「アンタ、あの女に惚れていたのか？」、丹波は答える「わからん、しかしアクセクして生きるのは嫌だ」。丹波は刑事に射殺され路上に死体はころがる。

健さんは逃げおおせ、悪党ボス〔安部徹〕との対決へ。ボスのガードをしている殺し屋にナイフで腹を刺されながらも健さんは、命乞いのための、金はいくらでもやる、自分の力でなんでも欲しいものはやる、自由の身にしてやるという、空手形を大量に発行し続けるボスに「同じ悪党でも嘘と汚れた金まみれのおまえと俺とでは種類が違う、こうなりゃおまえの命は金では買えネエぞ」と叫び、決着をつける。

路上を這っていた重傷の高倉は、「Gメン」の杉浦に発見され、車にはこばれ、杉浦の膝の上に頭を乗せたまま二枚の飛行機のチケットを手に示し、「これをあの女にわたし…」という言葉を残し息たえる。

南田洋子は、待っている。約束の日本への飛行場に向かう船の乗り場で、身ぎれいに着飾って、その横を高倉の死体を乗せた車がスーッと通り抜けていく。もちろん彼女は何も知らない。南田の表情のアップなどなく、遠くからのカメラのまま、アッサリとドラマは終わる。

やはり、なんとも印象的なラストであった。観終って、僕は、結果的に高倉が南田に嘘をついたことになってしまったこと（約束の場所に死体でしか行けなかったのだから、彼女は日本へは帰れない）。そのことが気になった。この美しく悲しい素敵な嘘について、あれこれと考えた。そういう嘘もあるのだと。

この映画を観ることで想起された本は、俳優高倉健の死は、発表まで十日近く伏せられていた事実、そうした事実の理由を説明する「初めに——大俳優の抱えていた闇の正体」からはじまる、森功のルポ『高倉健——七つの顔を隠し続けた男』（講談社・二〇一七年）である。本名小田剛一であった高倉は私生活でもストイックに高倉健というスクリーン・イメージに合った生活をしているようにふるまい続けた。しかし本当のプライベートは闇の中であった。死は、必然的にその〈闇〉に光をあてる。

「二〇一四年十一月十日何の前触れもなく、高倉健は旅立った。生きる伝説と呼ばれた映画スターの死を看取った近親者は、一人しかいない。養女の小田貴である。死後、突然現われた「最後の女性」だ。／彼女は高倉がその死から一年ほど前、ひとり娘として養子縁組したとされる。以来、高倉の戸籍上の姓である小田を名乗るようになる。／おかげで小田貴は莫大な遺産を相続した。生涯収入が一〇〇億円と伝えられている高倉健の遺産は……、しめて四〇億円ともいわれる。それをすべて相続したのが彼女である。／遺産のなかには、高倉健の映画の出演契約や著作権を管理してきた「高倉プロモーション」の株式も含まれる。養女の貴は、高倉プロのひとり株主となり、高倉の後継の二代目社長におさまった。その養子縁組や遺産相続をめぐり、疑問の声があがっている」。

「養女・小田貴は、十数年来、事実上の妻として同居してきたという。だが生前それを知っていた関係者はほとんどいない。取材の結果でも、生前に養女のことを知っていたのは、当の貴以外に二人ないし三人しか見当たらなかった。親族も知らなかった。彼女の存在が浮上してきたのはあくまで高倉がこの世を去ってからのことである」。

何ともミステリー小説じみたルポである。女性との交流の件だけではない。若い時からの暴力団員との交流も、調べつくしている。なにせ名声と巨額のギャラにとりまかれた人物である。隠された顔があっても不思議ではないが。この本に示されたスターを実生活でも演ずる自己演出をたえずし続けたらしい小田剛一なる人物は、仮面〈嘘〉と自分の区別がまったくつかない人生に、はまりこんでいってしまったようだ。

巨額の遺産を独占した、高倉よりはるかに若い女性が親族や親しかった友人たちの意向を無視した復讐ともとれる暴走。

なんとも、つらい風景が、そこにレポートされている。高倉の〈嘘〉が「ならず者」（スクリーン）の中の健さんのそれのように「美しくも素敵な、もの悲しい」ものとは、まったく「種類が違う」ものであるらしいことは、本当に悲しい。

森功著『高倉健―七つの顔を隠し続けた男』
講談社、2017 年

無償性（庶民的アマチュアリズム）の輝き

『太平洋ひとりぼっち』

（監督・市川崑　1963年・石原プロ）

「『オリンピック災害』おことわり連絡会」、これが、今僕が参加している2020東京五輪に反対する運動体の名称である。この間、そこの主催の集まりで、オリンピック映画を素材に話をする機会がつくられ、僕は、あらためて一九六四年の東京オリンピックの時につくられた「記録映画」、あの市川崑演出で、あれこれ話題を集め、それこそ記録的な観客動員数でも話題を集めた『東京オリンピック』について、話をするはめになった。ただ、この映画についてキチンと観なおして、あれこれ内容（映像）を評論するという気持にはなれなかった。

それは、一九九八年の冬季長野オリンピック反対運動に、僕は長く取りくんだ体験があり、その渦中で、この映画をめぐる問題について、かなりこまかく調べ、後に、それなりの批評は、書いているからである。ただ、この時も、映画を観なおし、スローモーションやクローズアップなどを多用し、市川が、どんな人間ドラマとして競技を再現したかを、確認することはしなかった。ガキの時、学校で観ることを強制されて、一度観ており、映画そのものはその時のきわめて不正確な記憶で十分だと思っていたからである。今回も、同じ気持であった。

「スポーツの無償性・映画の芸術性——『映画東京オリンピック』をめぐって」のタイトルのその論文（天野編の『君はオリンピックを観たか』社会評論社・一九九八年所収）で演出家市川の紹介のくだりで、私は彼のその前の作品が、『太平洋ひとりぼっち』である事にはふれていた。僕はこの作品をテレビ放映で観なおす機会を偶然持った直後、この自分の紹介文を読みなおしたのである。そこでハタと気がついた。「東京オリンピック」の直前に、この、ヨットで太平洋単独行という〈スポーツ〉映画ともいえる。実話の映画化をしていたという問題の持つ意味について。今度は、この点を十分にふまえて「東京オリンピック」を論評すれば、自分が言いたい事が、うまく整理できるかもしれない、そう考えた。

そこで僕は、もう一度DVDで、この映画をキチンと観なおした。ゆえに、今回は『太平洋ひとりぼっち』である。石原裕次郎の独立プロの、おそらく第一作として製作された、この映画は、話題の大きさと比較して、まったくヒットしなかった。この時代の裕次郎映画としては信じがたいレベルだったと思う。ただ、逆に裕次郎映画としては、ありえない事もおきている。一九六三年日本映画、「キネ旬」のベストテンの第四位にランキングされているのである。(ついでに、この年のベストワンは今村昌平演出の『にっぽん昆虫記』である)。そのキネマ旬報のベストテンの歴史を一冊にとりまとめた本が、わりと最近出版されている。そこで、この映画は、以下のごとく紹介されているのだ。

「画期的な作品としては市川崑の『太平洋ひとりぼっち』が挙げられよう、前年の夏、たったひとりで九四日間の太平洋ヨット横断」旅行を敢行したヨット青年堀江謙一の壮挙をいち早く映画化したもので、脚本は例によって和田夏十、堀江青年には石原裕次郎がふんし、アメリカ映画『翼よ!あれが巴里の灯だ』や『老人と海』に勝るとも劣らない〝ひとりぼっちもの〟として高く評価された。狭いヨット内をよく表現した山崎善弘の撮影、藤村甲の照明も見のがせない」。

映画は深夜、一人で西ノ宮港からヨットで海に向かうシーンから始まる。そこにかぶる「僕」(裕次郎の声)のナレーションは、小さなヨットで出るには、日本の法律では〈密出国〉以外の道はなかった、という事をまずつげる。つれもどされる不安と闘いながらの出発というわけである。そして、もう一点重要な事が告げられる。ヨットは風で走るものゆえに、エンジンのたぐいはまったくつけないように設計した、という事実である。小さなエンジンでも〈フェアプレー〉でなくなるという青年の精神がキチンと表明されている(無風で進まない日々の苦労は予測を超えたものであったのだが)。

そして、〈密出国〉問題は、このドラマの中で、くりかえしクローズアップされ続ける。

「死ぬ時はカーチャンと呼んでや」と出発直前に呼ぶ、母(田中絹代)は、なんとかこの命がけの冒険をやめてくれと、息子にたのみ続けるのだが、心配して金を渡して支えてしまうような、愚かで、ひたすら気のいい息子想いの女性である。父(森雅之)は、大学へ行こうとしない息子に怒り、そんな自分勝手な冒険は決して許さないという態度で一貫する。洋裁学校へ通っているらしい妹(浅丘ルリ子)は、無関心をよそおい、ボンヤリと生きているように見えて、内心では兄の行為を支持する意思を持っている（その事実は、後でふれるラストの記者会見のシーンで明白になるのだが）。

その母と妹と青年の三人の家の中でのやりとり。アメリカについたら「強制的に送り還されるか、留置場《ば》に入れられるだけだ」という青年に、「監獄に入れられるために行くのか、誰もほめてくれんだろう」と母は呼ぶ。妹は「監獄だけでなくて留置場と言ってるよ」と対応する。

青年は日本人初の快挙の実行は、自分の可能性の限界を試すこと自体が目的であり、まったく無償で世間的評価は、マイナスであろうと自覚している。

洋上ですれちがった大きなアメリカ船の女性客から「パスポートは？」と英語で問われ、「こっちもそれが頭痛のタネや」とつぶやくシーンもある。サンフランシスコについた時も（この時、青年は〈オカーチャン僕来たんやデー〉と両手を上げて呼ぶ）、最初は逮捕におびえ、オドオドしているのだ。

この〈無償〉の冒険（スポーツ）に賭けるギリギリの肉体的行為、試みの精神への共感、これがこの映画に一貫して流れているものである。それは、水・食料・衣類から、様々な日常生活品をキチンと計画的に準備しての試みであった事実が、この記録のドラマに、ことこまかく描きこまれている点にも、よく示されている。

僕は、この映画を封切の時間で観た時のことは、よく覚えている。劇場を後にしながら、〈裕次郎もルリ子もいない裕次郎映画だったナー〉という感想を持ち、期待ハズレの印象を強く持ったのである。

今、考えてみると、この映画には、役者裕次郎がいて、スター裕次郎は不在だったのだ。裕次郎は存在するだけで絵になるスター、巧みな演技など無意味という一般的評価が支配的な時代であった。

しかし、この映画、実は彼は、かなりの役者であることを、観せつけている。貧しい家の卓袱台《チャブダイ》でお茶づけをすすりながら関西弁でまくしたてる裕次郎、孤独に耐えられず、ガキのように「ウエーン、ウエーン」と泣きじゃくる裕次郎、こんなシーン観たことなかった。全くスターの輝きなどないが、自然にノビノビと演じられるシーンの連続である。

父〔森〕・母〔田中〕・妹〔浅丘〕と青年の四人の町工場の家族の物語である、この作品は市川演出で可能となった唯一の役者・裕次郎の主演映画として記憶されるべきなのであろう（四人とも好演！）。

さて、想定を超えた、様々な苦難を乗り越えて、サンフランシスコにたどりついた青年は、アメリカではマスコミにかこまれ、その冒険精神は称えられ、監獄はもちろん留置場にいれられることはなく、日本の領事館に案内される。日本でもマスコミは大騒ぎで、家族全員の記者会見となる。そこでの母、父、妹の発言が、この映画のハイライト・シーンである。

母は、多くの記者の前で、「心配で心配でたまらなかった」心情をストレートに吐露する。父親は、まるきり〈犯罪者家族〉記者会見である、ひたすら詫びてみせる。「二度とこんなことはさせません」と。最後の発言者妹は、「お兄ちゃんの事だから初めから大丈夫だと思っていました」とシャラっと言ってのけ、父の言葉がつくりだしたムードをいっぺんにひっくり返してみせるのだ。

本人はアメリカでフロに入り大量の垢を落とし、ひたすらベットで眠り続ける。家族から電話ですよとの声をかけられても……。

こうして、無償の冒険に賭けた青年と、その家族の物語は終る。

市川は、金もうけとは別の無償の、この〈アマチュア〉の純粋な精神の延長上に「東京オリンピック」のアスリートたちの世界を映像化しようとしたのだと思う。国のため、金のためでなく、ひたすら自分自身の限界をみきわめるための個々のアスリートたちの競技大会として、オリンピックを位置づけ、個々の人間（アスリート）の多くの観客をまきこんだドラマを描き出すことで、オリンピックのナショナルな政治性を超えようとしたのだ。それが勝負（順位）の記録が極端に少なく「日の丸」「君が代」シーンも限定的にしかない、〈記録ドラマ〉が生み出された由縁だと思う。

そのことが河野一郎オリンピック担当大臣をトップとする政治家や官僚たちの強い反発をつくりだした。この市川映画をめぐるトラブルは、『高峰秀子かく語りき』（文藝春秋社・二〇一五年）に収められている。その河野一郎・細川隆元・高峰秀子座談会（「実力女優に負けた実力大臣」〈『週刊サンケイ』一九六五年四月十九日号〉）にそえられた編者・斎藤明美の文章を引こう。

「高峰は、女優には珍しく、政治と宗教に一切関係を持たない人だった。／本対談のやりとりでもわかるように、政治家・河野一郎と対談するに至ったのは、映画監督・市川崑が〝原因〟だった。対談の前半に開催された東京オリンピックの記録映画——この「記録映画」という表現をどう解釈するかが問題になっているのだが——を市川崑が監督した。その出来栄えについて、オリンピック担当だった国務大臣の河野が〈×〉の判定を下し、それが報道されて、市川はありとあらゆるバッシングを受けた。／その孤立無援の市川を、たった一人、援護射撃をしたのが、高峰だった。まずは東京新聞に、なぜ市川の『東京オリンピック』が悪いのだと持論を書き、その上で単身、河野事務所を訪れて、是非市川に会ってほしいと橋渡しをしたのである。誰かに紹介してもらうのでも、人を使いにやるのでもなく、自ら事務所の住所を調べて出かけたところが、いかにも高峰である。／そして事務所で河野と対峙して、河野からすれば〈誤解〉を解き、高峰からすれば『結構、話のわかる男だ』となり、河野と市川の面談は実現したのである。ちなみに事務所で高峰の訪問を受けた河野は、側にいたカバン持ちの青年に高峰を指して『こういう人を見習いなさい』と言ったそうだ。その青年は、のちに十六代目自民党総裁となる河野洋平だった」。

『太平洋ひとりぼっち』ポスター　『さよなら石原裕次郎』（「文藝春秋」増刊号　文藝春秋社、1987 年）所収

　編者の斎藤は、あとがきとして書かれた「そのめくるめく人生の記録〜亡き母・高峰秀子に捧ぐ」で「全四十五組、総勢延べ七十四名。／高峰が二十四歳から七十八歳まで、五十五年の間に行った対談を一堂に集めたのが、本書である」と書いている（『週刊文春』の記者を二〇年も務めたというジャーナリスト）。斎藤は、高峰の「養女」となった人物らしいが、この人の「対談」の時代背景や、相手と高峰の交渉史を、養女となった女性ならではの、高峰の内面にこまやかにわけ入った解説つきの分厚い書物を、映画『東京オリンピック』をめぐる騒ぎを、あらためて調べなおすために手にし（市川崑との対談「映画界で出会った戦友」〈一九七八年〉も収められている）、結局まるごと一気に読んでしまった。

　この戦前から子役の女優であった戦後映画を代表する高名な大女優は、エッセイストとしても有名な人物であることぐらいは知っていたが、キチンと一冊読んだのは、はじめてである。読んでいて、高峰の「映画スター」という存在（自分のことだ）に、投げつける強い嫌悪の言葉のくりかえしに驚いた。彼女は義母ら多くの人びとの生活を支えることを五歳からの女優生活で強いられ続けてきた個人史のウンザリ感を何度も何度もはなしている。ひたすら様々な役づくりに真剣にうちこむ女優としての努力と、この自己嫌悪のごとき感情が共存してきた人生がよく読める。本名平山（結婚後、松上）秀子は、自分が多様に演じわけけることでつくりだした女優（高峰秀子）と自己とのギャップに常に自覚的であろうとしている。本当は女優〈高峰秀子〉なる人間は実在していない。それは本当の自分と関係のないイメージ（虚像）にすぎない、その事をハッキリさせる努力（女優さんとしては想定外な、グサッとする発言の累積）が、読書家秀子の言葉が、この一冊につめこまれている。ひっくりかえせば、彼女は役づくり（演技）の世界をスクリーンの世界では、ひたすらマジにすこぶる自覚的に生き続けたのである。

役づくり不要の自然体スター石原裕次郎（『太平洋ひとりぼっち』はおそらく唯一の例外）と、対極を生きったスターが高峰秀子だったのではないか。

最後に、映画『東京オリンピック』について一言。どれだけストレートな国威発揚映画にせず、人間のドラマとして、また「世界の人間の平和と友好」のドラマとする努力がなされ、巧みに記録をつなぎ合わせ映像化した「芸術」作品とする努力が、そこで重ねられようが、オリンピックそのものが、戦争同様、最大の「国策」なのであるから、それの記録づくりと、その記録映画の上映活動全体が、すぐれてグロテスクな国家の政治の枠内の事柄である。この復興オリンピックの開会宣言が、あの植民地支配と侵略戦争の最高責任者天皇ヒロヒトによって、力強く発せられた事実（これは市川の記録映画にもキチンと収められている）が、この点を象徴していよう（天皇も、これで国際社会に政治的にハッキリと復帰したのである）。

映画人として政治家に抗った高峰秀子の努力も、この東京オリンピックという国策の「芸術的花飾り」のエピソードとでもいうしかない。それはオリンピックを神話化するための政治的肥料としてフルに活用されたものであったにすぎまい。

〈無償性〉に賭けるというクーベルタンのごとき貴族的アマチュアリズムではない、〈庶民的アマチュアリズム〉〈フェアプレイ〉の精神は『太平洋ひとりぼっち』の中では輝いていたが、『東京オリンピック』の中では、ナショナリズムの毒にまみれた精神に必然的に変質してしまっているのである。

〈青空〉の爽快さ――映画と小説のあいだ

『青空娘』（監督・増村保造　1957年・大映）

僕が若かった頃には、まったく予想もできなかった時代の中にいる。なんとなくTVを観ていたら、あの『青空娘』が流されているではないか。こまめにDVDを探せば、もちろんそうしなくても、とてつもなくなつかしい映画がフイに飛び込んでくる。こういうすこぶるラッキーな体験がふえているのだ。こまめにTVを観る生活を、満足に動けない長い長い闘病生活が僕にもたらした結果である。そして〈映画は劇場で〉、という私のまっとうな原則が崩れてしまっていることも、近頃は、まったく気にならなくなってしまっているのだ。

さて、その『青空娘』であるが、それは僕の本当にガキ（一九五七年の映画だから十歳になったかならないか）の頃、田舎の学校の講堂で上映されたのを観たという記憶がある。おそらく教職員組合の上映活動の一本だったのではないか。この頃、石川達三原作の『人間の壁』（監督・山本薩夫、一九五九年）も、そんなふうに観た（観せられた）作品だったと思う。

映画のはじまりのシーンで、女子高生でセーラー服の若尾文子が登場する。当時、その女優が何者であるかまったく知らなかったガキの僕は、そのハッキリとした甲高い特徴的な声の、女子高生の『青空娘』のイメージをベースに、時間をおいて、その後の成人映画指定作も少なくなかった、かなりエロチックな若尾の主演作を観つづけることになったのだ。

奇妙な偶然の出会いは続いた。映画『青空娘』を観てまもなく、私は神田の「東京堂」で、その映画の原作『青空娘』（源氏鶏太）がなんとちくま文庫に収められて棚に並んでいるのに出くわした。映画の原作は、こまめに読む方であった僕は、何故か、この源氏の小説（それが原作であることはよく知っていたのだが）ガキの時代、手にしたことはなかった。さっそく買って、読んでみた。予想通り、それは、かなりお手軽な人の出会いの御都合主義にみちた「大衆小説」であった。

というわけで、連載のシメの今回は、僕のガキの時代の思い出の中にクッキリと存在し続けている『青空娘』でいこうと思う。

今回も佐藤忠男の『日本映画史』（岩波書店）に手を借りる。六〇年代から始まる、それの3巻は、こう書き出されている。

「一九五二年に、大映の助監督だった増村保造が、イタリアから奨学金を得てヨーロッパ映画センターへ留学した。

ようやく独立を回復したばかりの当時、日本人がヨーロッパに留学するのはきわめて限られた貴重な経験であった。彼は二年間ローマで学んで帰国し、助監に復帰して一九五七年に監督になり、この年のうちにたてつづけに『くちづけ』『青空娘』『暖流』と三本の作品を発表して若い世代の批評家たちから注目をあびた。三作品とも、ストーリーとしては特に目新しさはないおきまりの青春映画であったが、登場人物たちの言動が従来の日本映画の常識からすると異常に見えるほどキビキビしていて行動的であることが爽快で新鮮だったのである」。

増村は、変な経歴の持主で、東大法学部を出て大映に入社後、東大文学部に再入学して、大映の社員としてイタリアに留学しているらしい。法学部時代の友人に三島由紀夫がおり、一九六〇年に三島原作の『からっ風野郎』を三島の主演でつくっている。まったくサマにならない身体のあの三島がスクリーンの中では、すこぶるトッポイアンチャンになりきっていた。増村が強烈にしごいたらしいが（共演の若尾文子が、三島の死後、週刊誌にそう話していた）。『からっ風野郎』を観た時、増村の映像でつくりかえる演出力量は、すごいもんだと舌を巻いたことはよく覚えている。

さて、小説『青空娘』の方である。それは一九五六年七月から一九五七年十一月まで雑誌『明星』に連載され、六六年五月に講談社で単行本として刊行されたものらしい。ちくま文庫に収められたのは二〇一六年である。この文庫の解説者である山内マリコは「忘れられた、この愛しき作家」のタイトルの解説を、以下のごとく書き出している。

「源氏鶏太という不思議な名前を知ったのは、二〇〇九年のこと。出会いは本屋さんの棚……ではなく、もう潰れてしまった吉祥寺のレンタルビデオ屋だった。黒沢明や小津安二郎の作品が華々しくひしめく古い映画の棚のいちばん下に、増村保造という監督作の作品がVHSで揃っていて、そこに『青空娘』が、ひっそり並んでいた。／映画『青空娘』は、のちに名作を連発する増村保造監督と大映の看板女優若尾文子の、記念すべき初コンビ作である。そんな知識もないまま、とるものもとりあえずデッキに入れて観るや、すぐさま心を掴まれた、青空娘こと小野有子を演じる若尾文子の、文字通り青空のように澄みきった朗らかさ。若い映画監督の才気溢れるスピーディな演出。古典的なはずのストーリーはむしろ新しく、画面に映り込んだ昭和三十年代の東京は、そこはかとなく外国の匂いが漂う。自分が生まれるはるか昔に、こんなにも軽やかでキュートな映画が作られていたのかと度肝を抜かれた。新たな鉱脈を発見して夢中になり、そのうちビデオでは飽き足らなくなって、名画座へ足を運ぶようになった。／ちょうどそのころ東京では、名画座が盛り上がりをみせていた。作品によっては平日の昼間でも満席という激アツぶり。黄金期の日本映画は質量ともに凄まじく、……」

彼女の方も「映画」の方から「小説」（源氏鶏太）へという順序だったらしい（もちろん、僕よりズーッと後の時代で）。源氏はおそらく、石坂洋次郎とともに、戦後映画の黄金期（占領後の時間）に、もっとも大量に映画化された大衆小説の書き手だと思う。大量につくられた東宝の森繁久彌主演の「三等重役」から始まる「社長シリーズ」だけでなく、日活の石原裕次郎主演の痛快サラリーマンものも、四本はあったはずだ（一九六〇年『天下を取る』と『喧嘩太郎』、そして一九六一年に『堂々たる人生』、六二年に『青年の椅子』）。まったくの喜劇であった「社長」シリーズは、もちろん、源氏の原作の裕次郎映画も、すべて、かなりコミカルタッチなつくりであった（共演の長門裕之や藤村有弘などが、まったくコメディアン然として、ふるまっていた）。

かつてのサラリーマンの時代のサラリーマン小説の流行作家は、その底抜けの「明るさ」が売りだったのである。ただ、企業人間の枠にしばられて生きるしかない人間たちの悲哀もおりこんで描かれていないわけではなかった。たとえば『喧嘩太郎』の中のやりとりで、ネクタイと背広の制服で統一されるスタイルについてふれて、退職せざるをえないくたびれ中年サラリーマンが、青年サラリーマン〔裕次郎〕に、「サラリーマンはネクタイで自分で自らの首をしめて生きてるんだ」というようなセリフを吐くシーンがあった（役者は東野栄次郎だったと思う）。

ついでに、この映画のトップシーンの方で、工場労働者中心のデモに遭遇した裕次郎ら、背広サラリーマン組が、「イイナー俺たちもやりたいナー」、「バカいえ、俺たちがやったらすぐ馘だぜ」というような会話があったことも、なぜかよく覚えている。これらは小説の中にそのままあったセリフではあるまい。しかし映画作家の方が小説の源氏ワールドから自然に思いついたシーンだと思う。

『青空娘』にもどる。この「十代向けの映画雑誌」という雰囲気のメディアに連載された読者に合わせたストーリーを、山内マリコは、こう紹介している。

「高校を出たばかりのヒロイン小野有子が、瀬戸内海を臨む街から東京へやって来て、義母やきょうだいたちに手ひどくいじめられながらも、本当の母を探して孤軍奮闘、苦労に次ぐ苦労の日々が、実にこまかく描かれている。あらすじは児童文学ぽくもあり、またどことなくシンデレラの物語が下敷きにあるように思えた。本当は重役のお嬢さんなのに、意地悪な継母によって女中部屋に押し込められるくだりはもちろん、父親に買ってもらった靴はガラスの靴を彷彿とさせるし、そうなると広岡（川崎敬三）と出会ったピンポン大会は、さしづめ舞踏会……という感じで、ディテールが昭和サイズにスケールダウンされているところが妙に可愛い。では、魔法使いの不思議な力に相当するものはなにかと言うと、青空ということになる。正確には、青空を見て励まされたり、元気をもらったりすることのできる、素直でまっすぐな、清い心だろう」。

源氏鶏太『青空娘』ちくま文庫・2016年

小説の解説としては、まあ、その通り。これを読みながら、僕は、小説とストーリーの骨格はそのままだが、登場人物のキャラクターのつくりかえや省略も少なくない映画との明確なズレについて考えた。

ガキの時、僕はピンポン大会の相手のその男（広岡）にあまりいい印象を持たなかった。エリート家系の金に不自由のないこのエリート・サラリーマンよりは、『青空娘』の高校時代の教師、彼女の初恋の男、純朴でドジで気のいい菅原謙二の演ずるこの教師をやめて貧乏サラリーマンとして、ドタバタ動きまわっている男の方に、肩入れして、映画を観終えたのである。この元教師を追いかけている女が「青空娘」に、恋人であるとホラを吹く。その結果、川崎の方にとグイグイ接近していくというストーリー。なんだかトンビにアブラゲという感じの

『青空娘』DVD 角川書店、2014年

菅原に、ひどく同情しながら、僕はこの映画を観終えたことを、イヤにハッキリと覚えている。

今、あらためて観なおして、川崎についても、実はすこぶるやさしくまじめな好青年として描かれており、「青空娘」が惹かれていくのは、必然というキャラクターであることに気づいた。

小説の方も、まったく、そうである。しかしこちらの方では、やはり元教師の方は、映画より影が薄い印象を与えられた。

何故だろうと、考えてみた。

映画（脚本は白坂依志夫）は、まちがいなく、エリート社会へのシンデレラ・ストーリーという描き方をしていない。映画（増村・白坂）の中では、ゆえに「靴」をめぐるエピソードはメインのドラマではない。すこぶる気のいい貧乏サラリーマン男の、失恋劇がクローズアップされている（小説のように追いかけていた女と菅原を、接近させてこちらもハッピーエンドとして終わるなんてストーリーは、映画にはまったくない）。それは、キビキビとしていて行動的で爽快な戦後娘の物語をクローズアップする時、彼女の姿勢は小説ほど「社会的上昇」というトーンは含まれているわけではないことと、対応していると思う。

僕のガキの時の、ある勘違いにも、それなりの根拠があったのだ。

最後、この事を象徴するユーモラスなセリフ、映画の方に印象的にあって小説には存在しない言葉を紹介しておきたい。青空娘の父の家の、いわゆる「女中」さん、ミヤコ蝶々が演じている（観なおしてキチンと知らされた）が、すこぶる陰湿で差別的なイメージをくり広げる継母たちのふるまいを日常的に観ていた彼女が、青空娘にこうつぶやく。

「アカンわブルジョアってやつは、ホンマにアカンわ」

映画『青空娘』のヒロインの行動のうみだす爽快さは、こうした貧乏庶民の反発の感情へと通底するものであったはずだ。

Ⅱ　『陽のあたる坂道』と『緋牡丹博徒』の狭間に観る六〇年代の光と闇

映画と小説の接点

戦後［映画＝文学］としての『陽のあたる坂道』

1　終わらせてはならないものとしての〈戦後〉

国際社会の大激変ゆえの転機とともに、様々な神話の終焉が語られだしたのは八〇年代末からであった。ポスト冷戦、ポスト昭和、ポスト・モダン論の流行である。この終焉のイデオロギーには、時流便乗のムードがついてまわり、僕にはどこか、いかがわしいものという感じでしか受けとれなかった。今やついに文学の終焉も自明の事のように語られだしたわけであるらしいが、「終り」を論ずる人々の具体的な意思がやはりキチンとつたわってこない。

はるか以前、一九六〇年の安保闘争の直後、吉本隆明は「擬制の終焉」（一九六〇年十月）を宣言した。その宣言には自分の存在をかけた力があった。

「安保闘争は、戦後史に転機をえがくものであった。戦後一五年間、戦中のたいはいと転向をいんぺいして、あたかも戦中もたたかい、戦後もたたかいつづけてきたかのようにつじつまをあわせてきた戦前派の指導する擬制前衛たちが、十数万の労働者・学生・市民の眼の前で、ついにみずからたたかいえないこと、みずからたたかいを方向づける能力のないことを、完膚なきまでにあきらかにしたのである」。

こう書きだされている、この論文は、「誇りたかい家系意識だけもっている前衛貴族の破産」を、反安保闘争の具体的体験にそくしつつ徹底的に論じている。『民主主義の神話』というアンソロジー本に収められた、この論文は、おそらく日本共産党と対立していた人々だけではなく、まだ共産党にとどまっていた人々にも大きな影響力を発揮した。

当時、終焉を宣言した当の対象は、まだ大きな知的・社会的・政治的影響力を保持していた集団であった。だからこそ終焉は力強く具体的に宣言されなければならなかったのであり、その宣言自体が終焉を加速する任務をおびた、すこぶる切実なものだったのである。ここでは

「擬制の終焉」が「真正の前衛」への期待（前衛党の神話）によりかかって宣言されている、というような問題はとりあえず棚上げにする。

　時流に抗する切実さ、運動体験の思想的核心を手ばなすまいとする真摯さが人々の心を撃ったのである。

　こういうものと比較して、この間の「ポスト（終焉）」論議は、時代の激変の流れに乗ってという性格が強すぎて、ウンザリさせられるだけである。終りつつあるものを足蹴にするための「終焉」論などに、積極的な意味など見い出しようがあるまい。そして、本当に終ってしまうと、「終焉」すら宣言されなくなってしまうようである。例えば〈戦後〉。もちろん、ここでいう〈戦後〉は、単純に第二次世界戦争、アジア・太平洋戦争後の時代という意味のそれではない。そういう歴史（時間）感覚は、まだ終っていない。多くの人々にとって戦後といえば、湾岸戦争後でもベトナム戦争後でもなく、その戦後でありつづけている。しかし、かつての天皇制帝国（軍国主義）と切断された、平和主義・民主主義の戦後という意味での〈戦後〉は、それを終らせたい人々によって何度も何度も、その終りが語られ続けてきたが、今や本当に終ってしまったがゆえに、最近は「終り」が宣言されることも、ほとんどなくなってしまった。すでにアフガニスタン・イラク戦争に軍隊を派兵してしまっている日本は、その「平和主義」や「民主主義」が、敗戦後のスタートの時点で構想されたものとは、まったく反対のものになっているのであるから、それは、当然なことなのかもしれない。

　しかし、僕は終らせてはならないものとしての〈戦後〉があったと考えている。そこで、僕の記憶の中の、今日のような事態を必然化するものだけではなく、未来に向かって決して終らせてはならないものとしての〈戦後〉について整理しておきたい。

『陽のあたる坂道』ポスター　『さよなら石原裕次郎』（「文藝春秋」増刊号　文藝春秋社、1987年）所収

2　陽のあたる坂道〔映画〕

この問題を映画や小説にそくして語る時、決して欠かせない本をまず紹介しよう。渡辺武信の『日活アクションの華麗な世界　1954―1971』（未来社・二〇〇四年・合本版）がそれである。渡辺が、大量な作品を検証しているここで、もっとも熱っぽく、〈戦後〉という問題に引きよせて論じている映画は、おそらく『陽のあたる坂道』（一九五八年四月十五日封切、原作石坂洋次郎、脚本田坂具隆・池田一郎、監督田坂）である。

「……この映画全体を貫通している第一主題は、『乳母車』と同じように、登場人物たちの自分の思想を表現するにあたっての言語への信頼感にある。／言語への信頼に裏打ちされたコミュニケーションの主要な場は、この映画では田代家の広い応接間である。主人公の裕次郎は階上に屋根裏部屋のような快適な個室をもっているし、他の家族たちもめいめい自分の部屋を持っている。そして家族たちは自分の個室から出て、この応接間に集って、重要な会話を交す。つまりここにも、日活映画特有の『個室＋サロン』の空間構成があるのだ。／たとえば主人公は母の留守の時、この応接間で父の酒の相手をしながら、突然『ぼくを生んだお母さんは生きているんですか』と問いつめる。また別の夜、母が主人公に対して『お前はお前のお母さんに会いましたか』と聞き、自分が出生の秘密をすでに知っていることを母に感づかれていないと思っていた裕次郎を驚かす（このシーンの轟夕起子は狡猾さをも含めた賢明さを備えた、母親の〝手ごわさ〟とでも言ったものを巧みに表出している。）」。

この「話し手に信頼されている言語の有効性がいきいきと感じられる」、この「言語圏」の問題に入る前に、渡辺のストーリー紹介の誤りについて論じておかなければならない。田代家の次男である信次〔石原裕次郎〕が父に問いつめた言葉は「パパ、ぼくを生んだおふくろさんはまだどこかで生きているんですか」であったというような点はまあいたしかたない（もちろん、信次の言葉使いとして「お母さん」より「おふくろさん」の方が彼らしいことはまちがいないが）、しかし、信次が自分の出生の秘密に気づいていることを、「パパの奥さん」であるママは知っているのに、気づいていないフリをしており、パパもそのことすべてに気づきながら知らぬふりの「ウソ」をつき続けていることをこそ彼が、「おふくろさんは生きているのか」と問いつめた時、同時に言葉にして非難しているのだから、このストーリーの紹介は、あまりに不正確である。

引いた部分より前のストーリー紹介の部分についても、

問題にしなければならない。
「全てに恵まれた幸せな家を象徴するかのような〝陽のあたる坂道〟を上ったところにある田代家には、外からうかがい知れぬ複雑な事情があった。それは次男・石原裕次郎が妾の子であることだ。彼は分け隔てなく育てるという両親の気づかいが逆説的につくりだす不自然さを感じ、それを打ち消すために、わざといつも自分を非難される立場に置こうとする。その自虐性の最初の現われは、幼い頃、不注意から妹・芦川いづみを軽いビッコにしてしまった長男・小高雄二の罪をかぶってしまったことだ。／そして、これらの事情をさらに複雑にしているのは両親は隠していたつもりでも、裕次郎の出生の秘密を裕次郎自身を含む子どもたちが気づいて育ってきたことであり、さらに、裕次郎が、自分が気づいていることを両親・千田是也、轟夕起子は知らないだろうと思っているのに、母は察知していたことである。妹の怪我の真の責任者についても、ほぼ事情は同様で、ほとんど全員が真実を知っているのに、真実を知っているのは自分だけだと思って、そのことに触れずに暮らしてきたのである。／この家庭へ妹の家庭教師として女子大生の北原三枝が訪れることを契機として、家族たちはしだいに真実を語り合わざるを得なくなる。北原三枝をめぐるこの異母兄弟の相剋はさまざまなヴァリエーションを示しつつ日活映画全体に広汎に見出される兄弟関係の最も典型的な例である」（傍点引用者）。

信次の出生の秘密をめぐる誤認については、すでにふれた。ここでは「妹の怪我の真の責任者」についてが問題である。「ほとんど全員が知っている」というのは、まったくの誤り。自分の罪をおしつけた長男田代雄吉（小高雄二）と強制されたそれを、主体的にかぶる方向に転じて生きてきた信次がそれを知っているのは当然として、実は妹の田代くみ子（芦川いづみ）も、父田代玉吉（千田是也）も気づいていないのである。もちろん倉本たか子（北原三枝）も、信次が責任者だと思いこんでいる。しかし「ママ」田代みどり（轟夕起子）だけは、やはり気づいていた。

ママは信次が、その罪かぶりをすることで、自分たちを、腹の底であざ笑い続けてきたのではないかと、かんぐっている。その信次の「優越感」（と自分で決めつけているもの）に怒りを感じ続けているのだ。

この秘密（ウソ）の問題をめぐってのママと信次のスリリングな対決（明確な言葉による争い）が、このドラマのハイライトシーンといえる。渡辺の、「このシーンの轟夕起子は狡猾さを含めた賢明さを備えた母親の〝手ごわさ〟とでも言ったものを巧みに表現している」という評価は的確である。自分の傲慢さ狡猾さに、すこぶる自覚的である「賢明」で、ある意味で優しい女傑を轟はノビノビと演じている。彼女は信次の根ぶかい劣等感に支えられた自虐の心理に満ち満ちた心に、鋭く切りこむ言葉を吐き続けるのだ。知られていることをはじめて知って信次が動揺するのは、この件なのである。

どうして、こんな重要なシーンを、これだけ見事な批評を展開している渡辺が見まちがえているのは、僕にはよく理解できない。(注1)

さて、こうした点を確認しつつ、渡辺のいう、相互に言語への信頼に支えられた「言語圏」の問題にもどろう。

「このような言語圏の棲息者たちの姿は、外部からの観察者である北原三枝（彼女もしだいに、同じ言語圏に入りこんでいくのだが）によって的確に言いあらわされている。応接間での家族会議が終った後、彼女は、自分を送ってくれた小高雄二に対して、おおよそ次のような感想を述べる。『今夜はまぶしいみたいだったわ。お宅では皆がそれぞれ自分なのね。私のような庶民には思いもつかないことだわ。』／この台詞は二つのことを言いあてている。それは第一に言語の明晰さは明晰な自己把握、つまり『それぞれ自分であること』を前提としてはじめて可能なのだと言うことだ。そして、この対自意識の明晰さこそ、日活アクションのヒーローの特質ではなかったか。彼らは、いかに制御しきれぬ情念に衝き動かされていても、その行為の核心にある自己だけは決して疑わない。日活アクションのヒーローたちが（そして多くの脇役たちもまた）危機に際しても、よくしゃべりまくるのはそのためなのだ」。

「先の北原三枝の台詞が言いあてている第二の事柄は、この明晰な言語を駆使する能力が〝庶民〟のものではあり得ない、ということである。庶民という言葉の曖昧なひろがりはとりあえず不問に付すとすれば、ここで言われているのは、明晰な言語はある程度の物質的な豊かさに支えられる必要があると言うことだろう。また、ここでは直接言われていないことまで補って考えれば、そのような言語はいかに物質的に恵まれていても、因習や儀礼に支配された封建的な家庭には流通し得ないものだ。つまり、明晰な言語を操る自由は、飢えからも恐怖からも因習や迷信からも自由な標準的な中流階級にのみ許されるものなのだ。これは、戦後民主主義の一面をきわめて明確に示している考え方だ。つまり、この明晰さを至上とする言語観は……全ての人間が平等な、つまり中流階級的な人間となることを理想としたアメリカン・デモクラシーの言語観だと言えるだろう。『陽のあたる坂道』の舞台は……その言語意識から見るとこれは資本家の家庭と言うよりむしろ超階級的な理想型として夢見られた中流階級の家庭なのである。これは前述の『乳母車』の家庭にも共通する性格だ。つまり、これらの家庭は戦後的な理念に支えられた言語コミュニケーションのユートピアなのだ。ここではすべての人間が明晰な言語によって自己の思想を表現し、すべての葛藤はそのような言葉の交換される〝会議〟によって解決される。それはいわばすべての社会的葛藤の解決の戦後民主主義的なモデルであるとも言えよう。この映画の家族会議の雰囲気から五〇年代初めの小・中学校におけるホームルームのことを、ある気恥しさと懐しさを伴って想いおこすのは、たぶんぼくだけではないであろう」。

この時代を象徴する映画の魅力の核心を、ズバリと正確につかみだしてみせた渡辺のこの批評については、とりあえずは何もつけくわえるものはない。渡辺より十歳若い僕にも、ホームルームの討論の記憶は残っている。ついでに、一部、二部にわかれており普通の映画の二倍以上の長さである、この大ヒット映画『陽のあたる坂道』を僕が最初に観たのは封切りより何年も後で、何度も何度も再上映し続ける二番館、三番館が田舎にもあった時代のことである。

さらに、渡辺の批評を紹介しよう。

「くっきりとした結晶体のような近代的自我は、いかなる意味でもぼくたちのものではない。けれども、この事実は決して、明晰な自己への憧憬を消し去るものではない。むしろそのような自己を所有していないからこそ、ぼくたちは『陽のあたる坂道』の人物たちに心惹かれるのだ。そしてこのような人物たちの生きる世界を一つの虚構の中にも真摯《しんし》な夢として描き切ったこの映画の魅惑は、映画の外から加えられた批判によって失なわれることはないのである。／外部のような自己、それはあたかも魂の不随意筋のように、ぼくたちが制御しきれぬ部分であり、あらゆる言語表現を素早くすりぬけていく見えないしこりの群れである。『陽のあたる坂道』を一つの頂点とする日活映画の近代主義は、これらの言語化され得ぬ部分を切りすてていくことによってその構造を保ったのだ。そしてこの近代主義の破綻が大衆娯楽映画のレベルですらあまりにもあきらかになった時、ぼくを含めた日本映画の観客は言語化され得ぬしこりを豊富な視覚的、非言語的シンボルによって置換することに成功した東映任侠映画へと移動していったのである。／『陽のあたる坂道』と『乳母車』は、あらゆる日活アクションのヒーローが護持していた〝自己〟が無傷のまま温室栽培されている世界を描いた、という点で決して軽視し得ぬ作品である。孤独なヒーローたちは、この世界へ帰りたかったのではないか。もちろんぼくは彼らの魂の故郷を、たかが、プチブル的な家庭像に矮《わい》小化したくはない。しかし、現実の中流家庭のイメージがいかに矮小であっても、強靭な仮構的意識に支えられて理想化された時、それは意外にしたたかな夢を隠匿することができるのだ」。

こういう具合に渡辺は、石坂洋次郎を原作とする裕次郎の青春映画（特に『陽のあたる坂道』）を強引に、日活アクション映画の中心に置いてみせるという方法で、大量の日活アクション映画に共通する「自己」へのこだわり（徹底した個人主義）という性格を説得的に明らかにしてみせたのである。『日活アクションの華麗な世界』の独特の魅力は、まちがいなく、こうした主張の執拗さにこそあるのだ。

3　陽のあたる坂道〔小説〕

そして、原作（小説）の展開と対比してみると渡辺の「言語表現を素早くすりぬけていく見えないしこり」の部分の切りすてを、映画の方がかなり自覚的にやっていることがよく理解できる。

映画と小説を対比しながらこの物語の構造全体を検証してみるという作業の前に、少しまわり道をする。

くみ子〔芦川いづみ〕の「皆が一緒にいるってことには、なんかの嘘が必要だわ」という発言を紹介しつつ、渡辺はこう語っている。

「妹の発言はつまり一定の意思の制御なしには人間関係は持続できないことを意味している。それは家族というもっとも基本的な人間関係も非常に脆いものだという認識の上に立っている。それは言いかえれば、憎しみあっても血のつながりは断ち切れないという風な家族間の先験的な紐帯を否定し、家族のメンバーをそれぞれ孤立した個人として見る考え方を代表している。そして、ホームドラマ的骨格の中でさえ、家族よりも、個人を優先させる考えを持ちこんだ点に、ぼくは日活映画の個人信仰の根強い伝統の一端を見る思いがするのだ」。

この人間関係を制御する「道具として操作できる嘘」と渡辺が位置づける芦川いづみのウソをめぐる発言と先に紹介した北原三枝の「お宅では皆がそれぞれ自分なのね」という台詞について彼は「これらの台詞が原作の小説にあるものか否かは未確認だが、原作から残したにしろ、後からつけ加えたにしろ、それを『陽のあたる坂道』の思想の全体を支える要素として響かせた田坂具隆の演出は高く評価されなければなるまい」と語っている。

小説には、くみ子のこういう発言がある。

「信次兄さんは、玉ネギの皮をだんだん剥《む》いていくと、なんにもなくなるんだという例《たと》え話を知っている？　私、四人なり五人なりの人間が集って、一つの家庭をつくっていくためには、真実だけではダメで、どうしてもウソみたいなものが必要だと思うわ。セメントに砂が混《まじ》らないと、うまく固まらないようなモンよ……」。

「ウソ」についての発言はまちがいなくほぼ原作通りだ。しかし、たか子〔北原三枝〕の「今夜はまぶしいみたいだったわ。お宅では皆がそれぞれ自分なのね。私のような庶民には思いもつかないことだわ。」という台詞は、正確には小説には存在しない。そして映画にも存在していないのだ。しかし、雄吉〔小高雄二〕に対する言葉としてではなく、たか子の感想として、こういう事が、小説では語られている。

「こういう家庭って、めったにあるものではない。なにかしらそらぞらしく、なにかしら立派なのである。家族の一人ずつが、ちぢこまっていないで、幹《みき》や枝をいっぱいに張った樹木のように、ガッシリと生きている感じがする。庶民階級の人間には、堪《た》えられないような、澄んだ透明な空気が、家族の中に流れているような気がするのだ……」。

実は、ほぼこれと同じ台詞が映画でも雄吉に向かってたか子から発せられているのである。渡辺は、この台詞を、「お宅では皆がそれぞれ自分なのね」という言葉を中心にしたものに要約して記憶したのであろう。そう要約することは誤まりとはいえない。だとすれば、これも原作の中に存在する言葉である。ゆえに「作品の思想的内容は、その多くを石坂洋次郎の原作に負っている」という渡辺の推論は、田坂の「映画的表現力」がそれをフルに生かしたのだという評価とともに、十分に根拠のあるものだ。

この映画は小説の中の言葉を、ほぼそのまま再現している（もちろん省略されている部分もあり、自覚的に変えられている台詞もあるが）。基本的に実に原作（小説）に忠実につくられているといえる。しかし、映画化にあたって、バッサリと切りすてられた部分もある。

この小説は『読売新聞』に一九五六年の十二月から一九五七年の十月まで連載され、多くの読者をえた戦後の代表的新聞小説である。田代家にくみ子の家庭教師として入りこんだ理性的ですこぶる明朗かつ率直な倉本たか子と、まったく飾りけがなく、粗野だが憎めない、屈折した感情をかかえているものの一本気な好青年田代信次（次男）の、ハンサムで頭がよいエリート（医者のタマゴ）で表面的には上品で礼儀正しいが、実は絵にかいたような嫌味のすさんだ〝スケコマシ野郎〟の田代雄吉（長男）をはさんでの、かなりスリリングなラブ・ストーリー。そして、明るくサバサバした性格の可憐な少女田代くみ子（信次・雄吉の妹）と、実は信次の弟（芸者だった母〔高木トミ子〕が同じであることが明らかになる）人気ジャズ・シンガーで、貧しく差別されて育ったが、すこぶる気のいいアンチャンである高木民夫とのラブ・ストーリー。この二つを軸に展開される物語である。

この小説に登場しているが、映画には出てこない重要人物は二人。一人は田代みどり（ママ）の恋人だった山川武夫。みどりはクリスチャンの理想主義者の彼をすてて、すこぶる現実主義の田代玉吉と結婚したのである。玉吉と山川は親しい友人であった。この〝裏切り〟の後も、三人の交流は続き、大学教授となった山川は、独身であり続けており、自分の学校の生徒である倉本たか子を田代家の家庭教師に紹介したという設定。山川は玉吉が芸者高木トミ子に子供をつくってしまった時も、その子を自分の手元で育て、芸者とは手を切らせるという強引な方針をたてたみどりの意向にそって動く役まわりをひき受けさせられ、田代家の相談役のような存在になっているのだ。偶然、同じアパートで生活している、高木トミ子・民夫と倉本たか子の間には、生活空間での親しい交流が始まり、山川の家で二人がはち合わせして驚くシーンもある。山川ほどの男を独身であり続けさせているることに誇りを感じているみどりの傲慢。玉吉に山川との過去以来、弱みを一切みせたくないというみどりのツッパリ。この風格あるエゴイスト、手ごわいママみどりを語る時、欠かせない存在である山川武夫は映画には存在しない。

もう一人、映画には登場しない人物は、バーのマダム原田雪子。玉吉が口説いている女性であり、山川が独身でい続けることに、いい気持ちがしていない玉吉が、金がらみで山川に押しつけようとしている女。この雪子は、山川と会っていくうちに、本当に彼に愛情を感じていくという展開である。

当然、山川と雪子の関係は、映画にはまったく不在。田坂具隆（映画）がこの二人を省略したのは、山川と玉吉・みどりの関係を消してしまいたかったからではあるまい（この三者の交流は玉吉・みどり〈特にみどり〉の性格描写には不可欠なものともいえるからである）。むしろ雪子と玉吉、そして雄吉をまきこんで展開されるドラマをバッサリ切り落したかったから、そうしたんだというふうに僕には思えるのだ。

　雄吉はファッションモデルだったゆり子という女性を二度妊娠させ、身体をこわしてしまうところにまで追いこみ、次々と彼女のモデル仲間の女に手を出したという件で、ゆり子とそのとりまきの男の怒りを買い、金をゆすられ、ママに払ってもらうしかない立場に追いこまれる。この時も、自分の身がわりに信次を使う。信次にママの前で罪を告白させ、本人は面倒みのいい兄の役割を演ずるのである。兄とまちがわれてゆり子のところへつれ出されて、この件にまきこまれた信次は、この時も拒否できない。いやしない。ママに悪く思われる役割は、自分が担わなければならない宿命的な任務であるかのように彼はふるまう。ところがママは、このウソをすぐ見抜く。以前にもあった重大なウソと同じパターンのウソ。彼女は、ウソに目をつむりお金を準備だてることにOKした後、信次と二人だけで対決する。この対論シーンはこの物語の二つ目のハイライトシーンであるといえよう。このシーンの具体的検討は後まわしにする。ドラマは雪子のバーにゆり子がつとめだし、二人が親しくなり、そのバーにかよって来ている玉吉がゆり子をも口説きだす、というふうに展開していく。お金をかすことを条件に山川に接近するよう要請しながら、自分をもゆり子をも口説き続ける玉吉の金持助平おやじのズルさに怒った雪子は、親子ともどものハレンチさにあきれたゆり子と組んで、玉吉と雄吉をはめる。かつて雄吉とかよったホテルへ、ゆり子は玉吉をさそい、そこへ雄吉をも呼びだし、二人をご対面させる。ホテルのボーイにたのみこみ、ゆり子は部屋から逃げだした後。彼女の口紅がついた顔の玉吉と雄吉を、部屋にカンヅメにする（室内電話も切らせてしまう）という念の入った悪イタズラが実行されるのだ。いたたまれず雄吉はホテルの窓から、ベッドカバーなどをつないでロープがわりのものをつくり脱出する。その前に雄吉は、こんなふうな言葉を口にする。

「パパ。ベッドからどいてくれないかな。僕はこの部屋から脱出するよ。……このままパパと向き合っていたんでは、僕、パパを殺したくなるかもしれないんだ。パパだってそうだろう。人生のいちばんまずい場面に、ノメノメと顔を出す息子を、殴り殺したくなるはずだ。しかし、尊属殺人《そんぞくさつじん》というのは罪が重いんだし、おたがいにそれを避けるように努力しようじゃないか……」。

　こんな場面でも、雄吉は、渡辺のいう田代家の一員らしく言葉を忘れない、雄弁である。

　しかし、ぶら下がりながらおりていく雄吉を前にした玉吉については、このように書かれている。
「暗い室の中では、玉吉が、窓ぎわに立って、ピーンと張った目の前の綱を見つめていた。窓ぎわに一人きりになった瞬間から、それまで玉吉の身体をしびれさせていたドロドロの屈辱《くつじょく》感が、烈《はげ》しい盲目的憤《いきどお》りに代って、はけ口を求めて、身体の中をのたうちまわった。／口紅のついた玉吉の顔には、すさまじい殺気が漲《みなぎ》っていた。それがどういうことを意味するかもしらずに、玉吉は、右手に果物《くだもの》ナイフを握り、三度ばかり、綱の上にそれを当てがった。が、そのたびに、白い綱がいまにも切れそうにギチギチと軋《きし》んで、玉吉の決意を、最後の一線でにぶらせた。——玉吉としては、鋭利な果物ナイフをふるって、過去のいっさいの汚辱《おじょく》と、縁を断ってしまうつもりだったのかもしれないのだ。／玉吉の顔は蒼《あお》ざめ、顔にはジットリ汗が滲《にじ》んでいた。と、果物ナイフがポロリと床の上に落ちた。玉吉は、よろけるように、むざんに皮をむかれたベットの上に倒れかかっていった。そして、声を忍ばせて、虫でもあるかのように小さく啜《すす》り泣きだした……」。

殺意へもつながる、強烈な屈辱感を言葉もなく泣きながら抱えこむ男（玉吉）。雄吉も自己嫌悪にさいなまれ、言葉を失って「家出」することになる。

この小説にある決定的シーンを、田坂具隆監督はスッポリ削っている。雪子はその存在がまるごとなく消滅しており、ゆり子についても、当然にも雪子と関係するすべてのエピソードがなくなっている（もちろん、川上ゆり子〔渡辺美佐子〕たちの雄吉の脅迫と信次の罪かぶりは、この物語には不可欠なエピソードであるから、ゆり子は登場している）。そしてすでにふれたように山川も存在していない。田坂（映画）が削ぎおとしたのは「明晰な自己」を持った人々の物語を破壊しかねない「しこり」である。小説は青春恋愛小説という枠組を破壊しかねないギリギリのところまで突き進んでいるが、この危険な部分を映画は、まるごととりのぞいて成立しているのだ。こうして、白々しいまでに純化された「無傷のままの温室栽培された」個人（自己）たちの世界は映像化されたのである。しかし、このドラマの危険な部分は、この小説をお手がるで型通りの青春ものにしない力を与えている。御都合主義的軽薄さに浮きあがらせない重しとなっているのだ。とすると、それを映画の方は浮き上がったものになっていたか。ところが、僕はそんな印象は持たなかった。山川をめぐるエピソードがない田代みどりを演じた轟夕起子の存在が大きい。轟は傲慢で狡猾だが、賢明さや思いやりと決して無縁ではない風格のある女傑みどりを、この強烈に個性的な女を、実にいきいきと演じている（あたかも小説で書かれたエピソードをのみ込んでしまっているかのごとくに）(注2)。まずこの轟の演技の重力が映画の浮上をストップさせている。そして、この轟と裕次郎の対決（対論）シーンの迫力が、このある意味ではすこぶる観念的なドラマの大きな重しとなっているのだ。

先に第二のハイライトシーンと論じたシーンの具体的検討にもどろう。

二度目の罪かぶりをした信次の部屋に、みどりは入っていく。この部分のやりとりに小説と映画にそれほど大きな違いはない。小説の方を引こう。

最初はとぼけていた信次も、観念してこう語りだす。

『――ママはどうして、兄貴と僕がウソをついていると感じたのですか？』／みどりは寂しげな微笑をもらして、／『私のほうから聞きたいんですよ。……どうしてお前さんたちは、くみ子の怪我《けが》の場合と同じ型のウソを思いついたのかって……。くみ子の場合で経験ずみの私には、すぐウソが分かりましたよ。いずれは雄吉が押しつけたことだろうが、あの子は、なにか重大な失敗をしでかすと、いつも同じ逃げ道を本能的に考え出すのね。人間ってみんなそんなものだろうが……。そして、お前も、知ってか知らないでか、その片棒をかついでいるのね……』／『……ママ、僕あることにかけたんだよ……』／『それだって同じことです』／『でも、ママは兄貴の手がいつも同じだと責《せ》めるけど、ママだって、そう言えば、いつも同じじゃないかな。兄貴がウソをついているのが分ったら、なぜそれを暴《あば》いてやらないんです……。小さい時からそうすれば、兄貴だってもっとちがった人間になっていたかもしれないんです……』／『お前は一ばん私の痛い所をつきましたよ。そうなんだよ、信次。私にはそれができないんだよ。そんなことで私は考えたんだけど、一人の人間の持っている可能性には、無限な一面もあるようだけど、同時にきわめて浅い限界もあるような気がするんだよ。他人からみて、あんなことぐらいできないのかなと思われることが、本人にはどうしてもできないんだから。……お前の場合で言えば、雄吉からそんな途方《とほう》もない相談をもちかけられて、断わりきれない所に、お前という人間の一面の限界があると思うんだよ。……私にもそれがあります。雄吉を暴《あば》き、雄吉を批判することは、私自身を暴くことのようで、私にはどうしてもそれができないんです……』／『分るよ、ママ……』と、信次は深い歎息を洩《も》らした。／『ねえ、信次。私とパパはお前たちがそれぞれ結婚しても、子供のせわにならず、二人で暮らすつもりだけど、パパが先に死んだりして、私一人でやっていけないという事情にでもなったら、私はくみ子の家庭か、でなければお前の家庭で世話になろうかしらんと考えているんだよ。……お前、私を入れてくれるかい、信次？』／『ああ、いいよ。……ママも不幸な人なんだね……』／するとみどりは不意に笑いだして、／『お前、ホロリとした気分に欺《だま》されてはだめよ。いまそう言っていながら、私はいつお前にひどい意地《いじ》わるをするかしれないから……。油《ゆ》断《だん》してはだめよ』／『僕、油断しないよ、ママ』と、信次も奇妙な微笑を浮かべて、口うつしに答えた」。

血のつながりのない母と子の憎悪に媒介された愛情の交流を示す、奇妙な対論である。確かにそれは明晰な自己意識（言語）を持った者同志の対話であるといえよう。

ここで、小説になくて映画にあるものについて論じておく。映画では、しらじらしいウソをついた事に耐えられず、自分の部屋に帰ると信次（裕次郎）は何度も「ウォ……」とわめく。そうしながら、テーブルの上にあるいくつものリンゴの方へペイントナイフを投げつけるのである。ママ（轟夕起子）が入って来るのはその直後。ママは、リンゴにつきささったペイントナイフを抜きとり、リンゴをゴシゴシとみがく。そして、そのみがいたリンゴを信次に投げ与えて部屋から出ていくのである。今、紹介した会話はそうしたことをしながらの対話だったのだ。「僕、油断しないよ、ママ」と奇妙な微笑を浮かべて答えながら、信次はそのリンゴをナイスキャッチするのである。

このリンゴをめぐるしぐさは、トゲトゲしいけど暖かい気持（言葉）の交流をシンボリックに示していた。そしてこのリンゴは映画にのみ存在しているものである。それは、このシーンをずっと厚みのあるものにしている。

『陽のあたる坂道』は映画・小説ともに、ウソをめぐる物語であることは渡辺のいう通りである。しかし渡辺は、人間関係に不可欠な、道具として使いこなせる嘘についてしか論じていないが、実は、『陽のあたる坂道』は二つの性格がまったく違う「ウソ」についての物語なのである。もう一つの「ウソ」はその主役（雄吉）の人間をまったくダメにし人間関係に腐敗しかもたらさない「ウソ」である。明晰な自己意識の道具となるような「ウソ」ではなく、具体的には結局のところ自己嫌悪まみれに追いこまれざるをえない玉吉・雄吉（特に雄吉）によってつくりだされた「ウソ」の世界である（二人は女たちの「ウソ」にはめられる）。それは「言語表現を素早くすりぬけていく見えないシコリ」の世界そのものである。

小説もそして映画も（映画には切りおとした「しこり」はあったが、信次に罪かぶりを強いる雄吉の二つの許されざるウソは、やはりドラマの中心にすえられている）、この作品世界は「しこり」の世界と自覚的に対峙する信次（そしてママ、くみ子、たか子）の明晰な言葉によって支えられているのだ。だから、渡辺の「田代家」プラスたか子を一括して、各自が明晰な自分を持った集まりとするのは不正確な批評であろう。とにかく明晰な自己意識のドラマは、渡辺のいう「シコリ」（関係を崩壊させるウソ）の世界に片方の足をキチンと置いていることによって力強く成立しているのである。

キチンと自己主張するキビキビとした女子大生たか子を演じている北原三枝は、この上なく魅力的である。そして、屈折を内面に大量にかかえこんでおり、粗野で乱暴だがウイウイしくてナイーブで、すこぶる行動的な信次はまさに石原裕次郎のはまり役であった。この信次のイメージをめぐって、小説にはあって、映画にはないものを、一つ示しておきたい。

金持ちの一家でヌクヌクと育った兄の突然の登場に、最初は民夫は強く反発する。彼が率直に兄の存在を認めるようになるのは、信次とのハデな殴りあいに敗けるというプロセスが必要であった。兄貴と認めた夜、心配していた母親にその事をつげる民夫（映画の民夫役の川地民夫は、これで映画デビューしたはずだが、実に甘ったれでツッパッテみせてはいるが気持のやさしい少年のおもかげを残した若者を自然に好演）。その芸者の子と差別され続けてきた民夫の、小説の中の言葉だ。母に信次のいいところは、と聞かれて「うん、たった一つのいい所は、兄貴は、人間を差別待遇しないっていうことさ」と答えている。

映画で小説で描かれている信次の魅力的なパーソナリティ。それはこの一言に端的に表現されていると思う。この戦後民主主義を象徴する大衆小説の象徴的言葉は、やはり映画の中でも発せられるべきだったのではないか。

渡辺武信著『日活アクションの華麗な世界』未来社、2004年

〈注1〉『日活アクションの華麗な世界』のストーリー紹介の誤りは、僕が気づいただけでもおびただしい数、存在している。「合本版あとがき」で著者はこう書いている。「本書の原本が刊行されたのは一九八一年で、まだビデオが普

及していない時代ゆえに、細部の記述には誤りも少なくない。私は日活アクションの主な作品は封切り時と、次の週のセカンド・ラン（たいていは、現在はピンク映画三本立の常設館になっている新宿国際）とで少なくとも二回は見て、見た直後に喫茶店に入り、紙ナプキンやコースターなどあり合わせの紙片に印象的な場面のカメラアングルや移動の方向などをメモして、それをA４判の紙に貼り付けてファイリングしていたので（ストーリーは別の資料で分るのでメモしなかった）、……」。涙ぐましい歴史的努力によって生まれた、もう同じようなものが書かれようもない傑作。そういう作品を前に、ビデオやDVDでみなおしながらアレコレとそれの誤りを指摘してみせるのは、どうも気がひける作業である。しかし、本人も気がつき、気になっている部分すら訂正できないのは「残念でならない」とここで書いている状態はどうにかならないものか。とにかく、僕は、この気のひける作業を、〈戦後〉の思想的記憶の僕なりの発掘の試みのなかで、まだ続けたいと考えている。

〈注２〉轟夕起子は、石坂洋次郎原作・石原裕次郎主演の日活映画には欠かせない存在であった。もっとも彼女は、その全作品に出ているわけではない。
最初の作品である一九五六年の『乳母車』（田坂具隆監督）には出ていない。二作目が『陽のあたる坂道』（一九五八年）であり、一九五九年の『若い川の流れ』（田坂具隆監督）にも田舎で生活している裕次郎の母親役で出演している（この田坂演出の連作にすべて出演している女優は芦川いづみと『陽のあたる坂道』では信次と民夫の母親役で出演している山根寿子である）。一九六〇年の『あじさいの歌』（滝沢英輔監督）にはヒロイン倉田けい子（芦川いづみ）の母親（かつて夫と娘を捨てて若い男と家を出た女）役で出演。また一九六一年の『あいつと私』には、裕次郎のママ（公然と男あそびをしている、マスコミに注目されている人気美容師）役で出演。一九六二年のラストの作品『若い人』（西河克己監督）には出演していない。轟は出演作すべてにおいて強烈に個性的な女性を力強く演じてみせている（主演の裕次郎クラスの存在感を常に示しているのだ）。

任侠《ヤクザ》映画の中の〈女〉、藤純子をめぐって

姐さん……
やくざは日蔭の花だ……
日蔭の花が、日向に咲こうなんて考えたら、
てめえが辛くなるだけですよ……
どんな日蔭に咲こうと、
おめえさんの花の美しさは……
あっしがみている……知っています……

『女渡世人　おたの申します』（一九七一年・監督山下耕作・脚本笠原和夫）より

一九七二年は、新左翼運動の中から突出した武装闘争グループ「連合赤軍」の壊滅劇がテレビの生中継で日本中を注目させた（銃撃戦と仲間殺しの惨劇のクローズアップの）年であったと同時に、人気女優（スター）藤純子の引退の年であった。

一九七三年一月一日、「連合赤軍」のトップ・リーダー森恒夫が東京拘置所で、首を吊って自殺、テレビのテロップでこのニュースはすぐ流された。この日、一九七〇年につくられた引退したばかりの藤純子主演の「緋牡丹博徒」シリーズ第六作『お竜参上』がテレビで放映されており、これを見ている時、森の自殺が知らされたと記憶している人間は少なくないはずである（かつて、そのことは、よく話題にされていた）。

任侠《ヤクザ》映画の中の〈女〉というテーマの文章を、こうしたエピソードから書き出した理由は、上野千鶴子の日本の反体制運動に一貫する革命・党への献身の名における「女性性」の否定の集中的表現として「連合赤軍」を批判した文章の次のくだりが頭にあるからである。

「彼女たちの愚かさを嗤うのはたやすい。だが、それ以前に、『革命』の論理が、驚くべき男権主義的なヒロイズムにつらぬかれていたことを知らなければならない。その男権主義にまず男たち自身が酔い、そして女

たちをまきぞえにしていった。反体制運動が、『もうひとつの家父長』、エリートになりそこねた男たちの対抗エリート主義にほかならなかったことは、新左翼の男たちが愛した任侠ものの映画にも見ることができる。彼らは、命をかえりみず、死地におもむくやくざのヒーローを演ずる高倉健に同一化し、喝采をおくった。そして柱の陰には、男を見送るかれんな藤純子が、袖をかみしめ涙をこらえている、という通俗的な構図である。／その時、女にはふたつのオプションがあった。『藤純子』を演ずるか、『ゲバルト・ローザ』になるか、言い換えれば、男に尽くし愛される『かわいい女』になるか、それとも男の価値を内面化して男なみの女になるか。新左翼の多くの女は、この両極にひきさかれた。男に愛されようとすれば、『戦力』にならない。『女らしさ』のなかに甘んじなければならず、男なみの力を発揮しようとすれば『男まさり女』として、男から愛されることを断念しなければならない。そしてどちらも『男につごうのよい女』という意味では、大塚の言うとおり、『かわいい女』ではあったのだ。カルカチャライズすれば、連合赤軍の『総括』とは『ゲバルト・ローザ』による『藤純子』の殺害であった。そして女を二種類に分けることで対立させ、分断支配することこそ、男性支配の定石ではなかったか」（傍点引用者・「連合赤軍とフェミニズム」『諸君！』一九九五年二月号『上野千鶴子が文学を社会学する』（二〇〇〇年・朝日新聞社）所収――ここの大塚とは大塚英志のことである）。

この批評は新左翼・連合赤軍批判としては十分に根拠があるものであるといえようが、任侠《ヤクザ》映画（藤純子）評としては、ジェンダー理論のドグマで対象を裁断しているだけの、杜撰なものであるというしかないのだ。

柱の陰で、なぐりこむ男を、袖をかみしめ涙をこらえて女が見おくるといった「通俗的な構図」にスッポリ収まる任侠《ヤクザ》映画もなかったとはいわない（ここでいう〈任侠《ヤクザ》映画〉とは、「時間的には明治末期から昭和初期までを、空間的には伝統的習俗の色濃く残る下町風の都会を舞台とし、主人公が着流しの和服で登場する物語、ということになろう」という渡辺武信の「共同性の夢」〈『叢書文化の現在』13巻「文化の活性化」所収・岩波書店・一九八二年〉での正統的任侠《ヤクザ》映画という規定を前提にしている。もちろん、こうした条件がすべてととのっているわけではない〈任侠《ヤクザ》映画〉も少なくない）。

しかし、それは、そんなに単純な話ではないのだ。

例えば、この映画のヒットが東映任侠映画路線をうみだしたといわれている、一九六三年に上映された尾崎士郎の『人生劇場』の「残侠編」を原作とする『人生劇場飛車角』（監督沢島忠）。飛車角（鶴田浩二）が娼婦おとよ（佐久間良子）をつれて逃げるシーンから始まるこのドラマは、飛車角が刑務所に入っている間に、彼を慕っていた宮川（高倉健）が、おとよと飛車角の関係を知らずにできてしまい、後に二人の関係を知った高倉は自責の念にかられた無茶な殴り込みで殺される、高倉を許していた鶴田は、彼の無念をもはらすために対立している組に殴り込むという展開である。ヤクザの世界のしがらみで命をかける男と必死で引きとめようとする女というパターンが、ここから始まるのだ。ラストは、追いすがり、しがみつく佐久間を一瞬、だきしめた鶴田は、地上に放りなげて死地へ向かう。裏切った女への愛と怒りが同時に示されるかなしいシーンである。

もう一本、高倉健主演のヒットシリーズ『昭和残侠伝』（一九六五年のこの第一作から七二年『破れ傘』（監督佐伯清）まで九本つくられた）。このシリーズは高倉と池部良のラストの殴り込みの道行きのシーンに高倉の歌う主題歌（唐獅子牡丹）が流れるというパターンのくりかえしで人気があった。佐伯清演出の第一作は、時代が戦後であり「正統・ヤクザ任侠映画」の条件はみたしていない。ヒロインの「とめ女」は三田佳子、彼女は、高倉が戦場からいつまでも「復員」しない間に、自分の一家の事情もあり、待ちきれずに江原真二郎の妻になってしまった元恋人。殴り込んで殺されてしまった江原の後を追うように殴り込もうとする高倉にかける言葉は、負い目の感情のこもった「行かないで、なんて言えないねぇ」であったと思う。

ようするに、任侠映画《ヤクザ》の男と女の関係は、上野のいうほど単純に描かれていたわけではないのだ。ヒロインはヒーローにとってもただ「かわいい」だけの存在でなく、より複雑で屈折した感情（関係）がそこに表現されているものが多かったのである。

問題の藤純子のヒロインの作品について、ふれないわけにはいくまい。「昭和残侠伝」シリーズも、ヒロインは藤である作品が一番多かった。このシリーズの人気が絶頂であった一九六九年のシリーズ第五作『唐獅子仁義』（監督マキノ雅弘）をとりあげよう。藤純子は池部良の女房で、高倉にも恋心を持つ芸者という役まわり、池部と高倉の対決がトップシーンのこの映画、村立し続ける二人がパターン通りの二人づれの殴り込みのラストにいたる契機は、藤純子が殺されてしまうことによってつくりだされるという展開である。

任侠映画《ヤクザ》のヒロインを誰か一人だけあげろといわれれ

ば、だれでも藤純子と答えるしかないと思う。藤の存在は質量ともに決定的である。その意味で上野が藤でヤクザ映画のヒロインを象徴させたことはおかしくない。しかし、男なみの女をめざした男から愛されることを断念した「ゲバルト・ローザ」と対比して男に尽くし愛されるだけの「かわいい女」の代表として任侠《ヤクザ》映画の〈藤純子〉をあげたのは、今まで述べた意味で正確ではないという以上に、決定的に誤っているというしかない。なぜなら、藤は女であることを断念した。女博徒《ヤクザ》を演じ続けることでその人気を決定的なものにしたのである。その点にそくせば、上野のいう〈ゲバルト・ローザ〉をスクリーンで演じ続けたともいえるのであるから（ゲバルト・ローザと呼ばれた女性は確か内ゲバも含めたゲバルトの強さで売ったML派の女性であり、当時、著作も一冊出版されて、運動の世界では有名な女性であった）。

一九七二年三月封切られた『純子引退記念映画　関東緋桜一家』（監督マキノ雅弘）がつくられ彼女は引退するのだが、役者の引退記念映画がつくられるなどということは、これ以後はもちろん、あまり前例もなかったはずである。この藤人気についての証言を、いくつか引いておこう。

まず、もっとも大量に任侠《ヤクザ》映画の脚本を書き続けた笠原和夫の『昭和の劇』（太田出版・二〇〇二年）での発言（インタビューは荒井晴彦と絓秀実）。

「笠原　この頃になると、着流しのやくざ映画というのは、オールスターにしないと客は入らないんですよ。もう鶴田の単独出演ものは入らなくなってきた。

絓　それは高倉健についてもそうですすよね。

笠原　そうです。だから会社としてはかなり行き詰まってしまっていて……。

荒井　この頃の東映のラインアップを見ると、鶴田や健さんの着流しものというのは、もう、ほとんどなくなっていて、鶴田は背広のやくざものに移って、藤純子だけフル回転している……そこで藤純子の引退ですか」。

笠原は別のところで、こう書いている。

「この頃になると、鶴田の人気は完全に陰りを見せ、『侠客伝』『残侠伝』『番外地』の三大シリーズがまだ続いている高倉健もいくぶん頭打ちで、一人気を吐いていたのは藤純子であった。四十三年に始まった『緋牡丹博徒』シリーズ、四十四年からの『日本女侠伝』シリーズ、四十六年開始の『女渡世人』シリーズと健さんと並んで、三本のシリーズを抱える大看板になっていた」（『映画はやくざなり』〈新潮社・二〇〇三年〉）。

次は任侠《ヤクザ》映画のプロデューサー、彼の存在なくしてヤクザ映画路線はありえなかったといわれる藤純子の実父である後藤浩滋との共著での山根貞男の発言。

「第一作『緋牡丹博徒』以後、藤純子は完全に主演クラスの女優になった。以前からそうであったが、数々のオールスター作品において、鶴田浩二、高倉健、若山富三郎など、ずらり並ぶ男性スターに伍して、いっそう堂々たるヒロインを艶やかに演じた。たとえば内田吐夢の『人生劇場　飛車角と吉良常』、小沢茂弘の『博徒列伝』『渡世人列伝』『博徒一家』山下耕作の『任侠列伝男』などである。またマキノ雅弘の『日本侠客伝　花と龍』や山下耕作の『日本侠客伝　昇り龍』では、高倉健の主人公・玉井金五郎に惚れる刺青師・お京を演じるが、これも主演級であった。／この間『緋牡丹博徒』シリーズに加えて、『日本女侠伝』『女渡世人』と、さらに二本の主演シリーズが生まれた。／『日本女侠伝』シリーズは、男勝りの馬賊芸者が炭坑の男に惚れる一九六九年の『侠客芸者』から始まり、沖縄の運送会社の若き女経営者が母の郷土のために闘う一九七一年の『激闘ひめゆり岬』まで五本つづく。『女渡世人』は一九七一年の作品で〝瞼の母〟を求めつつ渡世修行の旅をする女やくざ・妻恋いお駒の旅を描き、同年の第二作『女渡世人・おたの申します』へつづいた。／こんなふうに新シリーズが二つもつづけて登場すれば、格別熱烈なファンならずとも〝任侠映画の花〟はまだまだ咲き誇ると思ったところで不思議はなかろう。／だが突然、花は自ら散った」（『任侠映画伝』〈講談社・一九九九年〉）。

　同書の実父の証言。

「婚約を発表して引退宣言をやったのが昭和四十六年（一九七一年）の秋で、純子はそのあと、すでに準備していたシャシンには出るが、新しい企画には出ないつもりだった。／翌年一月封切りの『緋牡丹博徒　仁義通します』はすでに企画が決まっていた。／ところが岡田社長は私に断固要求した。／『もう一本だけ、なんとか引退記念映画をつくってくれよ』／これには私も断りきれず、純子を説得した」。

　テレビの時代の開始とともに、大衆娯楽のチャンピオンの地位をおわれだした映画産業は、六〇年代後半から斜陽への道を転げ落ちつづけていた、そうした時代の中で安定した観客動員を実現していた東映のヤクザ映画路線も七〇年代に入ることはマンネリで人々にあきられてきたのだ。その中で、女任侠《ヤクザ》路線のただ一人の主役藤純子が後退する人気を支え続けたのである。

　さて、『緋牡丹博徒　お竜参上』の話にもどろう。八本続いたシリーズの第六作は加藤泰の演出で、橋のたもとで旅に出ようとする流れ者〔菅原文太〕にお竜がミカンを渡そうとして、それが落ちてしまい雪の上をころがる、もの哀しくせつない離れの名場面が話題となった作品である。

加藤は演出モチーフについて、こう語っている。

「ささやかで恥かしいのだが、僕は、僕の世界のうちこめる人間達へ、少しだけ疑問を出して見た。つまり、例えば期待される侠客像と言う様なものがあるとして、その大きな部分の一ツに、弱きを助け強きを挫く、つまり人助けの様なものがあるとして、『お前さん達、本当にそんな事が出来るのかい。僕は嘘つきは嫌いだよ』と言って見たのがこの映画の積りである」(『加藤泰の映画世界』北冬書房・一九八六年)。加藤は『加藤泰映画華』(飛来社《トライ》・一九九五年)でもこの作品のモチーフについてほぼ同じことを主張している。そこには脚本をともに書いた鈴木則文の以下のような証言がある「あの有名な今度橋は僕が書いたんです。もう加藤さんになりきって、ただミカンがころがるところはシナリオにはありません。加藤さんの演出です」)。

佐藤忠男は、この作品について、こう語っている。

「『緋牡丹博徒・お竜参上』では、緋牡丹のお竜は、十年以上も前に別れた盲目の若い女をさがして各地を放浪している。その女は、かって、自分への義理だてからすすんでやくざに斬られて死んだ、あわれな身の上の女賭博師の娘なのである。お竜は、死んだその女に義理を感じ、その盲目の娘の母親がわりになってやることを自分の使命と思っているのである。このお竜を助けてさいごに悪玉のやくざ一家への斬込みに同行する菅原文大の扮する流れ者がいるが、これも、女郎に売られた妹を救うことを自分の生きる目的としている男である。加藤泰の映画には、いつも、こういうあわれな女がいて、主人公はその女に負い目を感じている。そして、その負い目を感じつづけることが、彼のモラルになるのである。それは愛とも言えるし、ヒューマニズムとも言えるが、自分が優位に立って弱者に手をさしのべるというのではなく、負い目を感じつくすというところに、『愛』とか、『ヒューマニズム』という外来の観念ではとらえにくい微妙なニュアンスの違いがある。それは、まさに義理人情というものであるが、この言葉はあまりにもばくぜんとしていて意味の確定のしにくいものなので、もう少し意味を限定すると、それは、一種の『忠』という観念に近いものではないかと思う。忠という観念は、主君への忠誠とか、忠君愛国とかいう文脈の中でばかり使われすぎたために、今日ではもっぱら、自分より上位の何者かに対する忠誠を意味する観念になっているが、もともとの意味は『誠実』に近いものであり、相手が何者であるかにかかわりなく、その相手に誠実をつくす義務感を示す言葉であると思う。だとすれば長谷川伸＝加藤泰の世界では、その主人公は、自分より弱い、あわれな自分よりもっとあわれな女のために忠をつくすというところに

修羅場と鉄火場の華・藤純子　『東映キネマ旬報』（2007 年春号）所収

モラルの土台を持つのである」（「忠誠心の映像」〈『中央公論』一九七一年三月号〉、タイトルを「忠誠心の二つの道」と変えて『長谷川伸論』〈中央公論社・一九七五年〉の第一章に収められている）。

　この後、佐藤は、人口に膾炙している、高倉の『昭和残侠伝』シリーズの主題歌の一番「義理と人情を秤《はかり》にかけりゃ義理が重たい男の世界」（詞　水城一郎・矢野亮　曲　水城一郎）という言葉を引き、義理（公）と人情（私）を切り離し、「公」の「私」への優先が「男《ヤクザ》の世界」の自明の価値感だとする「長谷川伸＝加藤泰」的忠誠観念の逆転は「私としては憤激に耐えない」と論じ、こう述べている。

「たしかに、凡百のやくざ映画はその程度の義理人情観でつくられている。が、しかし、すべてのやくざ映画がその程度の義理人情観の中におさまっていたならば、股旅映画・やくざ映画が、これほど根深い存在になれるはずはないのである」。

　この限りで、この主張に僕も強く共感する。「男らしさ」（公＝義理）対「女らしさ」（私＝人情）という「通俗的な図式」に還元するヤクザ映画批評では重要な問題を見落としてしまうことはまちがいないからだ。

　その上で、なお、僕は「義理（掟）が重い男の世界」

は任侠《ヤクザ》映画を基本で支える論理であることも忘れるわけにはいかないと思うのだ。

山根貞男は『映画狩り』（現代企画室・一九八〇年）に収められている加藤泰論で、くりかえし一九六六年に封切られた『沓掛時次郎・遊侠一匹』についてふれ「時次郎は、人を斬ること、それをなりわいとすることのくらさ、陰惨さへの重苦しい想念をかかえてしまってい」ることを強調し続けている。人を殺傷することをなりわいにしているのがヤクザであり、そのヤクザの正義（人情）はあらかじめ相対化されており、暗く陰惨でしかありえない、そうではないかたぎの世界の疎外者なのだ。ギリギリのところ、この義理（掟）からのがれることができないというのがヤクザの世界の決り事なのである。だからヤクザ映画は〈悲劇〉であたりまえなのだ。はじめから悲劇が決定づけられている存在がヤクザなのである。

山下耕作演出の『緋牡丹博徒』の第一作は、博徒一家に育った娘が、父が殺されることで、かたぎの女の道（結婚直前）をストップされ、親の復讐と一家の立てなおしのため「娘盛りを渡世にかける」人生に入る。物語の途中で、女として生きることを断念した女に男（高倉健）は「人を殺したことはあるのか」と問いかけ、人を殺した後の自責の念の苦しみについて体験的に彼女に語る、ラストは仇は藤ではなく高倉が殺す。その場で、自分も切られた高倉は藤に「人殺しになってほしくなかった」と語る。「じゃあ、私のために……」と聞きかえす藤に「いや、俺のためだ」といって高倉健は息を引きとるのである。

このやりとりに象徴されているのは、殺人をなりわいにするヤクザの世界の暗さ、陰惨さであり、その世界に〈女〉の身で生きることの二重の暗さ、陰惨さである。だから『緋牡丹博徒』シリーズはお竜が救いようもなく「立派な人殺し」になっていく悲しいプロセスが描かれ続けたともいえるのである。

かつて、三島由紀夫は『an an』（一九七〇年三月二十日号）で藤純子について、このように論じた。

「いま男から見た女の色気の代表は、藤純子のような女優である。藤純子は決して露骨なエロチズムや、セックス・アッピールを振り回す女優ではない。彼女のからだはいつも着物に包まれているが、その着物からこぼれる手や、唐紙をあけるときのちょっとした目づかいや笑顔のえくぼは、男の目にはまさにこぼれるばかりの色気と感じられる。不思議なことに色気の感じられる女は、昔から単に陰性な、内気一方の女ではなくて、どこかに凛とした男まさりのところがなければならない。いま残っている明治の芸者の写真を見て、色気のあるとされた女たちが、みんなどこか凛然とした面影をひそめているのがわかるであろう。藤純子はその種の女の色気を最も代表的に持った女優である」（『三島由紀夫映画論集成』〈ワイズ出版・一九九九年〉所収）。

「男まさり」が女の魅力（「男まさり」の女性が最も「女性的」）という感じ方は、決して三島固有のものではないはずである。

任侠《ヤクザ》映画の中で藤純子を撮り続けた山下耕作は『将軍と呼ばれた男　映画監督山下耕作』（ワイズ出版・一九九九年）の中で、『緋牡丹博徒』について、こう語っている。

藤純子の人気を爆発させたシリーズ第一作『緋牡丹博徒』ポスター　俊藤浩滋／山根貞男著『任侠映画伝』（講談社、1999年）所収

「女主演の仁侠映画、これは私にとって多少ヤチンの高い仕事でした。準備台本を読んで、私の頭の中に『藤純子＝緋牡丹』というイメージがどうしようもなく定着しました。娘の彼女は、白い牡丹。女を捨てた彼女は、赤い牡丹。渡世人としてしか生きられなくなった彼女は、黒い牡丹（これは実際には、そのようには使わなかった）。これは、男の任侠映画に対抗する一つの手段だと思いました」。

「お竜の衣裳は、大変地味に、極端に言えば、男物の中から選ぼうと決めました。藤純子という女優は上質の蜂蜜のような甘い哀しさを漂わすお色気を備えています。そのお色気を、大変地味な包装の中にくるんだら、どういうことになるか？　私には興味のあることでした」。

〈女〉が人殺しをなりわいとする男まさりの人生（黒い牡丹の衣裳）にとじこめられていく悲劇は、元々、自分より弱い、あわれな者への忠誠をモラルにした男ヤクザの悲劇的な「忠誠」劇を、より悲劇的な女のドラマとして再生させる決定的な条件だったのである。

任侠《ヤクザ》映画の後退期に藤の女任侠ものがまだ受けた根拠はそこにあったのだろう。

『緋牡丹博徒』も『女渡世人』も、暴力による人間の殺傷を積極的に意味づけたりすることは、なかった。そして、暴力を生きる自分が許されない「日陰者」でしかない存在であること、卑下すべき者でしかないことに常に自覚的であった。その意味でスクリーン中の彼女は本当は、暴力の自己肯定の文化を生きた「ゲバルト・ローザ」にもならなかったのである。

藤純子の引退は任侠《ヤクザ》映画路線の消滅を一気に加速することになる。

東映任侠映画路線は、ゼニとイロと力への欲望むきだしの暴力団の「実録路線」に一九七三年の『仁義なき戦い』のヒット以降、はっきりと転換していく。

人殺しになれることを「共産主義化」の前進として仲間殺しをくりひろげた「連合赤軍」の後、新左翼党派はいろいろな大衆運動を破壊する本格的な「内ゲバ戦争」の時代（対立セクトのメンバーの殺傷を肯定し積極的に意味づける時代）に突入する。そして新左翼運動は爆弾闘争をうみだすにいたる。東映「実録路線」はその時代を併走するのだ。

そして、女任侠《ヤクザ》を含めた、任侠《ヤクザ》映画の「日陰者」による弱者への〈義理・人情〉のモラル劇として持った意味も、女たちの自らの存在の力づよい自己肯定の叫び声が突出したリブの運動の七〇年代以降、ほとんどかえりみられることもなくなっていく時間が流れたのである。

日活アクション映画の興亡

石原裕次郎伝説の時代

1　伝説のスター石原裕次郎の誕生

創立八十周年記念大作映画「落陽」がまったく不入りでオチメ、この笑えない冗談のような事態の中で「にっかつ」が倒産したのは一九九三年である。

日本でもっとも古くからあったこの映画会社の戦後のアクション映画が、ある意味で、もっとも〈戦後〉的な映画であった。敗戦後、遅れて製作を再開した日活は、すでに動き出していた各社の協定である五社協定にしばられ、スタッフも役者も、他社からのかりものか、新しい人材にたよらなければならなかった。戦後の混乱期のこのマイナスの条件が、新しい血を乱暴に入れることを可能にするといったプラスの条件に転化したのである。まず雑多にいろいろな作品を作るかたちでスタートした日活に決定的な転換がやってくる。

それは、もちろん石原裕次郎というスターの登場だ。

上野昂志はこう述べている。「彼の登場はスターのあり方を変え、スターと観客の関係も変えたのだが、それが明らかになるのがデビュー二作目の中平康の『狂った果実』である。

西河克己監督によれば、この作品が大ヒットしたお礼の舞台挨拶で、裕次郎は例の片足を引きずるようにしながらTシャツにジーパンという格好で現われ、日活の首脳陣を仰天させると同時に観客の喝采を浴びたというが、それこそ、いかにも裕次郎らしい」(「無国籍アクションを支えたモダニズム」『アサヒグラフ』一九九三年十月二十二日号)。

芥川賞作家、兄の石原慎太郎原作の「狂った果実」は一九五六年の作品である。多くの論者が、この作品の印象が決定的と語っているが、この太陽族映画の裕次郎は、まだ、スターではない。日活は経営的にピンチであった。「ズブの素人」の魅力を示したこの男に会社が賭けたのである。

「日活は、何が何でも裕次郎をスターにしなければならなかったのである」（鈴木義昭『石原裕次郎物語』近代映画社・一九八九年）。役者個人のキャラクターだけでスターが生まれるわけではない。会社をあげてのスターづくりの中で、裕次郎は浮上したのだ。

「裕次郎をして完全なるスーパースターへと飛翔させた作品として、日本映画史上に記憶されている」（鈴木義昭・同前）のは、もちろん一九五七年の正月映画、彼がドラマーを演じた『嵐を呼ぶ男』（井上梅次演出）である。

『嵐を呼ぶ男』は、いよいよ十二月二十九日に封切られた。その前の二日間は雨であったが、この日は、雨はやみ、晴れていた。／公開当日、日刊スポーツの映画担当者の石坂昌三は、浅草日活に取材に行った。そこでは信じられないことが起きていた。／押しかける観客で、映画館の扉が閉まらないのだ。事務所をのぞいて見ると、事務員が、リンゴ箱の上で、足ぶみをしている異様な光景が眼に飛びこんできた。／〈いったい、何事か…〉／当時入場料は百二十円であった。その百円札が、どんどんリンゴ箱にたまっていく。入りきらないので、上からぎゅうぎゅう踏みつけているのである。／はみ出す百円札の上に、蓋がわりに油紙をかけ、さらに紐をかける。／銀行マンが、そのリンゴ箱を肩に担いで運び出した。／客も、つぎつぎに押しかけてあふれそうになる。館内の後ろや、脇の方で立ち見ができてあふれそうになる。そこで、客は、前へ前へと席を移動する。半日居座る客がほとんどだ。そのため、従業員は一回見た客を前の席から順番に、ステージへごぼう抜きにして引き抜いていく。ごぼう抜きにした客は、非常口から外へ出す」。

二週間ロングという当時の「常識を破る」ロング上映となったこのヒット作の劇場販売用に作った劇中の歌のソノシートも「飛ぶように売れ」、「テイチクから出たレコードは、十五日間で、八万五千枚も売り上げ、三月新譜のプレスは、一時中止、裕次郎レコードにかかりっきりというすさまじさであった。／日活の累積赤字二十五億円も、この二年後には、裕次郎映画の大ヒットにより、約十七億円を償却してしまうのだ。まさに、裕次郎は日活の救世主となった」（大下英治『石原裕次郎――男たちの熱き心と石原軍団の伝説』勁文社・一九八一年）。

大下は、この本で「嵐を呼ぶ男」のヒットで、「遅配だった社員の給料も、大みそかになって、ようやく出た」と述べている。しかし、テイチクが映画の大ヒットを見るまで主題化をレコード化しようとしなかったというエピソードに示されるようにこんなヒットは日活側を含めてまったく予想を超えるものであった。この作品で、裕次郎が本格的に客を呼べるスターに――かたむいている会社の側からすれば「ようやく」――なったのである。

この映画のまさに黄金時代（客数がピークの時代）に颯爽と飛び出してきた「歌う映画スター」の誕生劇には、様々なドラマが印されている。

裕次郎が『嵐を呼ぶ男』上映中、「舞台あいさつ」をすっぽかして、北原三枝（およびスチールマン斎藤耕一と彼の恋人のもう一人の日活女優）と箱根に旅に出たおり、そこの旅館に日活の社長がたずねて来た、大目玉を食らうかと思って覚悟していたら裕次郎らに社長は「封切館の人気のすごさを説明」し、ローレックスの腕時計をプレゼントして帰ったという、エピソードも大下は記している。そして、そのくだりで、こう書いている。

「日活の俳優同士の交際は、してはいけないことになっている。特に大スター同士であるから、なおのこと、会社も神経質になっていた」。

裕次郎らはスクリーンの上だけではなく実生活でも会社のタブーを破ってみせた。個人の自己決定する権利を、企業の圧力をはねかえして行使してみせたのである。映画ファンのみではない、多くの大衆はそれに拍手をおくった。

上野昂志がいうように裕次郎の登場は、「スターのあり方、スターと観客の関係」にも大きな変化をもたらしたのである。

アメリカ（ハリウッド）映画の洪水のような輸入、占領期を通してのアメリカ的生活様式の輸入とその後の定着、女が男の後ではなく、男と肩をならべて歩くのが自然となるスタイルが定着してきた時代は、ハリウッド的スターを日本にも誕生させたのである。

一九四〇年代に確立されたハリウッドのスターシステムの歴史を論じた『スター』（渡辺淳・山崎正巳訳・法政大学出版）でエドガール・モランはこう述べている。

「スターは徹頭徹尾自分の観客のものである。観衆が求めながらも気の毒がる、栄光の奴隷状態におかれている。王たちや神々同様にスターは、自分のファンが自分のものであるだけにますますそのファンのものなのだ」。

「スターは自分のイメージにすっかり感染して、映画的生活を送らざるをえないのだ」。

「……スクリーンの神話はスクリーンの後や外に延び拡がる。スターは、また俳優や作家や政治屋がそうであるように、人格の両分と再統一の弁証法のなかに引き込まれる。俳優は誰もが、自分の二重性をきわ立たせようと努める（俳優は芸名を用いる）が、同時にまた、その二重性を超えようと試みる。俳優が自分の役を実生活で演じるにいたると、その俳優はへぼ役者になってしまう。だがスターはへぼ役者にはならない。スターは自分の外にある役を演ずるのではなくて、女王のように、自分自身の役を生きるからである」。

この時代、裕次郎はスクリーンの外では自分自身の役を見事に生きてみせた。私生活を公生活に「システマチックに組織化」する試みは、ハリウッドのように映画会社主導でなされたのではなく、会社に反抗するスターと発達し続けたマス・メディア（週刊誌ブームの時代からテレビの時代〈六〇年代〉）という情報産業との関係を軸につくられた。

「入ってみるまで、映画界というところは、派手で、モダンで、流行の最先端を行くところだと思っていたんだ。ところがほんとうはアベコベなんだ。一番古くて、きたないところ、あまり永くいるところじゃありませんよ」。

「若い女優さん……。もう少し頭がよくなってほしいな。とにかく、女としての一応の水準は保ってもらいたい」。

「いまの若い女性は非常に打算的なんだ。ホレた男を捨てて、オブ・ペースを心得ているんだな。チェンジ・金持の男とひっつく。そういう話をきくと、やりきれないんだ。やはり昔風の女がいいですよネ」。

志賀直哉も谷崎潤一郎も裕次郎映画のファンだとレポートしている『週刊朝日』一九五八年二月九日号の「タフ・ガイの魅力——石原裕次郎の素描」での裕次郎自身の発言だ。映画界へのボロクソの批判をふくめて、いいたい放題である（こんなスターはいなかった）。

この会社のトップにこびない、反抗的な言動が、スクリーンの中のイメージとダブって大衆的に受けたのである。そして、スクリーンのヒーローが「私＝公生活」で演じた、もっともイカすドラマは、会社の反対を押しきっての北原三枝との恋愛関係の公然化と結婚であった。実生活でも彼はファンの夢を生きてみせたのである。

一九六〇年に、映画記者であった斎藤龍鳳は書いている。

「全学連主流派七百人が空港ロビーに坐りこみ、岸信介の渡米を阻止しようとした一月一五日をさる二日前、裕ちゃんとマコさんはニューヨークに旅立ったのであります。かつてのスターの結婚は芸命の短縮を意味し、未婚スターのあいびきは、高度の非合法性を要求され、いうところの密会形式に頼らざるを得ない状況下に置かれていましたので、この暁の脱出は、映画記者をして地ダンダを踏んでタケリ狂わす結果となりました」。

安保闘争の激動の中、古いタブーを破り、海外へ脱出する彼（と彼女）への若い世代の共感は、映画記者の「怒り」などものともせず、産みだされた（斎藤自身も、ある共感を示している）。

待ちかまえての帰国時の記者会見について彼は、さらにこう書いている。

「タラップを降り立った時の裕ちゃん。青い帽子、黄色いアノラック、真っ赤なシャツ、そしてサングラス。——なぜ二人で出かけたか？『一人で行くとオレはいわなかった』——どんな男性が好きか？（北原三枝に（裕次郎が引きとり）『そりゃオレみたいな男さ』……ヤボな質問とカッコいい返答の、変な記者会見でした」。

「北原三枝との日本脱出は、日活との決別をも意味していると考えられていた」と語る加東康一は、この記者会見にふれて、こう書いている。「八方破れに笑いとばす裕次郎には、それまでのスター同士の密会風なイメージはなかった。／〝婚約旅行〟〝友愛結婚〟という大見出しが翌日のスポーツ紙の一面を飾った。これを契機に、スターたちの交際は急激にオープンになったのは事実である」（『スキャンダルの昭和史』話の特集社・一九八五年）

この時代の、こうした自由を求める言動のユニークさは、この後に斎藤が書いているエピソードと対比すると、より鮮明に理解しえよう。

「会見といえば、この年、最高の記者会見は新東宝大蔵貢社長の愛のうらみの発表でした。／八月のうだるようなある日、八重洲口の新東宝本社に映画記者を集め、幕ノ内弁当を出し、冒頭『女優を二号にしたのではない。二号を女優にしてやった』と、ソデにした女優に対する怒りをぶちまけました。マゴコロをこめて愛したこと。貢げるだけ貢いだ決算報告。すでに彼女はバージンではなかったこととの公開。行きつけの旅館には彼女専用の夜具があること。藤山愛一郎や永田雅一にだって俳優の愛人がいるのに『なぜオレだけが悪者にならなければならないのか』といったフンマンなど、約一時間半にわたってくりひろげました。私は九年間映画記者をやっていて、これほど壮烈きわまる記者会見に立ちあったことはありませんでした」（「六〇年安保と裕次郎」『映画芸術』一九六五年八月号）。

「二号さん文化」を生きつづける大人（老人）の世界が若い俳優同士の自由な恋愛を禁止しているという構図があり、裕次郎のビヘイビアは、十分にそれへのカッコいい戦後的反抗を象徴するものたりえたのである。

敗戦直後の混乱をぬけ出しつつあった民衆。しかし占領軍の軍事力で「民主化」をストップされた事態が象徴するようにそれほど当時も自由であったわけではない。とはいえ、個人的自由の願望を、スクリーンのドラマにぶつけあう程度には「自由」になっていたのである。マス・メディアがつたえるスクリーンの内と外の動きを通して、裕次郎は、もっともスター的なスターとなったのだ。

しかし、戦後映画の黄金時代の大スターの輝きは、映画の黄金時代同様、それほど長いものではなかった。斎藤龍鳳は先の論文で、こう書いている。

「裕ちゃんと『すべて裕ちゃんにおまかせしています』北原三枝が、日活ホテルで結婚式をあげました」。この、各界の名士を集めた、とてつもないハデな結婚式。「すべて、おまかせ」の北原三枝の引退。

新しい時代のスター裕次郎の相手役にふさわしい、「それまでの日本映画には、いなかった」、「一種のエキゾチックで、理知的な美しさを持っ」た女優(白井佳夫「私たちの時代の女優・北原三枝」『北原三枝写真集』マガジンハウス・一九九三年)のあっさりとした引退は、スクリーンの中の生き生きと仕事に恋愛に生きる女性(例えば『嵐を呼ぶ男』の女マネージャー役)のイメージを裏切るものであった(補論1)。

アキヒト・ミチコの結婚フィーバーに続くこの裕次郎・三枝の結婚大イベントは、日活(企業)への裕次郎らの最終的勝利の表現であると同時に大人(企業家)たちの文化とライフ・スタイルへの屈服あるいは同化でもあったといえるであろう。

2 無国籍《アウトロー》アクションの中の戦後モダニズム

「無国籍アクションを支えた日活のモダニズムが、高度成長によってその足もとを埋められたということが大きいと思う。つまりモダニズムが現実の風景になったとき、もはや憧れとしては成立しなくなったということだ」。

先にふれた文章で上野昂志は、一九六〇年ぐらいを頂点にして、その後早くも三、四年で退潮期を迎えた日活アクションについて、「娯楽としての映画の退潮」でもあるのだが、と述べつつ以上のように論じた。

もっぱら風俗としての戦後モダニズムということに引きよせれば、高度経済成長がスクリーンの中の風俗(ファッションなどの生活スタイル)を「現実の風景」としたことはまちがいない。しかし、日活アクション映画が持った戦後モダニズムの中で、高度成長とともに置き去られてしまったものはないのか、あるとすればそれはなんなのか。この点がより具体的に検討されなければなるまい。

上野は、ここで、このようにも論じている。

「……裕次郎の『赤い波止場』などと旭の『南国土佐を後にして』以後の〝渡り鳥〟シリーズの間には、虚構性のレベルに違いがある。後者のほうが、より荒唐無稽になっているのだ。そしてやや遅れてスターの座についた宍戸錠の『ろくでなし稼業』（斎藤武市）などになると、いっそうその傾向が強まる」。

大衆雑誌の編集者の世界を通して一九六〇年から六四年までを描いた、小林信彦のノンフィクション・ノベル『夢の砦』（新潮社・一九八三年）の中の主人公らの会話に以下のようなセリフがある。

「……裕次郎がぼくらの世代の代弁者だった時代がありましたね。三、四年前ですか。……いまや、彼は源氏鶏太の立身出世物語の主人公をやるようになって、ぼくらからみれば、エラくなり過ぎた。小林旭はコミックストリップです。こうみてくると、赤木圭一郎しかいないんだ、夢を託せるスターは……」。

赤木圭一郎の事故死が知らされた時のセリフであるから、一九六一年の話である。

小林旭の〝流れ者〟や〝渡り鳥〟シリーズ映画が荒唐無稽《コミックストリップ》の性格が強く、その傾向は宍戸錠が主役になっての作品の登場で、より純化されるという上野の指摘はその通りである（もっとも、コミカルな要素が出てくる荒唐無稽さ、そのシニカルな道化ぶりは、それなりに楽しめた）。

ただ、上野はふれていないが、旭に次ぐ「第三の男」として売り出された圭一郎の〝拳銃無頼帖〟シリーズ（一九六〇年二月の『抜き射ちの竜』〈野口博志演出〉がスタート）を中心とする作品も、旭のシリーズものと同じような「虚構性のレベル」を示しており、初期の裕次郎のアウトローものの「レベル」を『夢の砦』の登場人物のように圭一郎映画に見るとすればそれは少し無理がある。

もっとも、このセリフは最後の作品『紅の拳銃』（牛原陽一演出）についての「これは、かなりの出来でした。初めて、赤木のもつ暗い甘さを生かした映画だと思ったのに……」という言葉の後のもので、主演スターになってすぐ死んでしまった男への期待の次元で語られているのである。『霧笛が俺を呼んでいる』（一九六〇年・山崎徳次郎演出）などを想起してみれば、その期待には、それなりの根拠があったことも明らかだ。

さて、裕次郎がインローのヒーローとなり「エラくなりすぎた」源氏鶏太原作の作品といえば、この時点では『天下を取る』（一九六〇年・牛原陽一演出）や、『喧嘩太郎』（一九六〇年・舛田利雄演出）ということになるのだろう。この二つの作品は、この年の大ヒット作品でもある。内容は、それほど立身出世主義むき出しといったものではなく、サラリーマンの日常の夢と汚職などに怒るある種の「正義感」をかなりコミカルに描いた作品である。そこには「成長」の時代をノビノビと走るヒーローという、時代のなかで支援された裕次郎の一つの顔がある。

僕は、かつて渡辺武信の「日活アクション」映画論についてふれた文章で、こう語っている。

――裕次郎映画の〝インローもの〟、たとえば源氏鶏太の原作のサラリーマンものなどについて渡辺は、まったく日活アクション映画のフロクのような否定的作品として処理している。彼の方法――分析視座――からすれば必然の展開であるが、「裕次郎映画」総体の性格をある程度客観的に論じようとするならば、こうしたインローの「立派すぎる」「強さと正義感」をもった屈折のない〝快男児〟もの――これは文字通り時流である高度成長を走り登る体制のムードにスッポリつつまれた「個人」のイメージが突出している――も、もう一つの「裕次郎」の〝顔〟であったことは落すわけにはいくまい。観客動員という点では『天下を取る』（一九六〇年）、『喧嘩太郎』（六〇年）、『堂々たる人生』（六一年）は、渡辺の評価する「ムード・アクション」ものをあらかたしのいでいる。『赤いハンカチ』（六四年）だけが唯一の例外であるにすぎない（『石原裕次郎きらめき31』にっかつ出版・一九八八年参照）。／渡辺のいう通り、自己のアイデンティティーの奪回を目指す〝アウトローもの〟の方に個人＝自己というテーマが強烈に押し出されていることはまちがいないが、インローの屈折なき快男児としての個というイメージも含めて、裕次郎映画のトータルなイメージとしての〝個人〟があったのである。イデオロギーや社会意識など欠落していたガキの私は、どちらも無矛盾にうけとめる傾向が強かった。当時、劇場にかけつけ続けた平均的〝ミーハー〟は、ほとんどそんなところだったのではないか。現在、大人の眼で見て、考えて私が渡辺の批評を積極的に評価することとは別に、こうした事実をも私としてはおさえておきたい（『全共闘経験の現在』〈インパクト出版会・一九八九年〉に収めた「『全共闘』と〈自滅のロマンチズム〉」につけた〈補注〉の文章）。

吉本隆明は『夜の牙』(一九五八年・井上梅次演出)——かなりヤクザなムードをたたえているとはいえ町医者役で、アウトロー作品とはいいきれないし、月丘夢路が意味もなく出ばりすぎた奇妙にアンバランスな作品——を、「終りまで娯しめる」が、裕次郎の「不良っぽさ」は経済に「ハイアークラスの青年」の「疲労」の表現で「不良」などという「凄味のあるもの」ではない、と評した(『映画芸術』一九五八年二月号)。

「疲労した坊ちゃん」の「甘え」より「ロウアーなクラスの青年の『アプレ』的現象」の方を。そんなふうに吉本は、ここで古典的階級図式をふりかざしてすごんでいる(「不良」ってそんなに凄味のあるものなのか?)。「ハイアークラス」意識万歳の今日の彼の主張を考えると、おもわず微笑したくなってしまうが、多くの人々が「ハイアークラス」の気分で生きるようになる時代の始まりの中で、その気分を健康に肯定するヒーローと、そうした時代への「疲労」感を深めるヒーロー(〝アウトローもの〟)の二つの〝顔〟を同時に(あるいはその二つの顔のふり幅を)裕次郎は演じ続けたのだといえようぐらい「アウト」の「健康」な快作だってあるのだ)。

(『花と龍』(一九六二年・舛田利雄演出)のように半分(補註2)

僕が、強くこだわっているのは、もちろんアウトロー・アクション映画の方の〝顔〟である。

乱杭歯で背が高すぎ、セリフ(声)がよく通らず、女の子のようにペンダントをぶらさげるようなスタイルで平然としているという、およそ、それ以前ではスターになるにはマイナスとされていた要素を、まるごとプラスに転化して(スターのイメージを一変させて)大スターとなった裕次郎は、戦後社会へ持ちこまれた、アメリカ的風俗(モダニズム)の申し子であった。裕次郎の登場が旭、圭一郎、錠などのアクションスターが次々とうまれることを可能にしたのである(和田浩二や圭一郎は裕次郎に似ているということで押しあげられたのだ)。彼は日本の高度成長の持続によって広く成立した、大衆消費社会を先取りしたスタイルをスクリーンの中で生きてみせた。だから一方で、彼が高度経済成長に順応するヒーローを演ずるのは、それほど不自然とはいえない。裕次郎の大々的結婚式(北原の引退)というイベントは、戦後世代の反抗のイメージ・シンボルとしての彼の「裏切り」と、さっき論じたが、秩序(大人)への屈服・同化への批判は、スクリーンの裕次郎のもう一つの〝顔〟(アウトロー)に依拠することで成立する論理である。成長に順応する〝顔〟の方から考えたら、それは多くの戦後の若者の反抗(六〇年安保闘争で最終的に爆発

『錆びたナイフ』ポスター『さよなら石原裕次郎』（「文藝春秋」増刊、1987年8月）所収

した戦後の「民主化」運動のエネルギー）が、生活の安定とともに、秩序にのみこまれていくことを象徴するイベントであったともいえるであろう。

3　日活アクション映画（モダニズム）の戦後的性格

さて、単なるファッションなどのスタイルとしてのモダニズムを超えて、裕次郎を中心とする日活アクション映画に、どのような戦後的性格があったといえるのだろう。

渡辺武信は大作『日活アクションの華麗な世界』未来社・二〇〇四年合本版）で、その戦後的性格を整理してみせている。

それはまず、「かけがえのない自己」の単独性・孤立性（共同体から自立した個人）のイメージの突出である。

また、地縁や血縁から切れて、家族という共同体すらつくらず「ナショナルな土着性」を「軽やかに無視して見せる放浪性」（それはあくまで個人を優先させようとする思想で、「かけがえのない自己」と重なる）。

さらにはしゃべりまくるヒーロー（観念的セリフの氾濫）によく示される、言語への信頼。これは、ヒーローとヒロインらの討論劇ともいえる石坂洋次郎の小説を原作とする作品にも共通する。「日活アクション全体に貫通する思想性と石坂洋次郎の文学とが、戦後的な個の擁護という地点で確実に出会っていた」。

第一の点は、喧嘩で人を殺してしまった元ボクサーの自己回復劇であった『俺は待ってるぜ』（一九五七年・蔵原惟繕演出）や恋人を強姦した男を殺してしまった過去を引きずった男を描いた『錆びたナイフ』（一九五八年・舛田利雄演出）などの初期の裕次郎作品、そして、後半では単独での放浪を選択せざるをえなかった男のドラマである『赤いハンカチ』（一九六四年・舛田利雄演出）や『夕陽の丘』（一九六四年・松尾昭典演出）「カサブランカ」の素敵な「盗作」『夜霧よ今夜も有難う』

（一九六七年・江崎実生演出）(補論3)などの、裕次郎・浅丘ルリ子コンビのムード・アクションを想起してみればよい。

第二の点は、常に、地元の不幸な娘を助け、その可憐な娘の求愛をのがれて、どこともなく流れていく（地域をあげてのお祭りの騒ぎにまぎれて）小林旭の〝渡り鳥〟・〝流れ者〟のシリーズを考えてみればよい。娘（浅丘ルリ子）に「お国はどこか」と聞かれ、「渡り鳥に故郷《ふるさと》なんてあるかよ！」（『口笛の流れる港町』〈一九六〇年、斎藤武市演出）と答えた、「無国籍」宣言のセリフがそれを象徴している。

第三の点は、よく討論する家族たちを描いた『陽のあたる坂道』（一九五八年・田坂具隆演出）を代表作とする、裕次郎の一連の石坂洋次郎の原作の青春ドラマや、殺し屋錠と旭や圭一郎とのややコミカルな軽妙なセリフのやりとりを想いおこせばよい。ついでに浅丘ルリ子の機関銃のような早口のセリフも（彼女はムード・アクションの世界でより饒舌になっている）。

渡辺の整理は、悪くいえばアウトロー（無国籍）がヒーローだからステキで、あとはダメというような単純な「日活アクション映画」論（例えば西脇英夫の『アウトローの挽歌』東京白川書院・一九七九年）なども、こういう傾向が強い）と一線を画して、戦後的個（個人主義）の理念と心情が噴出した作品として「日活アクション」を位置づけ、石坂洋次郎原作の裕次郎の青春もの（それは吉永小百合らの「純愛」ものに連続する）にも、そうした「個」の擁護という点での共通性を確認し、それを包みこんでアクション映画を整理してみせた点が魅力的である。

僕は、渡辺のこうした戦後的性格を強調する評価に、共感する。やや強引な分類（整理）といえないことはないが、僕が見続けた日活アクション映画の記憶を基本的にはそれは裏切らないばかりか、あらためてそれをより積極的に意味づけるものである。だから、僕は彼の文章を愛読してきた。

ただ、渡辺の方法はあまりにも、明快に対象化された図式によって個々の作品を評価しすぎるきらいがあり、戦後的性格というテーマにそくしても、より具体的に論ずべき問題を、切り捨ててしまうという傾向もある。

そこで、渡辺が裕次郎・ルリ子コンビのムードアクションの頂点となる作品と評価する（それは「日活アクション」の頂点でもある）『赤いハンカチ』を素材に、渡辺の主張にプラスされるべき、「戦後性」について、具体的に論じておきたい。

一九六四年の正月のヒット映画であった『赤いハンカ

チ』（舛田利雄演出）は、すでに裕次郎人気（そして映画全体の人気）の翳りがハッキリしだした時代の作品である（裕次郎も青春スターという年齢ではなくなりつつあった）。この点は、「赤いハンカチ」のレコードのヒットにひっかけて、この作品がつくられていることにも端的に示されている。ヒット映画の主題歌のレコードがヒットするという「裕次郎」パターンが逆転してしまっているのだ。歌の人気によりそってつくられたのである（「赤いハンカチ」という歌がくりかえし映画の中で歌われるわけだが、ドラマは赤いハンカチなどとまったく関係なく展開される）。

この映画は、刑事である主人公（裕次郎）が、麻薬組織に関係しているという疑いで逮捕した屋台引きの男（森川信）が、取り調べ中ピストルを奪って逃走、裕次郎が射殺してしまう。死んだ男の娘が浅丘ルリ子。この逮捕の件で出会った二人にほのぼのとした感情の交流が発生した直後の悲劇である。

渡辺は、二人の出会いのシーンをこのように論じている。

「朝もやの中を豆腐屋のラッパが聞こえると、『オトーフやさーん』という声がして、薄暗い露地から森川の娘の浅丘ルリ子が駈けだしてきて、裕次郎と出会いがしらに衝突する。この時、走ってくるルリ子の吐く白い息となびく髪を、わずかにスローモーション気味でじっくり撮ったバスト・ショットは美しい。この時のワン・ショットの印象は、裕次郎が一眼でルリ子に恋したことを、理屈ぬきで観客に信じさせるだけの力を持っている。プロットに現われただけで言えば、この後、裕次郎はルリ子の家で豆腐を入れた熱い味噌汁をふるまわれ、工場へ出勤する彼女と一緒に家を出て歩きながら話す、というのが、彼女の父の死の前の二人の交流のすべてで、別に二人は相思相愛の仲になったわけではない。しかし、もし、それだけだったら、父の死後、二人を分けへだてた裕次郎の自責の念、ルリ子の憎しみが、あれほどドラマティクに深まりはしなかったろう。つまり、ルリ子が露地から駈けだしてくるワン・ショットは、プログラムピクチャーのルーティンとしての枠組の中で、後に起る悲劇の探さを、簡潔に、しかし的確に準備していたのだ」（『日活アクションの華麗な世界』）。

後に、裕次郎はこの空屋となった家をたずね「オトーフやさーん」の声を思い出す回想シーンもあり、まちがいなくそれは印象的なシーンであった。とにかく貧しさの中で底ぬけに笑いころげるルリ子の明るさとともに、忘れがたいシーンである。

裕次郎は自責の念から、過剰防衛の責任はないとの判断が出たにもかかわらず辞職。日雇労働者の生活に入る。四年の後、刑事〔金子信雄〕が飯場や漁港にまでおいかけてきて、裕次郎に、かつて共に麻薬組織を追跡していた同僚〔二谷英明〕が実業家として成功していること、しかし資金の出どころが「麻薬組織」ではないかという疑いがあることをつげ、またルリ子がかつてのその同僚の妻になっていることも知らせる。

裕次郎は横浜に帰ってくる（この映画はほとんど、横浜が舞台で展開される。この点については丸岡澄夫の『かながわシネマ風土記』〈かなしん出版・一九九三年〉参照）。

ドラマは、組織に買収された二谷が、裕次郎が射殺するようにしかけたことが明らかになる過程をたどることになる。それは父の死後「法律が許しても、私は許さない」という言葉で、男を問いつめた女と、その男との対立を通した愛の回復の進展の過程でもある（最初は、女は実業家の夫に疑いを持ちだすが、真実に向きあうことにおびえ男を浜から去らせようとするのだ）。

事実を二谷の前で説き明してみせる裕次郎に、それを肯定しつつ、「証拠があるまい」と二谷はうそぶく。裕次郎はピストルを二谷の方へ向ける。このラストの見せ場についても、先ほどの渡辺の文章から引こう。

「いつの間にか現われたルリ子が拳銃を握って茫然としているショットが続き、二谷を射ったのは裕次郎ではなく彼女であることを示す。／瀕死の二谷は苦しい息の下から『三上（裕次郎の役名）のために俺を射ったのか。もう一度射て！』とルリ子に抱きつき、拳銃を奪って自らを射つ。そして『レイ子（ルリ子の役名）じゃない。はじめから俺の自殺だ。三上、俺の負けだ！』とつぶやいて息絶える。天をあおぐルリ子のアップ……」。

「ラストシーンでは、裕次郎とルリ子が二谷の墓の前にたたずんでいる。二人は一言も交わさない。裕次郎は黙って一人去っていき、ルリ子も後を追おうとはしない。朝もやの中に消えていく裕次郎をとらえる長いロング・ショットにギターの主題歌のメロディが流れ、『終』が小さく白ぬきの文字で浮かび上って『赤いハンカチ』の幕は閉じる。／このラストシーンは数々の日活映画の名場面の中でも、とくに忘れ難いものの一つである。もちろんここに見られるのは、ヒーローが女を捨てて去っていくという定型であり、そうした定型が常に保証する通俗的な感傷がある。ヒーローに感情移入している観客は、去っていく裕次郎の孤影に自己を同化させて、快い陶酔を味わうことができる。しかし、『赤いハンカチ』の場合、その自己陶酔のうちになにか固い芯のようなものがめざめ続ける。それは、たぶんヒーローがあらゆるものを犠牲にして奪回した〝自己〟の裸の質量の触感である。数々の危険をおかし、恋や友情を失なった末にヒーローが手に入れたのは、誰の目にも見えず、自分自身だけが感じとれる自己との一体感だけである。そして、その自分の周囲に、世界は前よりも一層遠く、冷えびえとした

『赤いハンカチ』石原裕次郎／浅丘ルリ子　毎日グラフ別冊『石原裕次郎』（毎日新聞社、1987年）所収

距離を介してひろがっている。この世界の寒さと、その寒さの中で一層凝集するような自己の触感は、ありふれた定型に従いつつも、それを一歩踏み越えた感動を、ぼくの心に残したのだった」。

渡辺はこの「ムード・アクション」の文字通りの代表作を、動揺するヒロインとの対立を含んだ交流を媒介にした男の孤独な自己回復という点にしぼりこみ、非常に説得的に論じている。

しかし、僕は、「赤いハンカチ」の戦後性ということを語るのなら、これだけでは、大きく欠けているものがあると思う。

渡辺は、ふれていないが、裕次郎とルリ子の出会いのシーンで、裕次郎はルリ子の家に入ろうとして、一瞬、息をのむ、その家はおそろしく貧しく、古ぼけたバラックという感じなのである。ルリ子の父を射殺してしまった直後、彼女のつとめる工場で裕次郎と二谷はルリ子と会う、その時、彼女の顔は油でまっ黒である。彼女は、いわば最底辺の社会に生きていたのだ。そして二谷は高卒のたたきあげの刑事であり、エリートの社会に入るには、ヤクザ組織の金に支えられるしかないと決意する屈折した男である。裕次郎は大学時代からのオリンピック級の射撃の名手で、エリート・コースを約束されている

刑事である。あの〝事件〟を契機に、裕次郎は非エリートの社会に決意しておりてゆき、二谷とルリ子は上層（エリート）社会に上昇して住みつくようになるのだ。

ラストの射たれる直前の二谷の、エリートを約束されていた時代の裕次郎への憎悪と、ルリ子へのせつない愛のしぐさ（自分で自殺を演出する）。あるいは一度上昇してしまった女〔ルリ子〕が安定した贅沢な生活を失う不安から父の死の真実を知ることを最初は避けようとする。こういうシーンを通して、示されているのはある種古典的な〝階級〟（貧富の差）ということを含んだ問題である。

裕次郎は、エリートコースをおりて以後、確固として貧しさの側（象徴的なジャンパースタイル）にい続けるのだ。二谷の意をくんで帰ってきた裕次郎を懐柔に来たルリ子が持参したプレゼントは、上等なスーツであった（エリート刑事時代の裕次郎は背広とネクタイ）。男は、もちろんそれの受けとりを拒否する。傷ついて男が入院した病院も、病人用ベットがいくつもならべられた、個室などない貧しい木造のものである。ここへルリ子はミンクのコートを身につけて見舞いに来る（これ以前、帰って来て、ルリ子を見て、男が最初に発する言葉は「ミンクのコートなんかきて……」である）。男が居続けた部屋も、ホテルとは名ばかりの強い風雨によってこわれた窓の戸がバタンバタンと声をたてている、ベット一つのガランと広いだけの見すぼらしいものである。

男〔裕次郎〕は貧しさの側に立ち続け、闘い続けるのであり、その闘いにある「勝利」を収めた後も、その世界から脱出しようなどという意思はないのだ。ラストにギターをぶらさげて足早に去っていく男の背は、そういうことをも、もの語っていたのである。

象徴的なシーンがあった。二谷とルリ子のいる上流社会の屋外パーティーに招かれたジャンパー姿の裕次郎に、「放浪の旅の体験を本にまとめられたらいいわ、オホホ…」というようなセリフで話しかけてくる女性たちが登場する。裕次郎はまともに相手にしない。このシーンで、無神経なお上品ぶった女たちのふるまいの滑稽さを笑う声が当時の劇場にあったことを僕は、ハッキリ記憶している。男の自己回復劇は、単なる物質的な豊かさ（エリート社会）よりも、貧しく庶民的に生きることを価値とする生き方をよしとすることの確認劇でもあったのだ。

一九六四年は、まだ、こういう価値観を持つヒーローに大衆は拍手を送っていたのであり、そういうヒーローに自己同化していたのだ。ここにも、『赤いハンカチ』の戦後性がよく示されていると思う。

確かに、生活感を削りとることで成立した日活アクション映画に、こうしたテーマが描かれることは少なかった。しかし、エリート航海士が事故の責任を取って、「おちこぼれ」船員のたまった汚い漁船の船長として働いている、女〔ルリ子〕は、男〔裕次郎〕がスネてそうしていると考え、早く元の世界に帰るのを待っている。しかし、男の船の沈没事件を通して、女は、海が好きな男が、十分に楽しく、その「おちこぼれ」の世界を生きていることに気づく。こんなストーリーの『泣かせるぜ』（一九六五年・松尾昭典演出）にも、こういうテーマは明白に流れている。そして、貧しく育ったが、大金持の老人の若い妻となり、老人が死んだことで大金を手にした女〔ルリ子〕——夫を殺した疑いをかけられている——が、最初、金で男〔裕次郎〕を思いのままにしようとし、怒った男と激しく対立するが、クラブなどでなく大衆食堂で二人で食事をしながら話しだすと、女の上品ぶったポーズがすっかり消え、自然になめらかに素直な自分の気持を語りだすという『帰らざる波止場』（一九六六年・江崎実生演出）、の象徴的なシーンにも、この精神はよく示されているのだ（このように「ムード・アクション」群の中にも、ささやかにこの精神は確認できないわけではない）。

フルスピードの社会・経済成長〈大衆消費社会の拡大と高度化〉は、「日活アクション」に流れる戦後的性格も見えにくくしてしまった。現在、戦後性が抜きとられたモダニズムが社会をまったくおおってしまったかに見える。しかし、『赤いハンカチ』に象徴される大衆〈庶民〉文化の戦後性が、まったく消滅してしまったなどということはあるまい。僕の記憶の中でも、今も、それは生き生きと息づいているのであるから。

饒舌な男たちの自己回復のドラマの頂点をなす『赤いハンカチ』の封切の前年（一九六三年）、寡黙な男たちの美学（庶民の、高度成長が失わせたある伝統的な共同性への愛着の気分〈都会的なものへのあこがれの後退〉にマッチした）を歌いあげる東映任侠映画の第一作『人生劇場・飛車角』が登場している。テレビの普及におされた映画人気の後退とともに、大衆映画の主役は日活から東映へと移動していくことになる。戦後は、それを生きている民衆の意識とともに大きくさらに変貌していくのだ。

補論1

『嵐を呼ぶ男』について

北原三枝の写真集が出版された。石原裕次郎の「七回忌」イベントを大々的に演出した「石原プロ」の商魂の産物であろう。

パラパラと見ていて、その日劇ダンシングチーム出身の日本人離れしたステキなプロポーションで、ボーイッシュな魅力をふりまいたかつての女優ぶりを思い出した。そして、あらためて先頃出版された、伊藤公雄の好著『〈男らしさ〉のゆくえ』（新曜社・一九九三年）のなかの主張が気になった。

『嵐を呼ぶ男』石原裕次郎／北原三枝『石原裕次郎…そしてその仲間』芳賀書店、1983 年）所収

伊藤はそこで、アメリカ的な「男はタフでなければならない」という神話を「最初に代表して見せたのが、『タフ・ガイ』こと石原裕次郎であることは誰でも認めることだろう」と論じ、『嵐を呼ぶ男』（一九五六年一二月封切り、演出・井上梅次）の、「逃げる？冗談じゃねえ。俺は一度だって人に後ろを見せたことねぇんだ」というせりふを紹介しつつ、彼が「あらっぽく単純でしかも闘争心あふれるアメリカ型の〈男らしさ〉モデルを日本に提供した」と述べている。
僕はここを読んだとき、裕次郎映画の一つの支配的傾向としてこう論評することには根拠はあるが、『嵐を呼ぶ男』を素材に論ずるのはかなりズレているなと思ったのだ。
この映画は母子もののドラマであり、弟ばかり愛する母親の愛情を取り戻そうと努力するスネた兄の話である。大ヒットしたとはいえ裕次郎映画としてはつまらないものだし、この男はそれこそあまり〈男らしく〉なく、甘ったれである。伊藤の紹介したせりふも、彼女〔北原三枝〕に甘えたイキガリのセリフだったはずだ。
この映画で、スッキリとした都会的なタフさを示していたのは北原三枝の方だ。見せ場のドラム合戦は、彼女の前の男と今の男との対決であった。そうしたことにウジウジとこだわるようなことのまったくないキビキビした職業人（マネージャー）として、彼女はスクリーンのなかを生きていた。彼女は実生活での選択とは逆に、この時代には全くめずらしかった女性の先駆的なモダンさ（個人主義的感覚）をよく表現していた。『嵐を呼ぶ男』

で嵐を呼んでいたのは彼女の方である。

（『オルタ通信』一九九三年十一月号、初出タイトル「あまのやすかずのムービーランド・『嵐を呼ぶ男』で嵐を呼んだ女」）

補論2

『花と竜』について

一九九三年七月一日に「にっかつ」が設立八十周年記念映画『落陽』の大赤字を直接の契機として倒産した。その日の深夜、日活の黄金時代の大ヒット映画『花と竜』（演出・舛田利雄）が日本TVで放送されていた。解説の水野晴郎が「石原裕次郎の唯一の着流し映画です」などと誤った紹介をしていた（私がすぐ思い出すだけでもあと三本はある）。

一九六二年の年末に六三年の正月映画として封切られたこの映画の原作は火野葦平。何度も舞台や映画でとりあげられている。しかし、この裕次郎映画は多くの他作品と違って、いわゆる任侠ものの香りが少ないものだった。その点では原作のムードに一番近かったといえよう。それは、ブラジル行きを夢みる「港湾人足」・玉井金五郎と同業の勝気が服を着て歩いているような女・マン〔浅丘ルリ子〕との日活流青春ドラマであった。

組を率いる身になった金五郎が船主（資本家）と対峙し、組合づくりに向かう。船主とくんでこの動きにストップをかけようとする力が動き出す。地縁共同体の義理の抑圧とむきだしの暴力に、素手で立ち向かう男（個人）と女。裕次郎もルリ子も実にイキイキと演じている。どのようにされようと殺傷の意志のない金五郎がズタズタに切り刻まれ、雪の上に鮮血をふりまきながら、刃物をもった他人数の男たちにひとりで抗い続けるラストの見せ場はやはり圧巻であった。やられっぱなしの主人公の非暴力が見せ場なのだ。素朴な社会正義感とヒューマニズムにあふれた大衆映画である。

テレビ用に切り縮められたドラマでも、そうした点は再確認することができた。当たった大衆映画が時代の民衆のある気分や精神をそれなりに反映しているとすれば、今、こうしたヒット作はまずつくられないだろう。私たちは、そうした大衆的気分を失って久しい。

また、テレビには、映画と決定的に違ったことがあった。マンは襲われた時、男のキンタマを握り潰すという護身術を持っている。ある日、化粧の香りを身につけて帰宅した夫の金五郎のモノをギュとにぎってKOしてしまう。この「キンタマ騒ぎ」シーンに、かつて映画館の満員の客がドッと湧いたことを私はよく覚えている。それがなんと、何度か口にされる大切なこの言葉が消されていた。この愚劣な「お上品」さは、私たちがそうした大衆的雰囲気を失ってしまった結果の産物ではないか。

(『オルタ通信』一九九三年八月号、初出タイトル「あまのやすかずのムービーランド・『花と竜』」)

補論3

『夜霧よ今夜も有難う』について

太田昌国の『千の日と夜の記憶』(現代企画室・一九九四年)を強い共感を持って読了した。この自衛隊海外派兵へ向かう日本の状況に抗するきまじめで、鋭い言葉の内容とは無関係な事柄に僕の関心が、一瞬スリップした。それは、「田村隆一の詩(四千の日と夜)の想起を媒介に……」などといった上等なものでは、ない。


映画ミーハーの僕が想起したのは、『今夜も有難う』(一九六七年、演出・江崎実生)のあの有名(もちろんマニアの間で)なセリフだ。

「四年だ。きみは四年がどんなに長いか知っているのか」

「昼が千五百回、夜が同じ数だけあったたわ……」

二人だけの結婚式に向かったはずの女性が消えてしまう。夫を連れた女性〔浅丘ルリ子〕と男〔石原裕次郎〕が四年後に再会する。「カサブランカ」の骨組をまるごと盗んだ、みごとなムード・アクションであったこの映画の、ハイライト・シーンのセリフである。女は、そういう言葉で、自分の男への関心(愛)の持続を(消えざるをえなかった理由があることを)表現してみせるのだ。


日活アクション映画のヒーローとヒロインは、よくこうした観念的なセリフを口にした。早口でまくしたてるルリ子のセリフはその中でも突出していた。ムードや身振りだけではなく言語による確認。意思がハッキリと言語化されていた。その流れに抗するように、自分の方に戻ろうとする女を夫の方へ送り出しながら、ラストに裕次郎はこう語る。「僕たちは、千五百回の昼と夜をとり戻した。これでいいんだ」。男の強い関心は女の愛より、自己を取戻すことの方にあったことが明快に語られるのだ。


自分の言葉で語りきった魅力が『千の日と夜の記憶』にある。この映画のセリフを思い出したことはまったく無関係ではなかったかもしれない。

(『オルタ通信』一九九四年八月号、初出タイトル「あまのやすかずのムービーランド・千五百回の昼と夜」)

東映「任侠《ヤクザ》」映画——その始まりと終わり

1　象徴的儀礼空間の美学

満開の桜の木が立ちならぶ道。花ビラが飛びちる下を、つめたばかりの小指に白い包帯をグルグルまきにした男がドスを胸に白いコートにサングラスで歩いている。数人のボディガードと犬をひきつれて反対側からターゲットの男〔小林旭〕があらわれる。バッとコートを脱ぎ捨て、ドスを抜いて突き進む男。ボディガードの男たちが発砲。のけぞる男。追いかけて来ていた女がおいすがって止めようとするのを突きとばして、血をしたたらせながら、あらためてドスをかまえて全力で突撃していく男〔渡瀬恒彦〕。スローモーションでこうしたシーンが展開されそれが突然ストップして映画は終る。いかにも任侠《ヤクザ》映画的ラストである（もっとも、「行かないで」とすがる女が殴り込みの現場にまでついて来てしまうという点はかなり定型からズレているが）。『民暴の帝王』、最新の東映ヤクザ映画だ（一九九三年六月公開）。

しかし、このラストに僕は、死を覚悟して殴り込む男への緊張感をともなった共感も、止められぬと知りながら追いすがる女の哀切さへの共感も、ほとんど持てなかった。かつての任侠《ヤクザ》映画の傑作には欠かされることのないこの感情が、まったく内側から沸いてこないのである。それもそのはず、ラストへ向かって、そうした感情を巧みに組織していくようなストーリーの展開がそこにはほとんどないのである。単なるスタイルだけのヤクザ映画である。

ストーリーの大枠はこうだ。二つの組の抗争で一方の組長が殺される。殺された組の強力な反撃が展開され追いつめられた相手の組を第三の巨大な勢力がバックアップして、手打ちがしくまれる。縄張りへの介入の意図がミエミエの仲裁に、やむをえず妥協的に対処する組のトップとそれに反抗する若手のトップ。おなじみのパターンである。殴り込む男〔渡瀬〕は、反抗のリーダーであり、まちうける男は、第三の巨大なパワーの組のドン〔小林〕である。しかし、この殴り込む男は、殺された組長を思って、というより、とにかくムシャクシャするので勝手にあれこれ反撃をし続け、ドジでおいこまれていく男としてしか描かれていない。ほとんどマジな禁欲《ガマン》も筋《ジンギ》も感じられないのである。

止めに入る娘は、殴り込まれる男〔小林〕が育ての親であったという設定。自分の身がわりになって死んだ男の娘をなんとかカタギの世界で生かしてやりたいとキマジメに考えている養父〔小林〕に、突然に「ヤッテ、ヤッテ」と足をからませてせまり、男をウンザリさせるような、性欲のおもむくままの奔放な女。この「ヤッテ、ヤッテ、ギャル」は、カッコイイと一眼ボレした男〔渡瀬〕にも「ヤッテ、ヤッテ」と裸でせまり、養父の重要な情報を敵に売ることになる。娘のセックスフレンドであった養父の組の若い男の口から事実がもれ、娘はリンチ。この娘の命を敵の男〔渡瀬〕がひろう。この後、この娘は、どういうわけか急にしおらしくなる。しかし、少ししおらしくなったからといって、こんな娘の「行かないで」「死なないで」のどこに哀切さを感じることができよう。「ヤッテ、ヤッテ、ギャル」が止め女だという点が、いかにも当世風なのかもしれないが、任侠《ヤクザ》映画としてはブチ壊しである。

ここで、あたりまえの任侠《ヤクザ》映画ということで、僕が何をイメージしているかを、説明しておかなければなるまい。まず、もっとも説得的な説明を展開している渡辺武信の主張を紹介しておこう。

「任侠映画の魅惑の特質は、その閉鎖性と、視覚的象徴の豊かさという二つに要約できるであろう。／まず閉鎖性について言えば、それは任侠映画の主人公たる侠客たちの生きる空間が、任侠の掟に厳しく支配されている点で、外部のカタギの社会から隔絶した特殊社会であることに現われている。この掟の厳格さが主人公たちの一挙手一投足に与える複雑な制約が任侠映画の劇的葛藤のすぐれた要因として有効に利用されるのである」。

「つまり、任侠映画の観客はドラマの基本的対立を支える閉鎖的な特殊社会の掟を、証明不要の公理として、あたかもギリシャ悲劇を支えるギリシャ神話の宿命観のように、承認していなければならないのだ。しかしひとたび、この掟が主人公たちの魂と肉体を支配していることを感じとるならば、それがさまざまな対立を精巧にからませつつ、累積的に大きなドラマを組織していく可能性はほとんど無限である」。

「また、任侠映画における掟の支配は、たんに抽象的

雑誌『映画芸術』（編集プロダクション映芸、2015年5月）所収

な約束事として観客に承認を迫るのではない。それは具体的な映画表現として観客の感性に働きかける。掟を表現として具体化し、その感性的側面を支えているのが、先にあげた第二の視覚的象徴の豊かさなのだ。典型的な任侠映画の世界には、親子関係の擬制を象徴する盃のオブジェ的小道具から、指をつめることによる謝罪の儀礼にいたるまで、さまざまな象徴が視覚に訴える形で豊かに存在する。そしてこの豊かな象徴性は、登場人物たちの感情を視覚的表現に転化することを容易にする。言いかえれば侠客たちの肉体に浸透した掟は、彼らの行動を厳しく制約することとひきかえに、そのしぐさの一つ一つにまで、豊かな象徴的意味を与えているのだ。しかも、それは、この社会で公認された儀礼的な意味だけにとどまらない。たとえば一人の侠客が掟に抗い、あえてタブーを侵そうとする時、なおも全身に浸透した儀礼的行動様式に従おうとする肉体と、あらたな意味と内的な葛藤が生みだす緊張は、彼のひそかなる感情を、言わば非公認の意味として、どのような言語よりも明確に表現することができるのである。このような感情表現を、ことさらに仮構された技巧的修辞としてではなく、物語の世界に密着し、プロットに自然に融けこんだ暗喩として行ない得るところに、任侠映画の映画表現上の優位と魅惑があると言えよう」。

あの傑作、一九六八年に上映された山下耕作演出の『博奕打ち・総長賭博』を論じた文章での整理である。

こうした分析は、斎藤龍鳳のようなファン心情をストレートにぶちまけたとでもいうべき以下のような論評の根拠を、斎藤が嫌った明快な論理でそれなりに説明しつくしているのだ。

「たかだかといってもいい、やくざ映画ってのは、作る人も『恥』を知っているし（もっとも得意になって撮っているのもちょっとはいるらしいけど）、観る人も決して冷静な観察者や批判者じゃあないんだ。任侠道てヤツの正体が第一、現実なのか、幻想なのか、そんなことおかまいなしっていう人びとが、ヒーローやヒロインが滅びていく美しさに魅かれ、『技術だ』『知性だ』『論理だ』っていう近代的西欧の怪物に、いささか気恥しさを抱いて観にいき、『意地』に惚れ惚れし、『粋』にグッとき、『心意気』に泣いてくるんだ」(「やくざ映画になぜ惚れる」『現代の眼』一九七一年四月号)。

渡辺の論理は、斎藤(観客《ファン》)がスクリーンに一体化し、「破滅」に「意地」に「粋」な「心意気」に入れあげる、自立した虚構《フィクション》の象徴的儀礼空間のシステムの構造を、よく解明しているのだ。

「任侠映画の閉鎖性と視覚性」(「岩波ホール」パンフレット55号・一九七二年十一月)というタイトルのこの文章を、渡辺はこう書きだしている。

「一九六〇年代末にその絢爛たる黄金時代を迎えた任侠映画は、七二年現在、あきらかに急速な退潮期にある。六三年の『人生劇場・飛車角』(沢島忠)以来量産され続けた数百本の任侠映画は……」。

すでに東映のプログラムピクチャーとして量産され続ける時代が終わり、さらに「急速な退潮」を決定的に印象づけたともいうべき映画、『現代任侠史』(一九七三年、石井輝男演出)は、「任侠映画十周年記念作品」と宣伝されていた。

この映画について、渡辺はこう論評している。

「けれど、ヒーローの婚約者、梶芽衣子が、死地に向かうヒーローを『行かないで!』とひきとめる肝心のシーンで『こんないい女がいるんだから、行くのを止めて逃げちまえばいいのに』とぼくは本気で思ったのだから、やはりこの映画は、どこか、まちがっているのだろう」(「任侠映画の今ある位置」『映画芸術』一九七四年一月号——渡辺の文章は二本とも『映画的神話の再興——スクリーンは信じ得るのか』〈未来社・一九七九年〉に収められている)。

この文章を読んで、かつて僕も、カタギになっているヒーロー(高倉健)が、命をかける殴り込みに突入する「心意気」にまったく共感できず、ガックリして劇場を出てきたことを思い出した。この一九七三年の映画で、僕も任侠《ヤクザ》映画の終わりに向かってのとめようのない退潮を実感したのであった。任侠《ヤクザ》映画がはっきりと、一応の終わりを示したのは、『日本任侠道・激突編』(演出　山下耕作)である。一九七五年に上映されたヒーローを鶴田浩二が演じた『総長賭博』とよくにた、この〝骨肉の争いによる自滅劇〟には悲しいことに内的な葛藤も、ドラマチックな緊張もほとんどなくなっていた。僕はこの映画を見て、時代の流れの中で任侠《ヤクザ》映画という虚構空間を演出側が自覚的にとざしていかざるをえなくなっていることを確認した。事実この映画の興行的失敗で東映任侠映画の生産はとりあえずまったく終わることになるのだが、すでに映画の内容自体が任侠《ヤクザ》映画特有のパワーをまったく喪失してしまっていたのである。

入れ墨の諸肌をさらして日本刀を持ったヒーロー（高倉）が血の海の中に突っ立っており、その海に一輪の白い（？）花。その花に手をのばして男がグラッと横だおしに倒れかかっていくところで画面がストップするという、いかにも山下演出らしい幻想的なラスト。このラストは同じ山下演出の『博奕打ち・いのちの札』（一九七一年）の血の海を女の死体をかかえてドスをふりまわしながら走るヒーロー（鶴田浩二）がスローモーションで写される、ラストの哀しい緊張感と比較して、つらくなるぐらいオソマツであった。ラストに向ってスクリーンとの一体感が、観る方にもはやまったくつくりだせる内容ではなくなってしまっているのだ。それは、ことさらにわざとらしいシーン以外のなにものでもなくなつていた。でも、任侠《ヤクザ》映画のファンだった僕に、このラストは任侠映画のある終焉《ラスト》をつげるラストであろうと予測させるものがあった。その意味で、忘れがたいラストのシーンではあったのだ。

時代はすでに、ベトナム反戦運動・大学闘争といった叛乱のエネルギーが噴出した時代から転換し、新たな秩序の時代に入っていた。

しかし、一九七三年の『現代任侠史』のヒロインはまだ、渡辺に、いっしょに「逃げちまえばいい」と思わせる程度の「いい女」であったのだ。二十年後の一九九三年の「民暴の帝王」のヒロインの「ヤッテ、ヤッテ、ギャル」とはその点は大違いであった。

2 閉鎖的な世界と自己処罰

東映の任侠《ヤクザ》映画は、一九七三年の『仁義なき戦い』（演出深作欣二）のヒットが決定打となって「実録ヤクザ」シリーズに道をゆずっていくことになる。このシリーズは飯干晃一原作の広島ヤクザのノンフィクションがネタ。主演が菅原文太で演出が深作で共通し、五作で完結する。そして連続ヒットに気をよくした東映は菅原—深作コンビで「新仁義なき戦い」をあと三本つくる（ラストは『組長最後の日』で一九七六年）。これをトータルすれば八作のシリーズであった。

このシリーズとともに「実録ヤクザ」路線は七〇年代

に多様に展開されていくのである。この「実録ヤクザ」の世界には、義理（掟）と人情の葛藤がドラマチックに成立する虚構空間など崩壊している。ナマのヤクザの欲望をぎらつかせた謀略と裏切りとそれにふりまわされる若いエネルギーが噴出しているのだ。

ここでも渡辺武信のすぐれた整理を採用しよう。

「七三年に始まる〝仁義なき戦い〟シリーズや、それに類似の実録路線は、時代を戦後にとり、現代のやくざの抗争をリアルに描きだした。ここにはかつての正統任侠映画のように一人の傑出したヒーローの姿はなく、主人公の周囲にはほぼ対等の重みを持つやくざたちがいて、相互に複雑にからみ合う対立をしながら殺し合っていく。暴力の描写は美的様式性を失い、即物的な流血として拡大されていく。……実録路線の主人公は、かつての正統的侠客たちの無言と放心を捨て去って、地方なまりでわめき合う。それはなによりも、このやくざたちが、かつての虚構的侠客たちを覆っていた象徴的調和を、したがってその恵みであるしぐさやしきたりの象徴的表現を剥ぎとられたからである。擬制的家族集団はいぜんとして残っているが、象徴的装備を失ったその支配力は個を抱きとるものではなく、個の抑圧、束縛としての本質をあらわにする。実録路線の数多い傑作も、おもしろさという点では忘れ難いが、それは複雑な利害の衝突が非情に進行していく様相を私たちの生きる社会の端的な比喩として見る時の、言わば政治のおもしろさであって、正統任侠映画のような陶酔感は雲散霧消し果てたのだった」。

「観客は象徴的調和の華麗な虚構を離れ、擬制家族的共同性が個を操作し支配する手段に過ぎないという非情なリアリティを選びとったのであった」（「共同性の夢？」『叢書文化の現在』第十三巻「文化の活性化」所収・岩波書店・一九八二年）。

確かに、ボスの私的利害の道具《コマ》として動かされる文太や松方弘樹や千葉真一や北大路欣也らの「わめき合い」、激突するエネルギーのドラマの方を観客は選びとった。しかし、僕はすでに任侠《ヤクザ》映画の演出家たちの方もその「象徴的調和」の空間の中の緊張劇をてがたくつくり続けることが、時間とともにできなくなってしまったという事実にふれてきた。だから任侠映画は、つくり手と観客の相互が衰退（スクリーンとの一体感の後退）をつくりだしていったんだと思う。

この「実録ヤクザ路線」の映画は「内ゲバ」の時代七〇年代を突っ走る。『日本の首領《ドン》』（主演の佐分利信と演出の中島貞夫は共通・一本目の『やくざ戦争』は一九七七年、三本目の完結篇は七八年である）はとりあえずそのゴールにある作品といえよう。この作品は「ゴッドファーザー」のイメージを活用して目先をかえた「実録」もので、狡猾で小心なイジ汚い銭ゲバの組長（金子信雄が『仁義なき戦い』で示した）というイメージではなく「堂々たる家長」という任侠映画の親分というイメージの組長が復活しているかに見えるが、それは外見だけ、その内実は権力欲・物欲のカタマリのコズルいドンとして描かれている。その意味でこのシリーズはまちがいなく「実録ヤクザ」である。

　七〇年代の量産であきられた「実録ヤクザ」路線は八〇年代には転換し、「任侠映画《ヤクザ》」と「実録ヤクザ」をまぜこぜにしたような作品が東映でバラバラと作られることになる（七〇年代末に東映に時代劇《チャンバラ》が復活する）。『制覇』（八二年・演出中島貞夫）や『修羅の群れ』（八四年・演出山下耕作）や『最後の博徒』（八五年・演出山下耕作）などがそれである。これらは「実録任侠ヤクザ」とも呼ぶべきもので、「任侠の緊張空間」も「実録のナマの暴力・欲望のリアリズム」もともに欠いたヤクザ映画でしかなかった。

　最初にふれた「民暴の帝王」は、この流れの九〇年代ヤクザ映画だ。そこには任侠映画風な要素をちりばめられている。例えば男（小林旭）の出所を雪の中一人で出むかえる大組長（丹波哲郎）との、親子のごとき心情の交流がそこに描かれている。しかしそのことが、このやりての黒幕（小林）にとってなんなのかよくわからない。とってつけられたようなエピソードなのだ。男（小林）の妻（桜町弘子）とあのしおらしくなった「ヤッテ、ヤッテ、ギャル」との人情あふれるやりとり（この養母は亭主の敵の女として生きている娘をたずね親のかたみ（？）の指輪を渡す）。このシーンも、水と油をかきまぜるようにしか使われておらず、なんで、こうしたタイプの娘がそれに感動したりするのか、まったくよく理解できないのだ。この映画の演出は和泉聖治である。和泉と小林旭（主演）コンビの前作（「修羅の伝説」一九九二年一月公開）も「実録任侠ヤクザ」風の作品で小林は義理がたい古風なヤクザという設定ではあるが、組員ほぼみなごろしというバイオレンスとそれへの復讐の暴力の激しさが任侠映画的情緒など吹き飛ばしてしまっている（小林の「情婦」が若いアジア人〈フィリピン人？〉で、殴り込みを止められないと思ったら同行して、あげくに男が殺された後、最後のターゲットは彼女が撃つ、祖国への送金〈円高の威力？〉への命がけの返礼というストーリーはいかにも現代風？）。「民暴の帝王」よりみせるバイオレンス映画であるが、「任侠」と「実録」との水と油のかきまぜ的しまりのなさは共通している。スクリーンの主人公へののめりこむような共感の通路がまったく切断されてしまっているのだ。

僕は「民暴の帝王」の、「ヤッテ、ヤッテ、ギャル」を見ていて思いだした映画がある。最後にそれについて書くまえに、もう一度任侠《ヤクザ》映画とは何かという問題を別の角度から論じておかなければならない。

渡辺は、「共同性の夢?」で、男の殴り込みになきくずれる女は、男の私的な人情の世界の象徴であり、ここであらわれる個と共同性の葛藤は、女の涙というカタルシスを通して、共同性（調和）の世界へ解消される、すなわち女の涙さえ死のふち飾りとして共同性（象徴的調和）の世界へとりこんでしまうのが任侠《ヤクザ》映画だと論じている。個が大きな共同体に抱きかかえられてあるという虚構の安定感（象徴的調和）が任侠《ヤクザ》映画の美だというわけである。いろいろな所でくりかえされる渡辺のこういう主張はそれなりに説得的である。しかし、僕が任侠《ヤクザ》映画に入れあげた根拠について、あれこれ思いめぐらしてみると、どうもこれをまるごと認めるわけにはいかないようなのだ。何か決定的なものが欠けている。

僕がそれにグッときたのは、ラストに悪玉に殴り込む男の正義は、あらかじめ相対化されたものでしかありえないという点にあったと思う。任侠映画は確かに閉鎖的な世界である。それはなによりもカタギ（先験的に価値のあるとされている）世界に向かって閉ざされた世界である。自立した任侠の掟が支配する世界とはカタギからはじかれた、世界のことだ。まともな正義はあちら（かたぎ）の世界に独占されているヤクザ者が、それでも自分たちの世界の悪玉が許せない、と立ちあがるわけだ。ラストの殴り込みシーンで男が無言でどこか恥かしげにゆっくりと歩くのは、その「正義」がはなから堂々たる正義であることがありえない世界の「正義」であることを知りぬいているからではないか。だから、その殴り込みには、どこか自己処罰というムードがついてまわっていた。この点こそが魅力であった。いやそういう色彩のこい任侠《ヤクザ》映画を僕は好んだのだ。だからマキノ雅弘の演出のヤクザ映画によくあったように、悪玉ヤクザにいじめられるカタギを救ける正義のヤクザと悪玉の対決という図式のヤクザ映画は、まるでいただけなかったのだ（かつての清水次郎長風なチャンバラヤクザの延長線にそれはあった）。だからカタギの世界から閉鎖された任侠（掟）空間の内側での葛藤劇であることは、すぐれた任侠《ヤクザ》映画の前提であると僕は考えている。このはじめから相対化された「正義」の暴力という事実こそが、「ヤクザ映画＝暴力賛美」という戦後的「良識」（古典左翼を含む）の非難にあまり根拠がないことを示している。それはストレートに賛美されるような堂々たるものとして描かれているわけではないのだ。そして、僕がもっとも入れあげた任侠《ヤクザ》映画の傑作は、この自己処罰のイメージがラストに突出してくるいくつかの作品である。たとえば渡辺はあの『総長賭博』のラストについてこう書いている。

「……圧倒的なのは、ラスト・シーンで鶴田浩二が悪玉の金子信雄を殺す時の無表情の逆説的な表現性である。今や、義兄弟を殺してまで守ってきた掟に抗って、叔父貴分を殺そうとする鶴田の顔面の無表情と、肢体の決然たる動きの矛盾は、掟に覆われた肉体が、それをくつがえす内圧を獲得した憤怒によって辛くも操られている痛切さを十全に表現していて見事という他ない。そして、この時彼が吐く『任侠の道なんか俺は知らねエ、俺はただのケチな人殺しよ！』という台詞は、この鶴田の掟破りが、ひたすら掟を守ろうとする行為の累積の果てにあらわれただけに感銘深いのだ」（「任侠映画の閉鎖性と視覚性」）。

たしかに、金子の「それがきさまの任侠道か」との叫びに投げかえした鶴田の台詞は感銘深かったし、内面の矛盾と憤怒の強さがうみだす「無表情」は見事だった。だが、この山下耕作（演出）の傑作は、掟（共同体）にヒーローをつつみこんで終るといえるのか。確かにこの掟破りはヒーローなりの掟の貫徹の結果ともいえよう。しかし「任侠（掟）」をはっきり否定した、俺はただの「人殺し」との主張は、「任侠（掟）の世界」全体につきささる言葉である。鶴田は刑務所に一生入るしかなくなったことを告げて終るこの映画は、もっとも「共同体の掟」に従って生きた男の「共同体」への「個的な抗い＝自滅」劇である。もうこの男にも抱きかかえてくれる「共同体（掟の世界）」は見えないのだ（ここが戦後的な〝個〟がたどりついた場所である）。

山下演出のもう一つの傑作『いのち札』のラストもそうだ。女の死体をかかえて血の海を走る男（鶴田）は、任侠の世界のシンボルとしての大きな神棚をたたき壊しながら「この世界から出ていく」はかない努力を全力で試みるのだ。この世界に全身どっぷりとつかった男にこの世界（共同体〈掟の世界〉）全体への反撃は必然的に男に自滅をもたらす。このラストの決起はある点で今までの自分との闘いであり自己処罰のための自滅劇という色彩をクッキリと浮び上がらせる、そこが美しいのだ。

こうしたそこにいたるプロセスが緻密につみあげられた自己処罰＝破滅劇こそが任侠《ヤクザ》映画の魅力の核心であったと、僕は考えている。個がまるごと「共同体」（掟）に抱きかかえられた安定感ではなくて、共同体（掟）をこそ生きてきた個のギリギリの時点での共同体（掟）との抗い・ズレ＝破滅こそが魅力であった（そこには反抗への強力な意思と自滅しか不可能という悲しい自覚が共存しているのだ）。だから掟などクソクラエのアナーキーな個の突出劇でもある「実録ヤクザ」ものへの、それなりの通路は「任侠ヤクザ」にもあったと僕には考えられるのだ（そのように戦後的〝個〟はスクリーンの中を生き抜いた）。

さて、最後にふれたいのは、この山下耕作演出の『極道の妻《おんな》たち・最後の闘い』（一九九〇年）である。このシリーズは一九八六年に第一作（演出五社英雄）でスタート、これが四本目である（それなりにヒットしたらしく『新極道の妻《おんな》たち』がその後〈九一年〉につくられ、これも、もう一作つくられている。この新シリーズの二作目も山下の演出である）。家田荘子のルポルタージュが原作ということになっているが、素材の目新らしさ以外なにもないこのルポ（「週刊文春」連載・文藝春秋社・一九八六年）、ちょっとしたイメージと（妻におんなとルビをふって）タイトルをいただいたということ以上ではなく、本来の意味の原作などとはいえまい。このシリーズでも「実録任侠」ともいうべき、チャンポン路線のもので、通しで出演しているのはかたせ梨乃（毎回ドラマは別、ただし準主役）。シリーズのスタートの時点では彼女が男とファック中に男の方が襲われてアッという間に血の海に沈むというシーンのくりかえしが話題となった。山下のはじめての演出の四本目（『最後の闘い』）は、一見もっとも「任侠映画」的色彩がこい。主演は岩下志麻。この映画のラストは、若い組員に殴り込ませて両方がともだおれになり傷を負った敵の組長が救急車ではこばれるところを、殺されたかたせのための復讐の思いをこめて彼女がズドンと射殺、歩き去る。歩いている彼女を大量の盾をもった警察官（機動隊風）がグルッととりかこみ同時に発砲する。血まみれになった彼女ではなく、すずしげににこやかにほほ笑んだ彼女の無傷の美しい顔がスローモーションでクローズアップされて、エンドである。いかにも山下演出らしい幻想的なラストシーンである。しかし、このラストのヒロインの自己満足の笑みは観客の心情的加担を拒否したものにしかなっていない。

僕が「ヤッテ、ヤッテ、ギャル」を見ていて、この作品を思い出したのは、男たちが敵の組織の力に屈服・吸収されていってしまうことに抗って妻《おんな》たちが殴り込みの主役となるといった、ヒーローとヒロインがまったく入れかえられるところまでいった『最後の闘い』の、かたせ梨乃の演ずる「亭主」を殺された女の妹のイメージが「ヤッテ、ヤッテ、ギャル」とかさなったからである。彼女はそれほど性的に奔放というわけではない、しかし家田荘子の文章に「――ベンツに絹の服。ダイヤモンドにゴールド。そんなもんに憧れてヤクザについていく女なんてバカよ」(「極道《ごくどう》の妻たち」)というある「姐さん」の言葉が紹介されているが、妹はひたすらそういう娘として描かれている。なんとかまともに育ってくれと送金を続ける姉を裏切って、(純情に心をよせる姉に近しい若い組員をスゲなくそでにして)妹は敵(姉の「亭主」のかたき)のボスの女になっていく。それも自分のつとめるバーに姉(かたせ)が殴り込み、反対に男たちによってなぶり殺しにされるのを目前にした後にそうなっていくのである。男(ボス)に高価な指輪を送られてくどかれた直後の殴りこみ。彼女の足もとで姉は無念の表情をうかべ息たえる。驚きで指輪は一度彼女の手から落とされるが、再び彼女によって拾われるのである。この高価なものへのあこがれがすべてを支配しているかのごとき「銭ゲバ・ギャル」は、ヤクザの(そしてカタギの)世界の象徴である。この映画もとても自立した虚構の「任侠の世界」が閉鎖的につくりだされているわけではない。しかしこのドラマは復讐を誓い死んだ「亭主」の骨を持っている女(かたせ)と組長の妻(岩下)が盃をかわすシーンもあり(二人はこの盃のちかいを裏切らない)、男と女を入れかえて任侠ものの小道具は多用されてはいるのだ。この盃の立会い人であった組長(岩下の亭主)は結局、力(金と暴力)におびえ裏切ってしまう。この裏切りがわかった時、女は「亭主」のふりまわしていた日本刀を手にして、自分のタビをはいたままの足につきたてる。決別の儀式であると同時に、こんな男を「亭主」にした女の自己処罰の儀式である。妻が組をひきいることを宣言するこの自己処罰シーンは、いかにも山下演出ともいえるシーンであったが、まったくわざとらしく浮き上がった印象しか与えない。そういう処罰の儀式が象徴的な意味を持ってせまってくるような虚構空間がそこにはつくりだされていないからである。「銭ゲバ」社会の現実がスクリーンの中の虚構の社会の現実をも侵犯してしまっているのだ。二人の女の決意(共同性)は、この社会からまったく孤立してしまっている。ヒロイン二人だけの共同性は極度に観念化されて強固であり、「銭ゲバ」社会の現実に拮抗して価値づけられている。ここには共同体（掟）の中で身をよじる個の葛藤劇など描かれようもないし、自己処罰の儀式はあっても、殴り込みが自己処罰の重いムードに包みこまれて成立することなどまったくないのだ。

山下は一方に現代の若者の象徴として「銭ゲバ」娘（ラストに殴り込みにまきこまれ殺される）を描いてみせ、ラストに岩下の自己満足の笑みをアップにすることで、もはやどのような意味でも、かつての任侠《ヤクザ》映画の幸福な（つくり手と観客のある一体感が存在した）時代が回復しえない、というあたりまえの事実それ自体をスクリーンに映しだしてみせたのである。つくり手が観客（「銭ゲバギャル」に象徴される）を信じられなくなっているのだ。

僕には、そんなふうに思えた。（補論1・2）

補論1

『極道の妻たち・惚れたら地獄』について

兵庫県警がソフト警備をかかげ女性だけの機動隊を新設。全国で六番目。不況の就職難で女の時代ムードはしぼんだが、こういう面での男女平等化・女の進出は続いている。

さて女の時代の暴力団映画『極道の妻たち』は一九八六年にスタート（四本）、新シリーズになってこの『惚れたら地獄』で三本目、計七本。妻たちは四本目の『最後の闘い』あたりから、抗争の主役の男たちを裏で支える（泣く）、操る女たちという位置から、男とともに、あるいは男にかわり抗争の前線へという位置に変わってきた（平等化の前進！）。最新作（演出・降旗康男）の主演は岩下志麻（五本目）、すべてに出ていたかたせ梨乃は不在。

この暴力的抗争を闘いぬく妻たちのドラマは単純。大きな組に、組長が病気でその妻がしきっている小さなファミリーがねらわれ、組長に続いて実の子供のように育った組のリーダーたちが（刑務所入りの一人をのぞいて）次々と殺される。ラストは組長の妻〔岩下〕がマシンガンで復讐の殴り込み。相手の女ボスも殺す。四人のリーダーの妻は、一人が女ボスの身代わりで死に、一人は警察にタレこみ夫を逮捕させて命を救う、もう一人は裏切りをリンチなどで強制されるが夫とともに殺され、あと一人は出獄した夫と女ボスを接触させまいとする。

組織（公）の論理より私（情）を優先させる妻も描か

れているわけだが、妻たちはかつてのステキな任侠映画のヒーローと違って組織の論理を生き切るボスを含め、まったく内面的には無葛藤。夫につくす妻という役割を疑っていない点も共通している。警察を暴力団然と描く東映暴力団映画のよき伝統が示されているのは楽しいが、御都合主義のきわみのラストにいたる無葛藤はいただけない。ソフト警備の女機動隊員もハードなヤクザ女も無葛藤では人（僕）の心はうちません。

（『オルタ通信』一九九四年三月号、初出タイトル「あまのやすかずのムービーランド・妻という名の女たち」）

補論2
『首領《ドン》を殺《と》った男』について

「あたらなかったら、東映はヤクザ映画をもうつくらない」――こういった情報が流され、制作中から、ヤクザ映画の火を消すなという奇妙な宣伝キャンペーンがくりひろげられた『首領を殺った男』（演出・中島貞夫）は、中途半端なヤクザ映画であった。

「現実のヤクザの実態とまったく関係なく、仁義（筋）の世界を生ききる虚構の任侠」あるいは、「ゼニとイロとの欲望と裏切りの世界であるナマの暴力団」。そのどちらの世界を描きたかったのか。

組のための殴り込みで獄中生活一八年の男（松方弘樹）の出獄。今や全国一の巨大組織のドンとなっている兄弟分（夏八木勲）の裏切り。男は消されかかるが、逆に反撃し、ドンを倒す。こう書くと、まったくパターン化されたヤクザ映画しか思い浮かばないだろうが、父親のごとくこの男をしたう若い娘との交流や、実の娘との出会い（育て親は兄弟分）といった〈父と娘〉の人情劇（ホーム・ドラマ）的な要素が軸になっている点が一味違う。

しかし、カタギになる決意で出獄した男がこだわる筋（仁義）の論理が、「筋は通さなければならない」という言葉で何度も男の口から吐かれるのだが、見るものにはせまってこない。兄弟分の裏切りの大きな理由に、娘の存在（育ての親の愛）があることがラストで示される。男は筋（仁義）にというより、裏切りの理由を知ることにこだわっていたというふうにしか見えない。そして、兄弟分にかわって、恋女房を捨ててカッコよく警察に出頭した男の自業自得の悲劇ということがハッキリする、実の娘をはさんでのラストの対決のシーンでも、男の自嘲を噛み殺した辛い思いもよく伝わってこない。だいたい存在することすら知らなかった娘と父の間の感情を軸に、この自業自得劇の悲しいニガさを浮きたたせようとした点に無理がある。ラストの敵の皆殺しアクションも、男をとりかこんだカタギの人情ムードと水と油だ。

山城新伍演出（脚本）で菅原文太主演の『やくざ道入門』も見てみた。これは完全な古臭いホーム・ドラマで、ヤクザはただのダシにすぎなかった。今、ヤクザ映画〈男の世界〉が生き続けているのは、松方とか菅原といった、長くそれを演じ続けた役者のキャラクターの中のみで、ドラマの世界ではすでに終っている。僕はあらためて、そう感じた。

（『オルタ通信』一九九四年七月号、初出タイトル「あまのやすかずのムービーランド・終っていたヤクザ映画〈男の世界〉」）

Ⅲ　天野恵一　インタヴュー（聞き手・構成　本間健彦）

〈映画少年〉時代からの流れを読み解く

『街から』で連載中の天野恵一さんの映画論考エッセイ「観る・読む・再考する」はとても好評ですが、実は天野さんは映画評論家などではなく、〝表の顔〟は反天皇制運動や反原発運動などに取り組んでいるこわもての活動家なんですよね。『街から』では無愛想にも筆者のプロフィールや肩書きなどもあまり紹介しておりませんので、天野さんの〝表の顔〟をご存知ない読者も多いのではないかと思います。というわけで、本号では好評連載をあえて一回休載し、先鋭的な活動家として知られる天野さんが、なぜ映画論考エッセイにも情熱を傾けているのか、天野さんはどのような思想と感性を有した人物なのか。その一端（あるいは天野恵一さんの〝もうひとつの顔〟というべきなのかな）を、読者の皆さんにお伝えできればと思い、インタヴューして話を聴くことにしました。

――天野さんに、この連載をお願いしたきっかけは、革新的な論壇誌『インパクション』に天野さんが連載していた「映画を〈読む〉・本を〈見る〉」と題したエッセイがすごく面白いと評判だったことと、その雑誌が二〇一四年十一月発行の一九七号で休刊になってしまうということを知って、だったら舞台を変えて『街から』で続けませんかと、話をもちかけOKしてもらい、二〇一五年二月刊の一三四号からスタートした。そういう経緯でしたよね。

天野　そうでしたね。ぼくが『インパクション』で連載していた、あの記事は、毎回一本の映画を選び、その映画の原作、ないしは関連本と組み合わせて、それをテキストにし、対象に採り上げた映画に一体どんなことが描かれていたのかということについて読み解いてみようという手法で書いていたんですね。『街から』でも同じスタイルで書いて良いというので連載をさせてもらうことにしたわけです。一つだけ変えようと思ったのは、基本的に旧作、それも邦画の旧作に絞ろうと決めたことです。

既成の映画批評には一般的に新作を対象にするという枠組があって、『インパクション』の連載でも旧作邦画を例外的に採り上げてきたけれど、新作や洋画も対象に入れてきた。その枠組を壊し、『街から』では、旧作邦画に徹底するというスタイルにしようと方針を変えました。前号の連載十一回では、その方針を少し壊して、大ヒット作品と話題を呼んでいた『シン・ゴジラ』(庵野秀明監督)を採り上げましたが、ここでは一九五四年につくられたオリジナル版『ゴジラ』(本多猪四郎監督)と対比させるかたちで、新旧のゴジラ映画が、戦後半世紀余の時間を経る中でどのように変容した作られ方をしているかという論考をしたのですが、このくらいの枠にしようと決めました。

——新作を追いかけるのではなく、旧作にこだわるというスタイルは、読書でいえば「再読」するということですよね。情報化社会においては、映画にしても本にしても新作映画、新刊書が連日津波のように押し寄せて来るため、それを追いかけるのに精一杯で、じつはリテラシー(解読・分析・発信)という点が見落とされていると思うのですけれど、天野さんの旧作に徹するというスタイルは、リテラシーの重要性を呼び起こしてくれている。

天野　ぼくはかなりの映画少年でしたから邦画も洋画もガキのころから淫するように観てきた時期はありました。父親は教師だったのですけど、ぼくは学校が大嫌いで、できも悪いからいやいや通っていた。東京生まれなんですけど、親父の仕事の関係で転校も多く、小学生のころ静岡県沼津で暮らしていたのですが、学校にも地域社会にも全然馴染めなかったので、映画館に行くのが唯一の愉しみだった。小遣い銭が足りなくて、弟の貯金箱をぶち壊して映画代を捻出し大騒ぎを起こしたこともあった。あるとき、西伊豆に住んでいた父方の祖父が家に来たことがあるのですが、明治生まれの抑圧的だった祖父から「おまえは学校では会えないが、映画館に行けば会えると、近所の人から言われているそうじゃないか。おまえは天野家のガンだ!」と叱られたことをよく記憶している。ぼくが殺したわけじゃないけれど、ぼくの爺さんはガンで死にましたが……(笑)。

——天野少年にとって町の映画館は、戦場の塹壕みたいな居場所だったわけですね。

天野　そうだったのでしょうね。現実逃避を図るように足しげく映画館へ行ってたわけですから。不良少年と思われていたみたいですが、べつにチンピラ・グループに属すような不良少年だったわけではなく、独りで映画館通いをしていただけ、暗闇で胸を踊らせて嵐寛（嵐寛寿郎・主演）の『鞍馬天狗・角兵獅子』（一九五一年・松竹）などを観まくっていただけだったからです。

――天野さんが小学生時代をおくった五〇年代は、「映画が娯楽の王様」と言われた、「映画黄金時代」で、どんな田舎町にも映画館があって、二本立て、三本立て上映をしていて、どこの映画館も繁盛していましたよね。

天野　そう〈戦後〉の時代です。だから、ぼくは、映画は映画館で観るものだという固定観念を長いあいだ持ち続けてきた。茶の間のテレビやビデオで映画を観るなんてことは邪道だと思い、そういう映画の観方に背を向けて来た。けれども、その信念があるときから貫けなくなった。ビデオからDVDへの転換でビデオが大安売り。そこで買って観ていたら懐かしくてやみつきに。それと六～七年前、糖尿病が悪化してまるで動けず、映画館に行けなくなるという決定的な事情に依るものだった。実は今も闘病中ですが。

それで仕方なく病床で日本映画を専門に上映している有料テレビや、レンタルで借りてきてもらうビデオやDVDで映画を観るようになったのですが、これはこれで、映画館で観たときと違った発見があって面白いな、と感じるようになった。

――その昔、観た映画を再び観直すことによって見落としていたものを発見できる面白さですか。

天野　そうですね。そのことに気づくきっかけとなったのは、『インパクション』で書いたのですが、『その夜は忘れない』（一九六二年公開・吉村公三郎監督）という若尾文子が主演した広島の原爆被爆者を描いた映画をDVDをさがしてもらって観たときのことだった。ぼくが、この映画を最初に観たのは公開時でしたので、おそらく中学生のときなのですけれど、若尾文子が扮する飲み屋の美人女将と週刊誌記者〔田宮二郎〕との行きずりの恋が結ばれようとしたとき、若尾文子が全身ケロイドの裸を晒し、「貴方はわたしを抱けますか？」と問うシーンがあって、すごく衝撃を受けた記憶があった。この映画には、原爆資料館の展示品がドキュメンタリー映画のように克明に描かれているシーンもあって、そういうところにも大変驚かされた憶えがあったので、後に修学旅行で広島に行き、初めて原爆資料館を見学した際、ぼくには初めての見学ではなく、二度目の見学のように感じた、そんな記憶もあります。生きつづけている内部被曝者問題が戦後まだきちんと取り上げられていなかった時代だったので、そういう意味でも、ぼくはこの映画に衝撃を受けたのだと思うのですが、当時の映画批評をチェックしてみると、被曝問題を通俗メロドラマとして仕立てた作品と見做され、評価は低く興業成績もさして良くなかったようです。公開後の翌年に第三回モスクワ国際映画祭ソ連平和擁護委員会賞を受賞していますが、日本国内では大して話題にならなかった。「傾向映画」として敬遠されたのではという見方もあります。日本では、原爆問題（近年からは「原発」も加わりますが）を扱った映画はタブー視され、製作もままならなかったという状況が長いあいだ続いてきたようですが、この映画は「映画の黄金時代」の最中に、五社の一社だった、大映が製作・配給している。

監督は吉村公三郎で、彼は五社の中の松竹、大映、東映の三社に移籍して監督を務め、高峰三枝子、原節子、京マチ子などの主演女優作品の話題作を次々に作り、「女優映画の巨匠」と称される監督だった。そういうイメージに洗脳されていたからのか、当時の大映作品ならば、「社会派ドラマ」を演出できたのは増村保造だろうと、ぼくは、この映画の監督を増村保造だ、とずっと勘違いして思い込んできた。

ぼくが最初にこの映画を観た中学生のときには、鮮烈な衝撃を受けた映画だったという印象を記憶にとどめていたに過ぎなかったようで、約半世紀という時間を経たのちに再びこの映画を観て、あらためていろいろ調べてみると、知らなかったことや思い違いしていたこと沢山あることに気づいた。例えば、吉村公三郎監督の件についても、その経歴を見ると、一九五〇年に大映所属監督を離脱して、社会派シナリオライター（後に監督として多くの作品も手掛けているが）として知られた新藤兼人と共に映画制作を手掛ける独立プロダクション近代映画協会を設立している。近代映画協会が一時経営に行き詰まると、五六年に吉村は大映に復帰し、六二年につくったのが、この『その夜は忘れない』という映画だった。つまり、再び観る機会を得て、ぼくはそういう事実を知ったわけです

――いい映画を二度、三度と観ることはたまにありますが、その場合でもわたしたちの一般的な映画の観方とか態度というのは、「面白かったから」「感動したので……」、その面白さや感動をもう一度賞味したくて観るというのが、まあほとんどですよね。

天野　監督の制作動機や時代背景、どうしてその映画が作られたのかということに関心を抱く人は少ないですね。そういうことを知ることも映画の面白さなんですけど……。もう一つ『インパクション』であつかった旧作、石原裕次郎主演の『銀座の恋の物語』（監督・蔵原

惟繕・一九六一年）を観直す機会があったときに、そのことに気づいたこと。昔、観てご存知の方も多いと思いますが、この映画は、銀座の裏町の空襲で焼け残ったようなエレベーターもない老朽ビル上層階の片隅を住居兼アトリエにしている貧乏青年画家〔石原裕次郎〕と隣接の同じようなビル内の家内工業的な洋服メーカーでお針子として働いている娘〔浅丘ルリ子〕との恋物語で、裕次郎が歌って大ヒットしていた同名の曲を主題歌に使った歌謡メロドラマとして映画も大ヒットしている。

もちろん、ぼくは公開されたときに、この映画を観ている。観直してちょっとびっくりしたのは、戦後間もない五〇年代の銀座にはまだこんな風景や暮らしが残っていたのかという再発見だった。同時代に観たときは、それが現実の風景であり暮らしだったので、特別に違和感を、感じなかったからだ。

もう一点は、二人の主人公のキャラクターの設定の仕方です。主人公の若い画家は絵具も充分に買えない身分だけれど、才能は評価されていて、そのセンスを買われ、デザイン会社から入社を勧誘されているのだが、そんな仕事に従事しお金を手にすると絵を画く意欲が出なくなるから嫌だと頑なに拒んでいる。彼の恋人は、戦争（東京大空襲）で両親を亡くしたトラウマ（眼前で二人が燃え尽きた）をかかえているのだが、明るく可愛い娘。二人は結婚したいと思っているのだけれど、貧乏暮らしの現状ではとてもかないそうもない。だから、彼がデザイン会社から就職の誘いを受けたという話を聞くと大喜びして薦めるのだが、彼は断固として応じない。それでケンカしたりするけれど二人の気持ちは変わらない。ところが、娘は交通事故に遭い、トラウマもあり記憶喪失してしまう。しかし彼は彼女を長い間、探し回り、ついに見つけ出し、快復することを信じて待ち続ける。そんなたわいのない純愛メロドラマなのだが、芸術（文化）は資本と対立している。商業化は毒だ、という価値観にあふれている。それを当時日活アクション映画のヒーローとして絶大の人気を誇っていた裕次郎が演じていて、裕次郎の人気に負うところが大だったとはいえ、こんなストーリーもあの時代には素直にまだ共感を呼んでいたことを改めて思い起こした。高度経済成長期に突入する六〇年代半ば以降になると、商業主義文化が開花し、例えばビジュアル分野でいえば、イラストレーター、デザイナー、フォトカメラマン志望の若者が台頭するのですが、その少し前の五〇年代から六〇年代初期頃の時代には、資本に買われることを拒否する芸術志向の貧乏青年画家とそんな青年を愛する娘との純愛物語に共感する大衆もまだ存在していたんですね。そういう後の時代に急速に失われつつあった文化を、蔵原監督は当時人気絶頂だった日活プログラム・ピクチャー（エンターテーメント映画路線）の中でビルト・インしていた。ぼくはこの映画を観直して、そういう事実を発見をしたわけです。

――天野さんは、活動家として運動機関誌やパンフレットに鋭い体制批判の論文を書き、座談会や対談でも先鋭的な論客として知られてきたわけですけど、映画について書いているエッセイでは、日活アクション映画や東映の任侠映画を数多く取り上げていますよね。

『嵐を呼ぶ男』ポスター：『石原裕次郎…そしてその仲間』総監修・舛田利雄　責任編集・植草信和（芳賀書店、1983年）所収

天野　だから運動仲間などからは「なんで天野は、ミーハー映画を好んで採り上げるのか。なぜ映画については、脱イデオロギー的な文章を書くのか？」とよく批判されてきた。（笑）だけど、映画というのは、もともと商業資本が生産してきたメディアで、したがって大衆が好むエンターテーメント作品が主流だったわけです。特に「映画黄金時代」と言われた五〇～六〇年代中頃まで、日本の映画界を独占的に牛耳ってきた五社の映画作品は、そのオンパレードだった。しかしそんな作品の中にも、真っ当な人間像や反市民社会的なドラマをゲリラ的にというか隠し味のようにビルト・インしている映画がたくさんあったんですね。そんな映画を発掘して読み解き、エッセイとして書くのは、日頃運動の世界で機関銃を撃つように書いている文章では経験できない自由な気分が味わえて愉しいという一面が、ぼくにはある。

それともう一点言及しておきたいのは、近年サブカルチャーが注目を浴びるようになってから、若い大学教師たちの中にサブカルチャー研究の一貫として、ぼくが観直してきたような映画をまとめて研究のために観て論じている文章が目に付くようになっているのですが、それらに共通しているのは、外から社会学的な手法で分析し、ある種の図式的概念で、対象にした映画を評価している

武市好古著『映画を見るたびにぼくは少年に戻って行く』（話の特集社、1992年）

点で、これはぼくのように内側から、つまり映画少年の頃から映画を観て来た者から見ると、すごく違和感がある。その一例を、これも裕次郎映画で大ヒットした『嵐を呼ぶ男』（五六年公開、監督・井上梅次）の具体例で話します。多くの研究者、評者は「アメリカ的な〈男はタフでなければならない〉という神話を最初に代表して見せたのが、〈タフ・ガイ〉と称されて絶大な人気を博した石原裕次郎だった」という視点で、この『嵐を呼ぶ男』という映画を「マッチョ映画」の代表作として評価している。しかしこの映画の主人公〔裕次郎〕はけっしてマッチョなヒーローではない。彼は銀座で流しギター弾きをしているのだが、母親が音楽学校に通う優等生の

弟ばかりを愛していることに嫉妬しているマザコンであり、音楽プロダクションの女支配人〔北原三枝〕に拾われている。女支配人は所属するジャズバンドのナンバー1・ドラマー〔笈田敏夫〕と恋仲なのだが、男は妖艶なダンサー〔白木マリ〕に惹かれて、女支配人と別れ、別の芸能プロダクションに移籍してしまう。すると女支配人は新入りの流しのギター弾き青年をナンバー1・ドラマーに育てようと猛訓練を課し、彼は腕を揚げ、やがて二人の間に恋が芽生え結ばれる。

　この映画の山場は、裕次郎と元ナンバー1・ドラマーとのドラム合戦なのだが、その前夜、主人公はライバルの指し金でチンピラに襲われ、右手をつぶされてしまう。当日、負傷して存分にドラムを叩けない主人公は威勢のいい主題歌を歌って満場の喝采を浴びる。この山場のシーンだけが、タフガイ裕次郎の見せ場で、他の役どころは全然嵐を呼ぶようなマッチョな男として描かれてはいない。むしろモダンな女支配人の方が凛々しいし、主人公の裕次郎にしきりと誘いをかけるライバルの男の新しい恋人のフラッパーさが目を惹く。つまりこの映画は、実は、『嵐を呼ぶ男』の物語などではなく、『嵐を呼ぶ女』の物語なのです（笑）。そんな映画なのに、作られたタフガイ裕次郎のイメージを安易になぞった評価が多

いんですね。こんな映画批評を読まされるたびに、それは違うぞ！という思いが募り、ぼくが映画について書き出す動機になったのです。

——天野さんの映画エッセイは、表層的な批評を小気味よく撃ち砕いている点がすごく面白くて、そこが受けているんじゃないかな。

天野　いや、ぼくの方がズッーと「表層的」（ミーハー）なのでしょうね。これはぼくの作風の一端なのですけれど、運動の世界で文章を書くときは、主語を「私」と書いていますが、映画についてエッセイや批評を書くときは、「ぼく」と書いている。以前、武市好古という著者の『映画を見るたびに　ぼくは少年に戻って行く』という本を読んだことがあって、まったく業界のプロ中のプロの本だったので、ぼくとは関係のない世界が語られていたのですが、この本のタイトルには今もぼくは共感している。それはやっぱりぼくが「映画少年」だったからなのだと思うんですね。少年時代からの記憶の流れの中で、ぼくは映画について書いている。洋画には、その流れが不在だから、よりよく観ている邦画だけにした。

学生時代に全共闘運動に参加していた頃、自己否定という言葉が流行っていましたけれど、それは全共闘運動というものが、欺瞞に満ちた受験優等生たちがつくった権威主義のような社会の情況に対する反乱であり、ぼくのような「不良少年」上がりの劣等生たちにとっては「不良の自己肯定」だったからだ。実は、その気分が強かった。ぼくの場合、その流れの中で、「映画少年」だった自分を自己肯定しているのではないかと思う。それがぼくの思想と行動の原点だと考えている。

——これは天野さんが映画について書いた文章ではありませんけれど、通じるところがあると思いますので、その文章の一節を紹介して結びとしましょう。

「私が語りたい〈経験〉——それを支える行動——はもっと汗と埃まみれの、時には血にまみれた、ものを基礎にしている。それは社会や政治への通路を強力に持ったものだ。」（『全共闘経験の現在』インパクト出版会・一九八九年）

あとがき

私は、ほぼ映画批評とは無関係な雑誌に、ある時期から、わりと長いこと映画について書いてきた。映画をテーマに一冊の本をまとめようという話が出た時、書かれた大量の文章の中から収める（選択する）基準は、邦画であること、それも封切りを観てではなく、ズーッと後の時間で観なおした、その時間の幅を前提に、関連図書にもふれながら、できるだけ政治社会の歴史の中で論じたもののみにしようというものであった。

ここに収められたもので、一本だけ例外がある。『カールじいさんの空飛ぶ家』がそれである。タイトル「続・原爆と戦後」が示すように、収められているテーマが連続するものの続編なので、不自然だが収めてもらおうと、はじめから考えていた。ところが本づくりの話があらためて具体化しだした八月十六日、私は倒れ、入院、まったく歩けないという状態になってしまい、本づくりはすっかりあきらめた。ところが友人たちが、出版元と相談し、編集は進み、病院の会議で（この時、私は本当に本が出版できるとは思っていなかった。）洋画が一本だけ入っているのは、やはり不自然、これは落とそうということになり、私もOKを出した。リハビリなどで、少し復活した私の帰宅を待ちきれず、入院してしまった妻は、病院で亡くなってしまった。（リハビリをふんばった私は、最後に会って話すという彼女の強い希望をなんとか叶えることはできた。〈もちろんそれは僕の強い希望でもあった。〉

彼女の思い出がつめこまれた、彼女が存在しなくなった家で、『カールじいさんの空飛ぶ家』について書いた私の文章を読みなおした。それは彼女と劇場へ行った数少ないケースだったように想起されたからである。そこには、こう書かれている。

「闘病で、ほぼ一年間、出かけることが出来なかった映画館に、恐る恐る入ってみた」。二〇一〇年元旦(一月一日)とも、そこに書かれている。この頃から彼女は、私の参加するデモ、集会にも、私の体を心配しながら、よく参加しだしていた。まちがいなく付き添いで来た、彼女と観た映画である。テーマは本文で紹介しているように、ナント妻に先立たれてしまった老人が、その後をどう生きてきたかである。

劇場を出た後、彼女とどういう会話をしたかはまったく思い出せない。いつも同様、やはり映画の内容について二人で感想を含めて論議するようなことは、なかったのだろう。僕は思いのほか「よかった」ぐらいの事はいったかもしれないが。

しかし、この論文は、やはり収める事にしようと強く思いなおした。

彼女は、長い癌との闘いで痩せ衰えた肉体を引きづり、ギリギリの最後まで自分の天職と考えていたらしい労働相談の活動をやめようとはしなかった――「神奈川シティユニオン」での主に外国人労働者たちのためのそれである。それはすさまじい執念であった。連日、フラフラ歩きの彼女を、夜駅まで迎えに出ていた私に、自分で引き受けた件はキチンと対応して処理してあげたい、そう語り続けた。その使命感に圧倒される思いの日々であった。

絶対神聖天皇制国家共同体(それを下から支える家族・地域共同体)の呪縛から人々が解放されたのは、ゴールの時間、広島・長崎の原爆、東京・大阪そして地方都市の大空襲、さらには唯一の地上戦であった沖縄戦といった、民間人死傷者を大量に産みだした後の敗戦・占領がスタートしてからであった。この日本の侵略・植民地支配のゴールに集中した惨劇をベースに〈戦後〉はスタートしたのである。

これへの反省がつくりだしたという「日本国憲法」が公布されたのは、占領下の一九四六年十一月三日である。

それはアメリカ占領軍の意向にそって、「人間宣言」をしたヒロヒト天皇(もとの「現人神」)が「非政治・非宗教」をタテマエとする、国家の象徴として居座ったままであるという、原理的拘束を受けたものではあるとはいえ、絶対平和主義・主権在民（民主）主義・基本的人権（個々人の自己決定権の尊重）主義という原則をかかげた、神聖天皇＝国家共同体原理をかかげた大日本帝国憲法にくらべれば、よっぽどましなものであったことは、いうまでもない。

この憲法の三原則といわれるものの、社会（民衆生活）への実質的定着は、戦後の反権力の諸大衆運動の展開と持続を通して、現実のものとなっていた。反戦・反基地・反日米安保条約体制・反原爆などの諸課題の運動や、庶民生活を防衛する労働組合の闘いや福祉行政を充実させるための多様な運動がそれである。

それ〈主に基本的人権〈個々人の自己決定権尊重〉主義〉を定着させるのに力になったものは、〈運動〉だけではなく、50年代末から60年初頭へ向かってピークとなった「娯楽の王様」といわれ、量産され続けた大衆映画であったこと、特にまともに批評の対象とされることはなかった日活アクション映画を軸とするそれの流れであったこと。戦争体験のない純粋戦後派の自分の少年期からの映画体験を対象化することを通して、それをはっきりと論理化しておくこと。僕が目指したのは、これであった。

それが、どの程度成功しているかは、読者に判断していただくしかない。

さて、最後に。私にかわってこの本を編集してくれた「街から舎」の本間健彦さんと、「インパクト出版会」の須藤久美子さん、そして、この奇妙なテーマの本の出版を積極的に企画してくださった「梨の木舎」の羽田ゆみ子さんに感謝します。もう一人、一度断念した、この本の企画の実現に向けて強力に私の背を押してくれた平井由美子さんアリガトウ。

２０２３年12月９日

天野恵一

「初出」一覧

I

〈戦後〉の太陽「三十三回忌法要」大イベントをめぐって『インパクション』171号（2009年11月）
原爆と戦後「実在」と「虚妄」をめぐって『インパクション』172号（2010年1月）
続・原爆と戦後「体験」と「思想」をめぐって『インパクション』173号（2010年3月）
電力と「破砕帯」（断層）、そして死者について戦後史の中で考える『インパクション』196号（2014年8月）
〈偽大学生〉に出会うまで『インパクション』197号（2014年11月）
〈明朗な不良性〉をめぐって『街から』134号（2015年2月）
任侠の美学から野良犬の〈醜学〉へ―文太映画の時代―『街から』135号（2015年4月）
敗戦70年・「特攻」後70年〈大西瀧治郎〉という問題『街から』136号（2015年6月）
象徴天皇制国家七〇年――〈天蓋つき戦後民主主義〉という問題『街から』137号（2015年8月）
敗戦最大の政治神話――「聖断」神話をめぐって『街から』138号（2015年10月）
ヒバク七〇年――〈被爆都市長崎〉の「暴力団」（ヤクザ）映画『街から』139号（2015年12月）
60年安保闘争と2015年の闘争――「若者たち」の運動をめぐって『街から』140号（2016年2月）
国家的「公」と「私」的利害優先原理の民主主義『街から』141号（2016年4月）
戦争は〈人間の顔〉をしていない『街から』142号（2018年4月）
〈象徴天皇制〉と「グラマ島」デモクラシー『街から』143号（2016年9月）
惨事便乗型国家〈軍事主義〉の正体――「シン・ゴジラ」と「ゴジラ」『街から』144号（2016年11月）
「無国籍」アクションと「国民」を断念する運動『街から』146号（2017年3月）
〈自虐の美学〉――時代劇の変貌の六〇年代が産み出した傑作『街から』147号（2017年5月）
「死の商人」という恥辱を生きさせられた〈心優しきテロリスト〉の話『街から』148号（2017年7月）
マジの「無国籍」映画――「骨」・「ココアのひと匙」『街から』149号（2017年9月）
〈疎外論〉の時代――「君も俺もはじめて人間として生きかえる」『街から』151号（2018年2月）
人を騙す〈嘘〉をめぐる物語『街から』153号（2018年6月）
無償性（庶民的アマチュアリズム）の輝き『街から』155号（2018年10月）
〈青空〉の爽快さ――映画と小説のあいだ『街から』157号（2019年2月）

II

戦後［映画=文学］としての『陽のあたる坂道』『リブという革命』インパクト出版会刊（2007年1月）
任侠映画の中の〈女〉、藤純子をめぐって『〈いま〉を読みかえる』インパクト出版会刊（2003年12月）
日活アクション映画の興亡――石原裕次郎伝説の時代『戦後50年100の肖像』インパクト出版会刊（1995年6月）
東映「任侠」映画――その始まりと終わり『戦後50年100の肖像』インパクト出版会刊（1995年6月）

III

〈映画少年〉時代からの流れを読み解く『街から』145号（2017年1月）

【著者プロフィール】

天野恵一（あまのやすかず）

1948年生まれ。

著書

『危機のイデオローグ　清水幾太郎批判』批評社、1979年
『皇室情報の読み方　天皇制イデオロギー論』社会評論社、1986年
『情報社会の天皇制　続天皇制イデオロギー論』社会評論社、1988年
『全共闘経験の現在』インパクト出版会、1989年、増補新版1997年
『マスコミじかけの天皇制』インパクト出版会、1990年
『メディアとしての天皇制』インパクト出版会、1992年
『「恋愛結婚」じかけの天皇制』インパクト出版会、1993年
『「無党派」（ノンセクト）という党派性　生きなおされた全共闘経験』インパクト出版会、1994年
『反戦運動の思想　新ガイドライン安保を歴史的に問う』論創社、1998年
『［無党派運動］の思想　［共産主義と暴力］再考』インパクト出版会、1999年
『沖縄経験　〈民衆の安全保障〉へ』社会評論社、2000年
『「日の丸・君が代」じかけの天皇制』インパクト出版会、2001年
『災後論　核（原爆・原発）責任論へ』インパクト出版会、2014年

主要共著

『戦後史の天皇』自由国民社、1986年
『マスコミ床屋政談』社会評論社、1987年
『戦後50年100の肖像』インパクト出版会、1995年
『本当に戦争がしたいの　新ガイドラインの向こうに見えるもの』凱風社、1999年
『「日の丸・君が代」は人を殺す！』社会評論社、1999年

主要編著

『批評精神』1～5号（個人編集）、合本、批評社、1981～83年
『検証［昭和の思想］』Ⅰ～Ⅴ（共編）、社会評論社、1988～1994年
『撃ちくずせ天皇制』（共編）、あずさ書店、1989年
『平成天皇の基礎知識』（共編）、社会評論社、1990年
『反天皇制』（共編）、「思想の海へ」16巻、社会評論社、1991年
『大衆社会と象徴天皇制』、「コメンタール戦後50年」2巻、社会評論社、1995年
『「自由主義史観」を解読する』社会評論社、1997年
『君はオリンピックを見たか』社会評論社、1998年
『平和をつくる　「新ガイドライン安保」と沖縄闘争』インパクト出版会、1998年
『で、オリンピックやめませんか？』亜紀書房、2019年

大衆映画の戦後社会史
——あの時代の風景と人びとの気分を観直す

2024 年 3 月 20 日　初版発行

著　　者：天野恵一

装　　丁：宮部浩司

カバーイラスト：貝原浩

発 行 者：羽田ゆみ子

発 行 所：梨の木舎
〒101-0061 東京都千代田区神田三崎町2-2-12 エコービル 1階
TEL. 03(6256)9517　FAX. 03(6256)9518
Eメール　info@nashinoki-sha.com
http://nashinoki-sha.com

D T P：具羅夢

印　　刷：株式会社 厚徳社

中條克俊の本

梨の木舎

朝霞、そこは基地の街だった。
自由をつくる　君たちに伝えたい ❶

中條克俊 著　　A5 判／ 195 頁／ 1800 円＋税

戦後の復興をささえた基地の姿を、そこに暮した人々をたずね、資料からあきらかにする。中学校教師が丹念に調べた朝霞の占領時代史―「聞き取り作業を進めるなかで日本の片隅にあって『基地の街』と呼ばれた朝霞の占領時代とそれにつづく『戦後』の歴史の一つひとつに、日本と世界をそして今の時代を考えさせるヒントが散りばめられていたことがわかってきた。それらを若い人たちにも伝えたいと強く願うようになった。」（あとがきより）

978-4-8166-0608-3

朝霞、キャンプ・ドレイク物語。
自由をつくる　君たちに伝えたい ❷

中條克俊 著　　A5 判／ 194 頁／ 1800 円＋税

朝霞、ＪＡＺＺが流れる街の歴史を掘り起こす。若者たちに伝えたい、かつての「基地の街」の歴史と現在――。2012 年秋、基地跡地に「朝霞の森」がオープンした。ここは戦後、キャンプ・ドレイクと呼ばれた米軍基地があり、極東のインテリジェンス（諜報活動）を全面的に担ったという。「基地の街」が背負った歴史を著者はここで暮らしてきた人びとに話を聞きながら、明らかにしていく。

978-4-8166-1902-1

朝霞、校内暴力の嵐から生まれたボクらの平和学習。 君たちに伝えたい ❸

中條克俊 著　　A5 判／ 200 頁／ 1800 円＋税

1981 年、着任した中学は「日本1の荒れる学校」だった。窓ガラスはなく、天井には穴、トイレにはドアがない、オートバイで３階廊下を走る！ なぜ荒れるのか？ どうしたらいいのか？ 非行を克服し、学校を再建させた、朝霞からの発信。　**目次：**１章 校内暴力の嵐を乗り超えて／２章 戦争は最悪の非行です。／３章 すべての学習は平和学習／おわりに――「負の歴史」に学ぶ

978-4-8166-1307-4